...eid und das Bergische Land um 1800.

...meinde Remscheid zeigt die für das Werden der Stadt charakteristischen Höfe.

Gr. Hütsberg
Hastberg
Windgassen
Niederdahl
Dahlerau
Vogelsmühle
Spieckern
Luckhausen
Olpe
Grünenthal
Herzkamp
Herking-rade
Hardtbach
Klausen
Lüttringhausen
Kluse
Frieling-hausen
Radevorm-wald
Mühlhausen
Mittel-
Unter-
Kluse
Wilhelmsthal
Garschagen
Zusebusch
Nevenhof
Ober-
Hackenberg
...tollen
...ranen
Stursberg
Blume
Wiedenhof
Durchsholz
Herbeck
Hermanns-mühle
Endring-hausen
Nagelsberg
Honsberg
Heide
...mannsbach
Tack...
...renham
...mer
Überfeld
Kimmenau
Lennep
...hagen
Wüstenhagen
Rot-kotten
Trecknase
Schneppendahl
Dörperhöhe
...brücke
Lehmkuhle
Hammersteinsög
Leverkusen
...hagen
Struck
...arghausen
Birgden
Stöcken
...dorfmühl...
Engelshagen
Groß
Piepers-berg
Porsten
Buchholzen
Tiefenthal
...mül-
...s-H.
Habusmühle
Bornefeld
Bergisch
Born
Hückeswagen
Töckelhausen
Lüffringhsn
Wüsten-hof
Wiehagen
Waag
Neuenhöhe
Kallenberg
Maisdörpe
Winterhagen
Elbringhausen
Wermelskirchen

Maßstab.

0   1000   2000   3000 Meter

Hauptstraße
Verbindungsweg
Gemeindegrenze
Remscheider-Gemeindegrenze

Eine Chronik des
Arbeitgeber-Verbandes Remscheid
1890–1990

Klaus U. Ebmeyer
Bertram Gentges

Eine Chronik des Arbeitgeber-Verbandes Remscheid

1890 – 1990

Deutscher Instituts-Verlag

CIP-Titelaufnahme der Deutschen Bibliothek

Ebmeyer, Klaus U.:
Eine Chronik des Arbeitgeber-Verbandes Remscheid – 1890–1990 / Klaus U. Ebmeyer;
Bertram Gentges. – Köln: Dt. Inst.-Verl., 1990
    ISBN 3-602-14291-4
NE: Gentges, Bertram

Bild- und Dokumentennachweis:
Allgemeine Ortskrankenkasse Remscheid, Deutsches Werkzeugmuseum Remscheid,
Jürgen Körschgen, Fritz Schurig, Stadtarchiv Remscheid, Jürgen Steinhaus

Herausgegeben vom Arbeitgeber-Verband von Remscheid und Umgebung e. V.,
Elberfelder Straße 77, 5630 Remscheid

© 1990 Deutscher Instituts-Verlag GmbH, Gustav-Heinemann-Ufer 84–88, 5000 Köln 51,
Postfach 51 06 70, Telefon (02 21) 3 70 83 41

Lektorat: Frauke Lill-Roemer
Herstellung: Wilhelm Fischer
Druck: Bercker, Kevelaer

Inhalt

VORWORT

Ein so wichtiger historischer Abschnitt wie ein hundert-jähriges Jubiläum gibt Anlaß zu Rückblick, Standortbestimmung und Ausblick.

Diese Chronik der Entwicklung, der Aktivitäten und der er-brachten Leistungen des Arbeitgeber-Verbandes von Remscheid und Umgebung spiegelt die Bemühungen der industriellen Unternehmer im bergischen Raum wider, ihre gemeinsamen Interessen zu koordinieren, eine geregelte Form der Zusammenarbeit untereinander sowie mit den Arbeitnehmern und ihren betrieblichen und überbetrieblichen Vertre-tungen zu finden. Dafür waren Handlungsabläufe auf Verbandsseite zu koordinieren, um zu abgestimmten arbeitsrechtlichen und sozialpoliti-schen Verfahren und Leistungen zu finden und schließlich Tarifverträge als ein Ergebnis des Ringens um eine gerechte Verteilung des gemein-sam erarbeiteten Sozialprodukts zu schließen und anzuwenden.

Durch die wechselvolle Geschichte dieses Jahrhunderts, eingebettet in die gesamtpolitischen Vorgaben, zieht sich als roter Fa-den das Bewußtsein der im Verband zusammengeschlossenen Unter-nehmer, bei aller Wahrung der eigenen berufsständischen Interessen nur gemeinsam mit den in den Unternehmen tätigen Mitarbeitern eine Lebensgrundlage für beide Seiten, Unternehmer und Belegschaft, erzie-len zu können.

Diese Grundhaltung manifestiert sich in den vielfachen Ak-tivitäten des Verbandes unter anderem beim Wiederaufbau nach 1945 sowie in der Mitwirkung von Arbeitgebervertretern in den Selbstverwal-tungsorganen der sozialen Einrichtungen und ganz besonders in der Hinwendung und aktiven Unterstützung der Berufsaus- und -weiterbil-dung als der Existenzgrundlage der gewerblichen Facharbeiter, dem Rückgrat der bergischen Industrie.

Es ist zu hoffen, daß durch die Schilderung der Fakten, Daten und Ereignisse erkennbar wird, daß es die jeweiligen Persönlichkeiten in den Organen des Verbandes waren, die seine Geschichte gestalteten. Von ihnen lebte und lebt der Verband. Sie gaben die entscheidenden Anstöße, die übergreifenden Aufgaben der bergischen Industrieunternehmen gemeinsam anzugehen. Und sie waren der Motor der Aktivitäten des Verbandes, ehrenamtlich und nicht selten mit großem persönlichen Einsatz und Risiko.

Arbeitgeberverbände organisieren berufsständische Interessen ihrer Mitglieder. Sie haben eine in der Verfassung ihnen zugewiesene gesamtgesellschaftliche Aufgabe und Verpflichtung. Gemeinsam mit den Gewerkschaften gestalten sie in freier Tarifautonomie – eingebunden in bestimmte staatliche Vorgaben durch die allgemeingültigen Arbeitsgesetze – das sozialpolitische Geschehen und damit das Wohlergehen der Betriebe, ihrer Mitarbeiter und der Bevölkerung insgesamt. Es hängt weitgehend von den Menschen, die dabei auf beiden Seiten agieren, ab, ob dies zum sozialen Frieden führt.

Dieser ist erreichbar, wenn die Tarifpartner neue Entwicklungen rechtzeitig aufgreifen, sie diskutieren und in ihren Entschließungen zu ihrer ausgewogenen Behandlung beitragen. Dieses Ziel wird auch das nächste Jahrhundert der Geschichte des Arbeitgeber-Verbandes von Remscheid und Umgebung bestimmen und die Vorgabe der für ihn handelnden Personen sein.

Remscheid, im Oktober 1990

Arbeitgeber-Verband
von Remscheid und Umgebung e. V.

Dr. Dietrich Fricke   Ass. Bertram Gentges
Vorsitzender   Geschäftsführer

EINFÜHRUNG

Hundert Jahre Verbandsgeschichte sind das Ergebnis hundertfacher Bemühungen, Initiativen, ordentlicher und außerordentlicher Sitzungen, Protokolle, Entscheidungen. Hundert Jahre Verbandsgeschichte stehen für Engagement und Beharrlichkeit mehrerer Generationen – Engagement für Unternehmertum, für Markt und soziale Verantwortung, Beharrlichkeit in der Verpflichtung gegenüber dem Betrieb, der Qualität der Produkte und der Sicherung der Lebensgrundlage für viele Menschen.

Die Geschichte des Arbeitgeber-Verbandes von Remscheid und Umgebung vollzog sich unter dem Druck vieler äußerer Einwirkungen, gesetzlicher, technischer, politischer; zwei Kriege hinterließen ihre Spuren. Bestimmt wird die Verbandsgeschichte aber von denen, die sie unmittelbar gestalten, aus den Erfordernissen des Tages heraus, verbunden durch gemeinsame Interessen.

Nüchterne, von Satzungen vorgeschriebene, unspektakuläre Arbeit wird von den Beauftragten, Delegierten, Verbandsvertretern geleistet, den Mitgliedern und dem Vorstand, Arbeitsrichtern, Geschäftsführern. Oft ist es die Initiative einzelner Persönlichkeiten, die einen Impuls auslöst, aus dem in Jahren geduldiger Arbeit ein beispielgebendes Ergebnis erwächst. Die Geschichte der Gemeinschaftslehrwerkstatt, die zum Ausbildungszentrum der Industrie führt, sei als Beispiel genannt.

Die Chronik des Arbeitgeber-Verbandes setzt sich zusammen aus den Leistungen vieler einzelner, die ehrenamtliche Belastungen auf sich nahmen und mit großer Disziplin ihre Ämter verwalteten. Dies gilt es im Blick zu behalten, wenn über eine hundertjährige erfolgreiche Arbeit berichtet wird.

Die Chronik 1890 bis 1990 ist in zwei Teile gegliedert, einen Textteil mit der Darstellung der Verbandsaktivitäten und einen dokumentarischen Anhang mit statistischen Materialien, historischen Zeitdokumenten und Mitglieder-Verzeichnissen.

Dabei konnte die Verbandsgeschichte von 1890 bis 1945, wegen der spärlich noch vorhandenen Unterlagen, nur kursorisch behandelt werden. Zwar gibt es eine Chronik aus dem Jahre 1915. Sie spiegelt die Verbandsgeschichte des Bergischen Fabrikanten-Vereins, der Urzelle des heutigen Arbeitgeber-Verbandes von Remscheid und Umgebung, wider und erschien zu dessen 25jährigem Bestehen.

1928 gab der damals 25 Jahre alte Arbeitgeber-Verband der Eisen- und Metallindustrie von Remscheid und Umgegend (E. V.), der aus dem Bergischen Fabrikanten-Verein entstanden war, seine Jubiläumsschrift zum 25jährigen Bestehen heraus.

Beide Schriften sind seit langem vergriffen, und durch die Kriegsereignisse bedingt, nur noch in wenigen Exemplaren vorhanden. Sie sind eine willkommene Quelle zur Geschichte des Verbandes bis 1928.

Für den Zeitraum danach bis 1943 ist festzustellen, daß in der Bombennacht am 30./31. Juli 1943 die meisten Dokumente mit dem Archiv des Arbeitgeber-Verbandes vernichtet wurden, so daß es auch nach intensiven Nachforschungen in öffentlichen und privaten Archiven und in den städtischen Registern nicht möglich war, über die Entwicklung bis 1934 und die folgenden zehn Jahre in der angestrebten Ausführlichkeit zu berichten.

Diese umfangreiche Vorarbeit wie auch die Zusammenstellung der Dokumente wären ohne das intensive Mitwirken meiner Sekretärin, Frau Ellen Schwager, nicht möglich gewesen. Ihr gilt mein besonderer Dank.

Besonderen Verdienst an dieser Chronik hat Herr Dr. Ebmeyer, Bonn, der nach vielen Gesprächen die Zusammenstellung der Verbandsgeschichte schrieb und dabei die Gabe hatte, die wesentlichen Abläufe aus der Fülle des Materials herauszuarbeiten und anschaulich darzustellen.

Remscheid, im Oktober 1990

Bertram Gentges

DIE ENTWICKLUNG DER BERGISCHEN INDUSTRIE BIS 1890

Die Gründung des Bergischen Fabrikanten-Vereins vollzog sich in einer Zeit, die von starken Veränderungen des Wirtschaftslebens bestimmt wurde. Neue technische Entwicklungen brachten für die Produktion neue Möglichkeiten zur Entfaltung, gleichzeitig vollzog sich der Übergang vom Zunftwesen in ganz andere Wirtschaftsformen, die sich im Zeichen der Gewerbefreiheit entwickelten.

In seiner jahrhundertealten Geschichte hatte sich der bergische Wirtschaftsraum immer wieder veränderten Arbeits- und Wirtschaftsbedingungen erfolgreich angepaßt. Die Chronik datiert auf die Zeit um 1400 die Nutzung der Wasserkraft zum Betrieb von Eisenhütten, Hammerwerken, Schleifkotten und Walkmühlen in Remscheid, Lüttringhausen und Lennep. 1471 wird Lennep „in der Hanse" erwähnt, hier kam dem Handel bereits große Bedeutung zu.

Neben der Tuchmacherei, die sich zur leistungsstarken Textilindustrie entwickeln sollte, war es das vielfältige Angebot an Eisen- und Metallwaren, das dem bergischen Raum sein Gepräge gab. Dafür waren die natürlichen Voraussetzungen gegeben; Erzvorkommen lieferten den Rohstoff, die riesigen Waldgebiete genügend Holz für die benötigte Holzkohle.

Von den Waldschmieden verlagerte sich im 14. und 15. Jahrhundert die Produktion abwärts in die Flußtäler, als Wasserhämmer die schwere Schmiedearbeit übernahmen. Sensen und Sicheln, Messer und Klingen waren die Haupterzeugnisse der Schmiede bis ins 17. Jahrhundert. Dann vollzog sich der Übergang von der Herstellung landwirtschaftlicher Geräte zu Werkzeugen aller Art.

Als um 1830 in Lennep die erste Dampfmaschine aufgestellt wurde, brach das Zeitalter der Industrialisierung an. Allerdings nicht stürmisch, sondern schrittweise, gegen viele Widerstände. Beson-

Alte Bohrerschmiede aus dem bergischen Raum

dere Schwierigkeiten bereiteten die schlechten Verkehrsverbindungen und damit verbunden die hohen Transportkosten. Erst mit dem Bahnanschluß 1868 und dem Bau der Müngstener Brücke 1898, die den Weg zum Rhein eröffnete, konnten diese Schwierigkeiten überwunden werden.

Die neue Technik führte nicht zur Massenarbeitslosigkeit, wie immer wieder von protestierenden Arbeitern behauptet worden war. Im Gegenteil bewirkte die erhebliche Verbilligung der Produkte einen höheren Absatz. Die technischen Veränderungen zwangen jedoch die meisten Hammerwerke und Wasserschleifereien zur Stillegung. Die Produktion wurde wieder zurück auf die Höhen verlegt. Remscheid, die Stadt auf dem Berge, entwickelte sich zum wichtigen Produktionsstandort, der viele auswärtige Arbeitskräfte anzog.

Remscheid wurde anerkannter Mittelpunkt der deutschen Werkzeugindustrie. Eine breite Palette von Werkzeugen für die verschiedensten Berufe wurde angeboten. Doch die dominierende Rolle kam der Feile zu; die Feilenhauer nahmen eine besondere Stellung im öffentlichen Ansehen ein. Erhebliche Probleme brachte hier die Umstellung auf die maschinelle Produktion am Ende des 19. Jahrhunderts.

Zu den weiteren wichtigen Produkten gehören Werkzeuge für Maschinen, die Schlittschuh-Herstellung, die Fabrikation von Haushaltsgeräten und der Maschinen- und Apparatebau.

Zwei Merkmale sind durch die Jahrhunderte immer wieder bestimmend: Bodenständigkeit von Menschen und Betrieben und Abhängigkeit vom Export. Als zu Beginn des 19. Jahrhunderts durch die napoleonische Zollpolitik wichtige europäische Märkte verlorengingen, sank das Wirtschaftsleben im bergischen Raum auf einen Tiefstand. Die Erschließung neuer Märkte war ein ebenso mühsames wie notwendiges Geschäft, Handelsverbindungen wurden geknüpft nach Rußland und Südamerika, nach Skandinavien und zur Türkei.

Absatzprobleme und damit zusammenhängende Arbeitslosigkeit begleiten die strukturellen Veränderungen der heimischen Wirtschaft. Das Verhältnis des Arbeitgebers zu den Arbeitern wandelte sich grundlegend. Bestand in der Hausindustrie bisher eine enge Zusammenarbeit und Bindung zwischen den Beschäftigten und dem Brotherren, so löst sich diese Bindung mit dem Aufkommen der Fabrik. Sie entwickelte sich langsam, aber unaufhaltsam. Vorstufen gab es in der Form der Sensenhämmer und in der Klingenherstellung. Die erste „Fabrik" entstand um 1840, als die Brüder Mannesmann mehrere Berufszweige unter einem Dach zusammenfaßten und Feilenschmiede, Ausglüher, Härter und Packer in einer Feilenfabrik zusammenführten.

Der Übergang zu dieser neuen Betriebsform vollzog sich jedoch in Remscheid langsam, erst nach 1870. Die eingehende Darstellung von Engels und Legers betont in diesem Zusammenhang die örtlichen Besonderheiten:

„Der besondere Charakter der Remscheider Betriebe liegt vielmehr in der notwendigen Anpassung an die außerordentlich vielseitigen Bedürfnisse der Abnehmer und die Verwendungszwecke des Werkzeuges. Die Mannigfaltigkeit in Form und Material schließt, da an die Handarbeit größere Anforderungen gestellt werden, bis etwa zum Beginn des 20. Jahrhunderts die serien- und massenmäßige Herstellung der einzelnen Erzeugnisse auf maschinellem Wege aus. Dieses wiederum kommt der sich aus der natürlichen Beschaffenheit des Geländes entwickelnden Eigenart der Bewohner, die auf Berghöhen, in Schründen und Tälern ihr Heim errichtet hatten, entgegen, so daß man fast umgekehrt sagen könnte, daß gerade eine so außerordentlich wechselvolle Bodengestaltung manche Vorbedingungen für die Entwicklung eines kleineren Betriebstyps in sich trug. In anderem Zusammenhang wurde schon auf die sich aus der Geländegestaltung ergebenden Transportschwierigkeiten hingewiesen. Den Kleinbetrieb begünstigte auch die zerstreute Lage der Betriebe und erhält ihn in einer Wirtschaft, die im allgemeinen den Drang zum ‚Großbetrieb‘ aufweist."

Gleichwohl geriet das Kleingewerbe in die Defensive; die Fabrik zahlte höhere Löhne und wurde für die Arbeiter zunehmend attraktiver.

Seit Ende der vierziger Jahre bildeten die Arbeiter in den einzelnen Betriebszweigen Vereinigungen und forderten kürzere Arbeitszeit und höhere Löhne. Vereinzelt kam es auch zu Streiks. Das Gefüge dieser Vereinigungen war meist nur locker. Da sie geschickt die schwankenden Konjunkturen ausnutzten, hat man sie „die fliegenden Korps im Sommer der Konjunktur" genannt.

Der erste Berufsverband der Metallindustrie wurde 1845 als eine Organisation der Feilenhauer gegründet. Zu schwerwiegenden Auseinandersetzungen kam es jedoch erst in den Jahren 1872 und 1873. Die Feilenfabrikanten beantworteten die Arbeitsniederlegungen mit Aussperrungen. Doch am Ende des dreimonatigen Streiks von 1873, der das Remscheider Wirtschaftsleben nahezu lahmlegte, überließen die Arbeiter die Entscheidung in den noch strittigen Punkten einem Fabrikanten – dem verehrten Reinhard Mannesmann.

Zusammenschlüsse der Arbeitgeber entstanden nur, soweit jeweils ein konkreter Anlaß dazu vorlag, und bestanden nur solange, bis die Streitigkeiten mit der Arbeiterschaft beigelegt waren.

BERGISCHER FABRIKANTEN-VEREIN 1890

Zu einem dauerhafteren Zusammenschluß Remscheider Unternehmer kam es 1890. Die gute Konjunktur der achtziger Jahre war umgeschlagen, die wirtschaftliche Lage in eine erhebliche Krise geraten. Anderes kam hinzu. Die sozialpolitische Gesetzgebung der preußischen Regierung wirkte sich auf das Wirtschaftsleben nachhaltig aus und berührte die Stellung der Arbeitgeber in vielfältiger Weise. Eine engere Zusammenarbeit der Unternehmer schien wünschenswert, um gemeinsame Interessen gemeinsam wahrnehmen zu können.

Neben den sozialen Fragen verlangten die technischen Entwicklungen größte Aufmerksamkeit und flexibles Handeln der Unternehmen. Die Möglichkeiten neuer Techniken mußten entschlossen genutzt werden, um zu vermeiden, daß ganze Betriebszweige an andere Standorte verlorengingen. Deshalb war es notwendig, die oft beklagte Gleichgültigkeit vieler einheimischer Unternehmer gegenüber dem Fortschritt zu überwinden. Nur dann konnte die bergische Wirtschaft konkurrenzfähig bleiben.

Die Initiative für einen Zusammenschluß der Unternehmer ergriffen drei Remscheider Fabrikanten: Moritz Böker, Reinhard Kotthaus und Emil Spennemann. Am 2. Juni 1890 faßten sie den Entschluß, eine Vereinigung zu gründen, der möglichst viele Fabrikanten nicht nur aus Remscheid, sondern auch aus den Kreisen Lennep, Solingen, Mettmann, Wipperfürth und Gummersbach angehören sollten. Mit Hilfe des Geschäftsführers der V. Sektion der Maschinenbau- und Kleineisenindustrie-Berufsgenossenschaft, Th. Zacharias, wurden die nötigen Vorbereitungen sogleich begonnen und zur Gründungsversammlung eingeladen.

Was die Gründer anstrebten, war eine dauerhafte und repräsentative Einrichtung der einheimischen Industrie. Die Basis sollte möglichst breit angelegt sein, der Sitz des Verbandes deutlich in Er-

Die Gründer des Bergischen Fabrikanten-Vereins:
Moritz Böker, Emil Spennemann und Reinhard Kotthaus

scheinung treten. Die Gründer suchten und fanden ein passendes Anwesen zu günstigen Konditionen, an der Elberfelder Straße gelegen, die Halbachsche Villa mit weitläufigem Grundstück.

Offenkundig war die Zeit reif für einen solchen Zusammenschluß der Arbeitgeber; die Idee stieß auf „freudige Aufnahme", wie es in der Festschrift zum 25jährigen Bestehen heißt. Unter starker Beteiligung konnte sich der Bergische Fabrikanten-Verein zu Remscheid am 27. Juni 1890 konstituieren; die beigetretenen Firmen beschäftigten knapp 2500 versicherungspflichtige Arbeiter.

In den ersten Vorstand, der zunächst bis zum 1. Oktober amtieren und die endgültige Satzung ausarbeiten sollte, wurden gewählt: Reinhard Kotthaus, Emil Spennemann, Moritz Böker, Joh. Peter Becker jr., Arnold Mannesmann, Oskar Hessenbruch und Albert Honsberg. In der folgenden Sitzung am 14. September wurde die Satzung beschlossen und der erste ordentliche Vorstand gewählt, erster Vorsitzender wurde Reinhard Kotthaus.

Damit hatte sich zum ersten Mal seit Aufhebung der Zunftgesetze und der Einführung der Gewerbefreiheit im Jahre 1809 der größte Teil der Unternehmerschaft in einer eigenen Vertretung zusammengefunden.

Als Ziele des Bergischen Fabrikanten-Vereins waren in der Satzung die „Hebung der Bergischen Industrie – in Sonderheit der Stahl- und Eisenwarenerzeugung – sowie die Förderung der wirtschaftlichen Interessen der Fabrikanten" genannt.

Die breite Zusammensetzung des Mitgliederkreises bestimmte notwendig die Möglichkeiten und Grenzen der Tätigkeiten des Vereins. Hier waren die Erzeuger der Rohstoffe mit den Verbrauchern in

Die Satzung von 1897 und die Anerkennung durch die „Allerhöchste Kabinets-Ordre"

einem Kreis vereint. Damit lag nahe, daß sich der Fabrikanten-Verein um Ausgleich von gegensätzlichen Interessen zwischen Erzeugern und Abnehmern bemühen mußte. Nicht weniger wichtig war, daß der Fabrikanten-Verein gute Voraussetzungen bot, um die persönlichen Beziehungen zwischen den Mitgliedern zu fördern, was zwischen Vertretern gleicher Wirtschaftsgruppen ein schwieriges Unterfangen war.

Gemeinsamkeit wurde demonstriert – augenfällig mit der „Permanenten Ausstellung" im Industriehaus, in der Erzeugnisse der Mitgliedsfirmen gezeigt wurden. Dies vermittelte dem Besucher, zumal dem auswärtigen Geschäftspartner, einen anschaulichen Eindruck vom heimischen Qualitätsstandard; der unmittelbare Vergleich trug darüber hinaus, wie es vielsagend hieß, „wesentlich zur Hebung der Qualität" bei.

Von Beginn an bekannte sich der Fabrikanten-Verein zur sozialen Verantwortung des Unternehmers. Maßnahmen „zur Hebung der wirtschaftlichen Lage" von Arbeitern und Angestellten verringerten soziale Spannungen und knüpften an die traditionelle Bindung zwischen „Brotherrn" und Mitarbeiter an.

Als ein Vorläufer der viele Jahre später gesetzlich eingeführten Vermögensbildung der Arbeitnehmer wirkte das Bemühen des Fabrikanten-Vereins, einen Sparzwang für jugendliche Arbeiter einzuführen. Im Gegensatz zur Kritik der Gewerkschaften, die von Bevormundung und Eingriff in das Selbstbestimmungsrecht sprachen, wurden von den Arbeitern sogar auch freiwillige Beträge gespart, die bald die Zwangsersparnisse übertrafen. Daneben entstanden andere Einrichtungen wie die Arbeiterunterstützungskasse des Alexanderwerk A. von der Nahmer AG.

Solche Initiativen in privater Regie kamen durch die spätere staatliche Sozialgesetzgebung zum Erliegen. „So sozial denkende Unternehmer konnten für die staatlichen Regelungen der sozialen Fürsorge, die sie als Zwang empfanden, kein Verständnis finden", kommentieren Engels/Legers. Tatsächlich fehlte der Spielraum für zusätzliche private Sozialeinrichtungen in den späteren Jahren.

In wirtschaftlichen Fragen engagierte sich der Bergische Fabrikanten-Verein zunächst auf zollpolitischem Gebiet. Er wirkte an den Verhandlungen über den Handelsvertrag mit Rußland mit und beteiligte sich intensiv an den Vorbereitungen für ein neues Schema der Zolltarife. Ferner setzte der Fabrikanten-Verein einheitliche Zahlungsbedingungen für seine Mitglieder fest und bestimmte die Garantiebedingungen für Werkzeuge.

Die Remscheider Fabrikanten beschäftigte um die Jahrhundertwende auch ein Problem, das an Aktualität nicht verloren hat und heute unter die Rubrik Öffentlichkeitsarbeit fällt: Sie sorgten sich um eine mediengerechte Darstellung der eigenen Positionen und um Information über die Aktivitäten und Entwicklungen. Auf Veranlassung des Vereins wurde deshalb die „Deutsche Metallindustrie-Zeitung" gegründet. Sie entwickelte sich bald zum Sprachrohr der gesamten deutschen Eisenfertigungsindustrie.

1898 wurden dem Bergischen Fabrikanten-Verein die Rechte einer juristischen Person zuerkannt. Dieser Status sollte sich in den folgenden Jahrzehnten als sehr vorteilhaft für die Tätigkeit des Vereins erweisen. Zunächst einmal konnte der Verein Grundbesitz erwerben und somit „sein" Grundstück an der Elberfelder Straße förmlich in Besitz nehmen. Das Grundstück war 1890 von den Vereins-Gründern Moritz Böker, Reinhard Kotthaus und Emil Spennemann erworben und

Das „gelbe Schlößchen", Sitz des Bergischen Fabrikanten-Vereins

dem Fabrikanten-Verein zur Nutzung überlassen worden; hierzu stellt ein Protokoll des Remscheider Amtsgerichts vom 12. November 1891 fest: Da der Bergische Fabrikanten-Verein erst in einigen Jahren mit der Anerkennung als juristische Person rechnen könne, hätten die Herren Kotthaus, Spennemann und Böker das Grundstück erworben, um es so lange treuhänderisch zu verwalten. Eine Veräußerung sei nur mit Genehmigung einer Dreiviertel-Majorität der Mitgliederversammlung möglich.

Es sollte nicht das einzige Mal bleiben, daß Remscheider Unternehmer unter Einsatz ihres persönlichen Vermögens juristische Klippen überwanden, um der heimischen Wirtschaft das Industriehaus zu erhalten und zu sichern.

In seiner Funktion als Bindeglied zwischen den vielfältigen Interessen seiner Mitglieder bewährte sich die Einrichtung des Fabrikanten-Vereins entsprechend seiner auf allgemeine wirtschaftliche Fragen begrenzten Bestimmung. Für besondere Aufgaben wurden auf Anregung des Vereins und unter seiner Mithilfe Fachverbände gegründet: neben dem Arbeitgeber-Verband von Remscheid und Umgebung der Verband Deutscher Fabrikanten von Eisen- und Metallwaren, Werkzeugen, Haus- und Küchengeräten, Kunst- und Luxuswaren, dem Vorläufer der späteren Fachgruppe Werkzeugindustrie; ferner der Verein von Fabrikanten und Exporteuren für den Handel mit Rußland.

Wie sich Unternehmer schützten: in einer Liste „zweifelhafter Firmen" wurden jene Geschäftspartner veröffentlicht, mit denen man schlechte Erfahrungen gemacht hatte

Um welche Probleme es beim Rußlandhandel vor dem Ersten Weltkrieg ging, wird deutlich in dem erhalten gebliebenen Bericht über die 8. Hauptversammlung, die am 7. und 8. Januar 1914 in Köln stattfand. In seinem Vortrag „Die Wirtschaftslage vor Abschluß der neuen deutsch-russischen Handelsverträge" schildert der frühere Handelssachverständige des Deutschen Reiches in St. Petersburg, Dr. Otto Goebel, die damalige Umbruchsituation und die damit verbundenen Unsicherheiten, die er als Begleitumstände des Übergangs vom „alten Rußland" und seinem Wirtschaftssystem zu einer wettbewerbsfähigen russischen Industrie bewertet. Die außerordentlichen Risiken und enorm hohen Verluste beim Rußlandhandel wurden sowohl von Dr. Goebel wie vom Syndikus des Vereins, Dr. Meyer, als Preis für den Eintritt auf einen Markt angesehen, der große wirtschaftliche Perspektiven verspricht.

Die Aufgaben des Vereins erstreckten sich auf Auskünfte, die weitgehend auf Erfahrungen der Mitglieder beruhten, auf das Inkasso von Außenständen, Rechtsberatung und Beratung in Zoll- und Transportfragen. Ferner gab der Verein eine Monatsschrift „Deutsch-russische Hanse" und „Mitteilungen für Kreditschutz" heraus sowie schwarze Listen insolventer russischer Kunden.

Die Versammlung im Januar 1914 ernannte den bisherigen Vorsitzenden Karl André zum Ehrenmitglied; stellvertretende Vorsitzende waren der Fabrikant Otto Peiseler, Dipl.-Ing. Heinrich Hentzen und Kaufmann Alfred Pleiß, alle aus Remscheid.

ARBEITGEBER-VERBAND 1903 BIS 1933

Nicht nur die Fabrikanten, sondern auch die Arbeiter schlossen sich gegen Ende des vorigen Jahrhunderts in eigenen Organisationen zusammen. Die damaligen drei großen Metallarbeiterverbände faßten auch in Remscheid Fuß:

- 1886 wurde der Ortsverein des „Gewerkvereins deutscher Metallarbeiter" (Hirsch/Duncker) gegründet;
- 1892 folgte die Ortsgruppe des „Deutschen Metallarbeiter-Verbandes";
- 1899 entstand der Ortsverein des „Christlichen Metallarbeiter-Verbandes".

Die Arbeiterschaft verhielt sich zunächst gegenüber den gewerkschaftlichen Entwicklungen abwartend, der Einfluß der Gewerkschaften blieb damit sehr begrenzt. Durch eine geschickte Taktik – hundert Jahre später spricht man von einer „neuen Beweglichkeit" – erzielten die Gewerkschaften mit kleineren Streikaktionen in entsprechend ausgewählten Betrieben jedoch erhebliche Wirkungen.

Dies zwang schließlich auch die Unternehmer, über Maßnahmen zum gemeinsamen Handeln nachzudenken, um Arbeitskämpfe wirkungsvoller abwehren zu können. Hierfür bot der Bergische Fabrikanten-Verein jedoch nicht die geeignete Organisationsform. Als 1903 ein Streik in der Firma Carl Offermann ausbrach, ergriff der Vorstand des Fabrikanten-Vereins die Initiative und trat in Beratungen mit dem Gewerbeverband und dem Feilen-Fabrikanten-Verein ein.

In einer gemeinsamen Versammlung wurde am 27. August 1903 beschlossen, den Verband von Arbeitgebern von Remscheid und Umgegend zu gründen, der 1919 umbenannt wurde in Arbeitgeber-Verband der Eisen- und Metallindustrie von Remscheid und Umgegend e. V. Noch im Gründungsjahr ging der Feilen-Fabrikanten-Verein im Ar-

Der erste Vorstand des Arbeitgeber-Verbandes aus dem Jahre 1903:
Direktor Richard Mühe, Ewald Krumm und Gustav Engels

beitgeber-Verein auf. In der Gründungsversammlung erklärten 44 Firmen sofort ihren Beitritt, die Zahl stieg im ersten Verbandsjahr auf rund 200. Erster Vorsitzender wurde der Direktor der Mannesmannröhrenwerke, Richard Mühe. Die Geschäftsführung wurde bis 1909 in Personalunion vom Geschäftsführer des Bergischen Fabrikanten-Vereins, ab 1910 hauptamtlich von einem eigenen Geschäftsführer wahrgenommen. Dies war von 1904 an der Sekretär des Bergischen Fabrikanten-Vereins, Lüdecke, der 1909 aus dem Fabrikanten-Verein ausschied und danach hauptamtlich bis zum August 1919 die Geschäftsführung des Arbeitgeber-Verbandes leitete.

Der Verband schloß keine Tarife ab, sondern beschränkte sich auf eine beratende Tätigkeit der Mitglieder und ihre Unterstützung bei Arbeitskämpfen. Nur in einzelnen Fällen führte der Verband unmittelbar Verhandlungen mit den Gewerkschaften. Diese Haltung bewährte sich. Die Geschlossenheit der Arbeitgeber bewirkte, daß Streikaktionen im allgemeinen schnell beendet werden konnten; der fast siebenmonatige Streik der Feilenhauer 1910/1911 blieb eine Ausnahme, führte aber ebensowenig zu Lohnerhöhungen wie andere Streiks dieser Zeit. So trug die Gründung des Arbeitgeber-Verbandes maßgeblich zur Erhaltung des Arbeitsfriedens in den Vorkriegsjahren bei.

Entwicklungen bis 1933

Das Ende des Krieges und die folgenden politischen Wirren stellten die bergische Industrie vor außerordentliche Schwierigkeiten. Hatte schon die Umstellung auf die Kriegswirtschaft Produktion und Handelstätigkeit in erheblichem Maße beeinträchtigt, so brachten auch die Nachkriegsjahre besondere Belastungen für das Wirtschaftsleben. An einen kontinuierlichen Aufbau und die Wiederbelebung der Handelsbeziehungen der Vorkriegszeit war lange nicht zu denken. Radikale Gruppierungen in der Gewerkschaft nutzten die revolutionären Turbulenzen der Zeit in ihrem Sinne und verhinderten den wirtschaftlichen Neuanfang.

Bereits in den letzten Kriegsjahren gewannen gewerkschaftliche Agitatoren unter kommunistischem Einfluß zunehmend an Resonanz; im Juli 1918 kam es zu einem Streik der gesamten Arbeiterschaft. Die Forderung einer Teuerungszulage unter gleichzeitiger Verkürzung der Arbeitszeit mußte schließlich von den Arbeitgebern akzeptiert werden; von 58 bis 60 Stunden wurde die Arbeitszeit auf 52 einhalb Stunden verkürzt.

Nach Kriegsende wurde mit der Verordnung über die Regelung der Arbeitszeit gewerblicher Arbeiter vom 23. November 1918 der 8-Stunden-Tag beziehungsweise die 48-Stunden-Woche eingeführt. Damit war ein alter sozialistischer Programmpunkt verwirklicht worden. Der Produktionsausfall war schwerwiegend.

Der zunehmende Druck der Gewerkschaften auf nichtorganisierte Arbeiter verschaffte den Gewerkschaften einen außerordentlichen Einfluß auf die Remscheider Arbeiterschaft, wie sich im Laufe der Zeit zeigen sollte. Zunächst kam es 1919 lediglich zu einem eintägigen Proteststreik gegen die Ermordung von Karl Liebknecht und Rosa Luxemburg.

Dokument einer unruhigen Zeit:
Rote Agitation in Remscheid
aus dem Jahre 1923

Nach dem Kapp-Putsch 1920 jedoch brachen Unruhen aus, es kam zu blutigen Auseinandersetzungen zwischen den Aufrührern und der Einwohnerwehr, die ihnen gemeinsam mit dem Freikorps Lützow entgegentrat. Die Revolutionäre übernahmen die Herrschaft über die Stadt, die damals den Beinamen „Klein-Moskau" erhielt.

Die Lage blieb äußerst angespannt, wiederholt kam es zu gewaltsamen Auseinandersetzungen, vor allem gegen arbeitswillige Arbeiter. Bei der Firma Bergische Stahl-Industrie, dem Hauptsitz der Kommunisten, wurde im November 1923 das Verwaltungsgebäude gestürmt; die Polizei mußte von der Schußwaffe Gebrauch machen, um sich durchzusetzen und die Ordnung zu sichern; drei Tote waren zu beklagen.

Zu den von den Kommunisten geschürten sozialen Spannungen kamen neue Probleme hinzu, als die Franzosen 1923 das Ruhrgebiet besetzten. Remscheid unterstand vom 7. März 1923 bis zum 22. Oktober 1924 der französischen Besatzung. Das hatte zur Folge, daß der Wirtschaftsstandort Remscheid von seinen Märkten isoliert war, da eine Ausfuhr von Gütern in unbesetzte Gebiete von der Zahlung untragbarer Zollabgaben abhängig gemacht wurde. Hoffnungsvolle Ansätze zum Wiederaufbau der Wirtschaft und des Exports wurden damit jäh zunichte gemacht. Dies bedeutete für immer mehr Betriebe die Schließung, die Produktion kam nahezu zum Stillstand.

Über die Rolle des Verbandes in dieser Zeit heißt es in der 1928 erschienenen Festschrift „25 Jahre Arbeitgeber-Verband":

„Wenn die Wirtschaft des Remscheider Bezirks jene kritischen Jahre überstand, so verdankt sie es ihrer Organisation. Das Zusammenhalten der Unternehmer, die im Gefühl ihrer Verantwortung die unendliche Nervenbeanspruchung ertrugen, rettete außer der Wirtschaft auch das Gemeinwesen. Nur auf dem Wege zäher täglicher Kleinarbeit und besonderer Umstellung auf neue, unerhörte Verhältnisse gelang es dem Unternehmertum sowie den Männern, die, von allen Seiten bekämpft, als seine Führer hervortraten, den drohenden Untergang aufzuhalten. Auch die vielen Rückschläge konnten sie nicht daran hindern, in dem Wirrwarr der politischen Leidenschaften die Forderungen der Wirtschaft und ihre Lebensnotwendigkeiten zu betonen und ihnen Geltung zu verschaffen, um so die Grundlagen der Produktion sicherzustellen."

In der Tarifpolitik kamen nun auf den Arbeitgeber-Verband erhebliche Aufgaben zu. Zunächst ging es 1919 um einen Rahmen-Tarif-Vertrag und ein Lohnabkommen. Von massiven Protestkundgebungen vor dem Verbandshaus und persönlichen Bedrohungen einzelner Fabrikanten begleitet, zogen sich die Verhandlungen von April bis Juni hin. Das „Kollektiv-Abkommen", das am 14. Juni 1919 geschlossen wurde, brachte für Remscheid zum ersten Mal eine einheitliche Regelung der Löhne und Arbeitsbedingungen. Zum 1. November 1919 trat ein Rahmentarifvertrag in Kraft, der 1922 durch einen neuen Vertrag ersetzt wurde.

Die fortschreitende Geldentwertung erzwang in immer kürzeren Abständen neue Lohn- und Gehaltsabkommen, 1923 auf der Höhe der Inflation sogar mehrmals in einer Woche. In dieser letzten Phase der Inflation nahm im Einvernehmen beider Tarifparteien die Vereinigung Bergisch-Märkischer Arbeitgeber-Verbände in Elberfeld die Lohnregelung einheitlich für den Bezirk vor. Dabei ging es um phantastische Beträge: War im März 1919 ein tariflicher Mindestlohn von 2 Mark vereinbart, so lag der tarifliche Stundenlohn für den Facharbeiter über 24 Jahre Ende Dezember 1923 bei 716 Milliarden Mark.

Auch nach der Stabilisierung der Verhältnisse führte die Lohnentwicklung zu erheblichen Belastungen. Die Durchschnittsverdienste aller Arbeiter stiegen von 1924 bis 1927 um 72 Prozent.

*Große Summen,
geringer Wert:
Notgeld aus Remscheid*

Dabei trat eine verhängnisvolle Tendenz hervor: Die Lohnregelungen, die durch Schiedssprüche zustande kamen, zielten auf eine wachsende Schematisierung der Tarife. Durch Angleichung der verschiedenen Lohnstufen wirkten sich die Abschlüsse immer mehr zugunsten der Hilfsarbeiter und zum Nachteil der Facharbeiter aus. Die Folge war, daß die Arbeitgeber individuell durch Zuschläge zu den Tarifsätzen Akkord- und Zeitlöhne regelten, wobei die Tariflöhne lediglich noch eine allgemeine Richtlinie abgaben. Mit großem Nachdruck bemühte sich der Arbeitgeber-Verband, der Tendenz zur Schematisierung auch im Bereich der amtlichen Stellen entgegenzuwirken und einer realistischeren Einschätzung der Bedürfnisse einer differenzierten Industrie Gehör zu verschaffen.

Die Diskussion um die Arbeitszeit kam im Dezember 1923 wieder in Bewegung, als eine Verordnung der Reichsregierung die Überschreitung der 48-Stunden-Woche ermöglichte. Für das erste

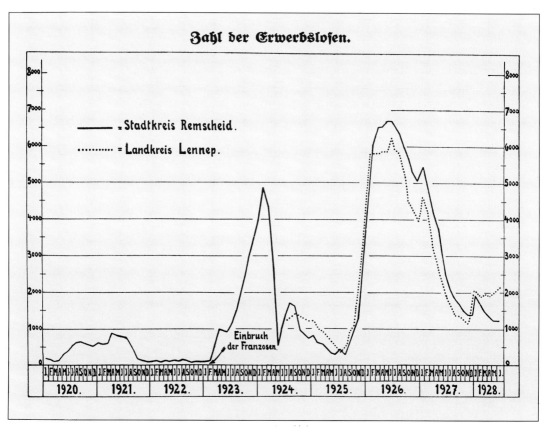

Zahl der Erwerbslofen.

———— = Stadtkreis Remscheid.

·········· = Landkreis Lennep.

Einbruch
der Franzosen.

| 1920. | 1921. | 1922. | 1923. | 1924. | 1925. | 1926. | 1927. | 1928. |

Die „goldenen Zwanziger" in Remscheid und die harte Realität

Halbjahr 1924 wurde die 57-Stunden-Woche eingeführt; danach wurde die Arbeitszeit wieder reduziert und lag 1927 bei 52 Stunden. Durch die Chronik des Arbeitgeber-Verbandes ziehen sich manche Stichworte, die von gleichbleibender Aktualität sind. Dazu gehören die Fragen der Berufsausbildung. Hier mahnte bereits die Festschrift von 1928: „Die Frage des Facharbeiternachwuchses ist für die Industrie von sehr einschneidender wirtschaftlicher Bedeutung, deren Lösung aber auch aus sozialen und staatspolitischen Gründen eine große Tragweite hat."

Anlaß zur Sorge bereiteten 1928 die geburtenschwachen Kriegsjahrgänge und der damit zu erwartende Mangel an gut ausgebildeten Facharbeitern.

Der Arbeitgeber-Verband hatte das Thema Berufsausbildung schon frühzeitig auf die Tagesordnung gesetzt. Auf Anregung des Verbandes fanden seit 1926 Facharbeiterprüfungen statt, die von Beauftragten der Bergischen Industrie- und Handelskammer unter Mitwirkung von paritätischen Ausschüssen der Arbeitgeber und Arbeitnehmer sowie Vertretern der städtischen Berufsschule abgenommen wurden.

Auch die Zusammenarbeit von Berufsschule und Betrieb beschäftigte den Arbeitgeber-Verband intensiv. In vielen Gesprächen und in den Mitgliederversammlungen suchte der Verband die Ausbildungsbereitschaft der Betriebe zu wecken und zu steigern; angesichts der wirtschaftlich angespannten Verhältnisse war diesen Bemühungen jedoch nur wenig Erfolg beschieden.

Zum bedrückenden Problem, das zeitweilig katastrophale Ausmaße annahm, wurde in den zwanziger Jahren die Arbeitslosigkeit. Auf dem Höhepunkt der Inflation waren nach einschlägigen Schätzungen 80 Prozent der arbeitenden Bevölkerung des Verbandsgebietes auf öffentliche Unterstützung angewiesen. 1926 spitzte sich die Lage noch einmal kritisch zu; damals war etwa ein Fünftel der Bevölkerung für längere Zeit auf Erwerbslosenunterstützung angewiesen. Insgesamt lag die Zahl der Erwerbslosen in Remscheid lange Zeit erheblich höher als in anderen vergleichbaren Industriebereichen.

Die Erwerbslosenfürsorge war seit 1921 den öffentlichen Arbeitsnachweisen der Gemeinden und Landkreise angegliedert. Der Arbeitgeber-Verband wirkte bei der Verwaltung des öffentlichen Arbeitsnachweises Remscheid, im Verwaltungsausschuß und im Spruchausschuß mit. 1927 wurden mit dem Gesetz über Arbeitsvermittlung und Arbeitslosenversicherung die Arbeitsämter in staatliche Regie übernommen.

Der Arbeitgeber-Verband wirkte ferner in den Selbstverwaltungsorganen der Sozialversicherung mit. Die Entwicklung, die sich hier vollzog, spiegelte sich in folgenden Zahlen wider: Die Ausgaben für die Sozialversicherung stiegen im Reichsgebiet von 1,1 Milliarden Mark im Jahre 1913 auf 2,4 Milliarden 1925 und erreichten 1928 die 4-Milliarden-Grenze. Diese Entwicklung wurde von den Gewerkschaften zu der polemischen Behauptung genutzt, in Wahrheit hätten die Versicherten die Gesamtsumme aufzubringen, denn die Arbeitgeberanteile seien nichts anderes als ein Teil des Lohnes.

Vor diesem ideologisch belasteten Hintergrund sind die Auseinandersetzungen vor Ort zu sehen. So entstanden um die Beitragsbemessung der AOK Remscheid heftige Diskussionen. Der Arbeitgeber-Verband drängte auf Kostendämpfung, kritisierte vor allem den Bau von neuen Einrichtungen, die nicht genutzt werden könnten, und verlangte, statt die Beiträge zu erhöhen, Maßnahmen zur Senkung des Krankenstandes zu ergreifen. Die Entwicklung des Krankenstandes hatte, wie der Arbeitgeber-Verband nachweisen konnte, einen direkten Zusammenhang mit der Höhe des Grundlohns. Die vorgeschlagenen Maßnahmen zur Konsolidierung der AOK stießen jedoch bei den Vertretern der Versicherten, die über die Zweidrittelmehrheit im Verwaltungsausschuß verfügten, auf Ablehnung.

DIE ZEIT
VON 1933 BIS 1945

Mit Hitlers Berufung zum Reichskanzler hatten die Nationalsozialisten den Weg frei, um – wie es schon bald hieß – einen „neuen Staat" zu schaffen, in dem die Partei, und nur sie, regierte, entschied und befahl.

Die Partei, die sich eine „Arbeiterpartei" nannte, duldete keinen anderen Vertreter der Arbeitnehmer neben sich. Bereits ein Vierteljahr nach der Machtergreifung holte das NS-Regime zum Schlag gegen die Gewerkschaften aus. Am 2. Mai 1933 wurden überall im Reich Gewerkschaftshäuser besetzt, das Gewerkschaftsvermögen wurde beschlagnahmt, Funktionäre wurden verfolgt und mißhandelt.

Die Verbandsdemokratie wird ausgehebelt: Einrichtung des „Führerkreises"

Wenige Tage später, am 10. Mai, wurde die Deutsche Arbeitsfront gegründet. In ihr sollten die Arbeiter neben den Unternehmern stehen, in der gemeinsamen Front der „Arbeiter der Stirn und der Faust", mit gemeinsamen Interessen, nicht mehr Sozialpartner, die um den Ausgleich der Interessen ringen. Die Deutsche Arbeitsfront sollte die Einhaltung der bestehenden Tarife überwachen und, falls nötig, neue Tarife festsetzen.

Damit war die Tarifhoheit aufgehoben. Dies bedeutete nicht nur für die Gewerkschaften das Aus, sondern in letzter Konsequenz auch für die Arbeitgeber-Verbände. Zwar kam es zunächst nur in einzelnen Städten zu gewaltsamen Übergriffen, aber es wurde sehr schnell deutlich, daß die sozialpolitische Funktion der Arbeitgeber-Verbände praktisch aufgehoben war.

Um dennoch die Interessen der Unternehmerschaft weiterhin vertreten zu können, schloß sich die Vereinigung der deutschen Arbeitgeber-Verbände dem Reichsverband der deutschen Industrie an, der ab Juli 1933 „Reichsstand der deutschen Industrie" hieß. In dieser Organisation konnte die Vereinigung als Sozialpolitische Abteilung zunächst weiter tätig sein.

Mit der Etablierung der Deutschen Arbeitsfront, die zuerst noch unsicher taktierte, dann aber schnell an Einfluß gewann, bahnte sich ein grundsätzlicher Konflikt über die Zuständigkeiten an; nach heftigen Auseinandersetzungen wurden im Herbst 1933 die Grenzen abgesteckt. Dabei erreichte die Arbeitsfront, daß sie allein fortan über die Tarifpolitik zu bestimmen habe. Der Reichsstand zog am 30. November daraus die Konsequenzen mit folgendem Beschluß:

„In Verfolg des Aufrufs der Reichsregierung und des Führers der Deutschen Arbeitsfront an alle schaffenden Menschen und der durch den neuen Staat erfolgten grundlegenden Umstellung unserer sozialen Ordnung hat der Reichsstand der Deutschen Industrie beschlossen, die industriellen Arbeitgeber-Verbände aufzulösen und in ihre Liquidation zu treten. Die dem Reichsstand und der Deutschen Industrie angeschlossenen Arbeitgeber-Verbände werden im Rahmen ihrer satzungsgemäßen Bestimmungen mit sofortiger Wirkung die Beschlußfassung über ihre Auflösung herbeiführen und nach den geltenden vereinsrechtlichen Bestimmungen des bürgerlichen Rechts ihre Liquidation durchführen. Die in ihrem bisherigen Aufgabengebiete liegenden wirtschaftlichen Fragen werden in Zukunft von den wirtschaftlichen Organisationen der Industrie durchgeführt werden."

Am 20. Januar 1934 wurde das „Gesetz zur Ordnung der nationalen Arbeit" verkündet. Die Betriebsverfassung wurde nun durch das Führerprinzip bestimmt – der Unternehmer wurde zum Betriebsfüh-

Der Führerkreis des Bergischen Fabrikanten-Vereins:
Karl Becker, Paul Hager, Alfred Hilger

rer, die Arbeitnehmer zu seiner Gefolgschaft. Die sozialpolitische Auseinandersetzung zwischen Arbeitgebern und Arbeitnehmern war durch die Deutsche Arbeitsfront, die die Interessen beider Gruppen einheitlich auf Parteilinie wahrnahm, von nun an unterdrückt.

Die Ereignisse nahmen ihren Lauf, wenn auch in unterschiedlicher Weise in den jeweiligen Verbandsbezirken. Die Mehrheit der Remscheider Unternehmer ließ sich bei ihren Entscheidungen von einer sehr nüchternen Einschätzung der Situation leiten. In der Verbandsfrage verfuhr man taktisch geschickt: Auf der einen Seite setzte man auf die Überlebensfähigkeit des Bergischen Fabrikanten-Vereins, der die vier Jahrzehnte seiner Geschichte recht unbeschadet von aktuellen Entwicklungen überstanden hatte, auf der anderen Seite wurde in richtiger Vorausschau der kommenden Entwicklungen die Tätigkeit des Arbeitgeber-Verbandes schon lange vor dem Beschluß des Reichsstandes beendet.

In dem Bemühen, sich auf die neuen Verhältnisse einzustellen und dort, wo es möglich war, sich anzupassen, setzte der Vorstand des Bergischen Fabrikanten-Vereins auf seine Rechte als juristische Person und auf Anpassung. 1933 bestand der Vorstand aus Paul Hager als Vorsitzendem und den Herren Karl Becker, Alfred Corts, Hermann Röntgen, Ferd. Schleutermann, Karl Schürmann, Franz Vaillant und Karl Willmeroth.

Auf der Vorstandssitzung vom 26. Mai 1933 machte Paul Hager die übrigen, sämtlich anwesenden Vorstandsmitglieder mit der neuen vereinsrechtlichen Vorschrift vertraut: An die Stelle des Vorstands mußte ein „Führerkreis" treten, dem alle Rechte und Pflichten des Vorstands und der Mitgliederversammlung zukamen. Der bisherige Vorstand würde künftig nur noch als Beirat dieses Führerkreises fungieren.

Hager sprach sich für diese Strukturanpassung aus in der Voraussicht, die kommende Zeit werde noch mancherlei Umstellungen notwendig machen, und deshalb sei es notwendig, „stets rechtsgültig handlungsfähig zu sein". Der Vorstand schloß sich dieser Auffassung an und bildete den Führerkreis des Bergischen Fabrikanten-Vereins. Ihm gehörten an: Karl Becker, Paul Hager, Karl Schürmann und Konsul Alfred Hilger als Kassenwart.

„Auf Anfrage des Herrn Hermann Röntgen ergibt sich, daß unter den heutigen Verhältnissen eine Mitglieder-Versammlung zur Beschlußfassung nicht notwendig ist, sondern der Vorstand sich als zuständig erachtet", schließt der Bericht über die Sitzung lakonisch. Die Zeit der Führerkreise war angebrochen.

Im Remscheider Arbeitgeber-Verband zeigte man sich entsprechend skeptisch und beschloß, von sich aus die Konsequenzen aus der sich zuspitzenden Entwicklung zu ziehen. Aus dem Vereinsregister – andere Unterlagen sind nicht erhalten – ergibt sich, daß die Mitglieder-Versammlung bereits am 29. Juni 1933 die Auflösung des Arbeitgeber-Verbandes von Remscheid und Umgebung beschloß. Der Verband ging in Liquidation; zum Liquidator wurde Karl Schürmann bestellt, wie einer Eintragung vom 29. Juni 1934 zu entnehmen ist.

Wie brüchig bereits die bisherigen Fundamente der öffentlichen Ordnungen und der Rechtsstaatlichkeit geworden waren, machte das Reichsgesetzblatt von Nummer zu Nummer jedermann deutlich. Am gleichen Tage, an dem der Fabrikanten-Verein seinen Führerkreis bildete, am 26. Mai 1933, unterzeichneten Hitler und sein Innenminister Frick ein „Gesetz über die Einziehung kommunistischen Vermögens"; knapp zwei Monate später, am 14. Juli, folgte ein „Gesetz über die Einziehung volks- und staatsfeindlichen Vermögens"; womit zunächst einmal Sachen und Rechte der Sozialdemokratischen Partei Deutschlands gemeint waren, jedoch konnten auch andere „volks- und staatsfeindliche Bestrebungen" je nach Befinden der Reichsregierung unter dieses Gesetz fallen.

Anlaß zur Sorge war gegeben. Die Plünderung der Gewerkschaften war vorausgegangen – was würde als nächstes folgen? Darüber, daß die Deutsche Arbeitsfront Ansprüche auf das Remscheider Industriehaus geltend machen und durchzusetzen versuchen werde, konnte kein Zweifel bestehen. Tatsächlich hat die Arbeitsfront hierzu mehrfach Anstrengungen unternommen.

In einer solchen Auseinandersetzung mußte der Fabrikanten-Verein in eine schwierige, ziemlich aussichtslose Position geraten. Denn an der personellen engen Verknüpfung zwischen Arbeitgeber-

Verband und Fabrikanten-Verein hatte sich in den vergangenen 30 Jahren nichts geändert. Beide Vereinigungen hatten ihr Domizil im Industriehaus und verfügten – zumindest zeitweilig – über den gleichen Geschäftsführer; auch engagierten sich aktive Unternehmer durchaus in Ämtern hier wie dort. Diese personelle Verbindung hat zu mancherlei Verwechslungen Anlaß gegeben, wie spätere Darstellungen zeigen. Das gilt besonders für die Besitzverhältnisse. Der Arbeitgeber-Verband nutzte und unterhielt das Anwesen Elberfelder Straße, Eigentümer war jedoch auch 1933 noch der Bergische Fabrikanten-Verein.

Ob sich die Vertreter der Arbeitsfront von solchen juristischen Feinheiten sonderlich beeindrucken ließen, mußte mit Recht bezweifelt werden. Um Haus und Grundstück der Remscheider Industrie zu erhalten, mußte daher vorsorglich ein anderer Eigentümer gefunden werden. Am 9. November 1934 faßte der Führerkreis den Beschluß, das Anwesen an die eigens zu diesem Zweck gegründete Bergische Grundbesitz-Verwertungsgesellschaft zu verkaufen, vertreten durch den Fabrikanten Max Osenberg und später durch den Fabrikanten Willy Haas.

Es war eine riskante, leicht durchschaubare Transaktion, juristisch von zweifelhaftem Charakter, die sich da im engen Umkreis des Fabrikanten-Vereins abspielte, aber die Rechnung ging auf. Ob es sich um einen gültigen Verkauf oder nur Scheinkauf handelte, ließ die Juristen noch tief bis in die Nachkriegsjahre streiten; der eigentliche Zweck, die Arbeitsfront aus dem Industriehaus fernzuhalten, war erreicht.

Der Führerkreis des Bergischen Fabrikanten-Vereins hatte damit seine Pflicht und Schuldigkeit getan; kaum zwei Jahre später mußte der Verein in Liquidation gehen.

Das Personal des Arbeitgeber-Verbandes – Herr Ernst Gruner und Fräulein Hedwig Rödder – war zunächst vom Bergischen Fabrikanten-Verein übernommen worden und wechselte nach dessen Auflösung zur Fachgruppe Werkzeugindustrie, die ebenfalls im Industriehaus ihren Sitz hatte. Herr Dr. Schneider vom Arbeitgeber-Verband wechselte durch die Vermittlung des Geschäftsführers, Dr. Legers, unmittelbar zur Firma Zeiss in Jena.

Konnten somit die Auswirkungen der politischen Zwänge auf das Personal weitgehend abgefangen werden, so wird am persönlichen Schicksal des Geschäftsführers um so deutlicher, wie groß die Risiken und die Pressionen im Alltagsgeschehen damals für alle jene waren, die sich in ihrer Funktion an Stellen, die der Partei als besonders verdächtig galten, nicht auf die Parteilinie verpflichten ließen: Die Rede ist von Dr. Paul Legers, Geschäftsführer des Arbeitgeber-Verbandes seit 1919. Dr. Legers war zugleich Geschäftsführer des 1920 gegündeten

Gesamtverbandes der deutschen Werkzeugindustrie, der kurz nach 1933 von der Partei aufgelöst und in die Fachgruppe Werkzeugindustrie eingegliedert wurde. Das Schicksal von Dr. Legers hat sein Nachfolger nach 1945, Ernst Gruner, in einer persönlichen Aufzeichnung geschildert:

„Die Remscheider Unternehmer waren bis zum Jahre 1937 nur in bescheidenem Umfange der NSDAP beigetreten. Vom 1. September 1937 an – einer neuen Mitgliedswerbung – gaben aber zahlreiche Unternehmer dem harten Druck nach und wurden Mitglieder in der NSDAP.

Herr Dr. Legers, der Geschäftsführer des Arbeitgeber-Verbandes, lehnte die ihm angebotene Mitgliedschaft in der NSDAP ab, und es wurden ihm daher laufend Schwierigkeiten bereitet. Er war seit vielen Jahren vor dem dritten Reich neben dem Arbeitgeber-Verband auch Geschäftsführer des Gesamtverbandes der Deutschen Werkzeugindustrie, der später von Hitler in die Organisation der gewerblichen Wirtschaft als ‚Fachgruppe Werkzeugindustrie' übernommen wurde.

Im Jahre 1935 wurde er von der Partei als Geschäftsführer der Fachgruppe Werkzeugindustrie abgesetzt und durch das Parteimitglied Auelmann, Solingen, ersetzt. Herr Karl Becker (Firma Vereinigte Beckersche Werkzeugfabriken, Remscheid) als damaliger Leiter der

Wirtschaftsgruppe Eisen-, Blech- und Metallwaren, dem der Fachverband Werkzeugindustrie als Spitzenorganisation unterstand, protestierte energisch gegen die Entlassung von Herrn Dr. Legers und erreichte nach langwierigen Verhandlungen nach einigen Monaten die Wiedereinsetzung von Herrn Dr. Legers als Geschäftsführer.

In den ersten Monaten des Jahres 1936 wurde Herr Dr. Legers von der Gestapo verhaftet, weil man ihm den Erwerb von im dritten Reich verbotenen Zeitungen, die bei einer Eisenbahn-Kontrolle bei ihm vorgefunden wurden, vorwarf. Nach 14 Tagen wurde er aus der Haft entlassen. Die Angriffe auf Herrn Dr. Legers, vor allem durch den Vorsitzenden der Deutschen Arbeitsfront Remscheid, Herrn Plenge, hielten aber an, so daß Herr Dr. Legers es vorzog, Ende 1938 Remscheid zu verlassen und in Berlin den Geschäftsführer-Posten der Fachgruppe Blechwaren zu übernehmen. In Berlin verstarb er im Jahre 1943 nach einer Krebsoperation und wurde in Aachen, seinem Geburtsort, begraben."

Geschäftsführer und Mitarbeiter im Industriehaus 1936
von links nach rechts: Ernst Gruner, Dr. Paul Legers, Frau Gast, Assessor Hans Luther, Dr. Perker, Dipl.-Ing. Hans Ulrich Rauhut

Die Wahrnehmung der Interessen der Unternehmer im Verbandsbereich war nach Auflösung des Arbeitgeber-Verbandes nur noch möglich im Rahmen der Fachgruppe Werkzeugindustrie. Sie hatte allerdings keine eigenen Beschlußgremien, sondern handelte als Unterabteilung der Wirtschaftsgruppe Eisen-, Stahl- und Blechwaren mit Sitz in Berlin.

Inzwischen faßte die Deutsche Arbeitsfront auch in Remscheid Fuß. Die Verwaltung für den Kreis Bergisch Land wurde in Wermelskirchen eingerichtet; 1935 gab es in Remscheid fünf Ortsgruppen (Remscheid-Stadt, -Süd, Hasten, Reinshagen und Haddenbach), ferner eine Rechtsberatungsstelle. Auch in Lennep und Lüttringhausen bestanden je eine Ortsgruppe und eine Rechtsberatungsstelle. Ferner gab es die „Deutsche Angestelltenschaft, Reichsberufsgruppe der Angestellten", die ebenfalls in Remscheid eine Geschäftsstelle hatte.

Die Deutsche Arbeitsfront organisierte das betriebliche Geschehen. In zentralen arbeitswissenschaftlichen Abteilungen wurden Lohnfindungsmethoden entwickelt, die ähnlich wie die Methoden von REFA die Grundlagen für die Besoldung der Mitarbeiter regelten. In umfangreichen Kompendien wurden auf der Basis dieser zentralen Vorgaben in den Betrieben die jeweiligen Arbeitsplätze analysiert und den Lohngruppen zugeordnet. Tarifverhandlungen und Tarifverträge wurden durch zentral reglementierte Lohn- und Arbeitsbedingungen abgelöst, die von der Deutschen Arbeitsfront in Berlin für alle Bereiche des Reichsgebiets festgelegt wurden.

So sah die Kopfzeile eines sogenannten Betriebslohngruppen- katalogs im Jahre 1949 aus

Damit waren die Voraussetzungen geschaffen, um das Wirtschaftsleben voll den Interessen der Partei unterzuordnen.

Die politische Einbindung umfaßte alle Mitarbeiter – zu den Maikundgebungen, die von der Arbeitsfront organisiert wurden, hatten die Betriebe geschlossen zu erscheinen. In den Reden der „Ortswalter" wurden „die Arbeiter der Faust und der Stirn" auf die nationalsozialistische Ideologie eingeschworen.

Sechs Jahre nach Hitlers Machtübernahme forderte die Kriegswirtschaft ihren Tribut.

KRIEG UND NACHKRIEGSZEIT IN REMSCHEID

Die Besetzung Remscheids durch amerikanische Truppen am 15. April 1945 bedeutete für die Remscheider Bevölkerung zuerst einmal das Kriegsende, das Ende von Luftangriffen, Zerstörungen, Pressionen durch die Partei und immer neuen Ängsten. Doch in das Aufatmen der ersten Stunde mischten sich bald andere Sorgen:

Der Zustand, in dem sich die Stadt am Ende des zwölfjährigen NS-Regimes befand, gab keinen Anlaß zu irgendwelchen Zukunftshoffnungen. Die Bewohner der Stadt wußten, daß es großer und anhaltender Mühen bedürfe, um mit den Problemen, die ihnen der Alltag stellte, fertig zu werden. Das Motto „Remscheid hilft sich selbst – Raus aus den Trümmern" gab die nüchterne Einschätzung wieder, mit der die Bevölkerung in den kommenden Jahren daranging, wieder normale Lebensbedingungen zu schaffen.

Die Stadt war zerstört, aber nicht der Selbstbehauptungswille der Bevölkerung – auf diese Formel bringt ein zeitgenössischer Bericht das Fazit des schwersten Luftangriffs, der das Gesicht und das Leben der Stadt für Jahrzehnte veränderte. Dieser Angriff traf Remscheid in der Nacht vom 30. zum 31. Juli 1943. „Was Fleiß und Hingabe in vielen Jahrzehnten geschaffen, wurde durch die Fliegerangriffe in Alt-Remscheid nach Mitternacht des 30. Juli 1943 binnen 45 Minuten in ein einziges trostloses Trümmerfeld verwandelt, und noch in letzter Minute des unheilvollen Krieges ereilte den neuen Stadtteil von Lennep das gleiche Schicksal", heißt es einige Jahre später in einem städtischen Spendenaufruf.

Die schlimme Bilanz des Angriffs vom 30. Juli nennt mehr als tausend Tote und kaum übersehbaren Sachschaden: Knapp ein Viertel aller Häuser war zerstört, insgesamt waren 80 Prozent beschädigt, ein großer Teil davon schwer. Anders ausgedrückt: Von 35 000 Wohnungen waren lediglich 5000 unversehrt geblieben.

Zerstörung einer Stadt:
Remscheid nach dem großen Angriff vom 30./31. Juli 1943

Während die Wohn- und Geschäftsgebiete der Stadt nahezu total zerstört wurden, waren die Industrieanlagen weniger stark betroffen. Ein Geheimbericht des Oberbürgermeisters nennt ein halbes Jahr später folgende Bestandsaufnahme: Von 700 Industrieanlagen und 570 Werkzeugfabriken sind 194 total zerstört worden; von 390 Großhandelsfirmen wurden 136 Firmen total zerstört; von 1030 Einzelhandelsgeschäften sind 446 vernichtet; von 1275 Handwerksbetrieben sind 812 Betriebe zerstört worden.

Noch am 10. März 1945 fanden bei einem Luftangriff auf Lennep 61 Menschen den Tod; insgesamt kamen von 1939 bis 1945 bei Luftangriffen auf Remscheid 1344 Menschen um. Die Sinnlosigkeit dieser Angriffe muß immer wieder betont werden: „Die planmäßig organisierte Vernichtung der deutschen Städte hat sich militärisch nicht gelohnt. Im Gegenteil: Trotz der harten Bedingungen für die Zivilbevölkerung stieg die Produktion weiter an. So gesehen bestätigte sich auch bei dem Luftangriff auf unsere Vaterstadt die militärische Sinnlosigkeit solcher Aktionen", heißt es in einer Remscheider Chronik von 1963.

Einiges konnte in den letzten Kriegstagen verhindert werden, um Hitlers Befehl zur Verteidigung bis zur Selbstvernichtung zu stoppen. „Der Initiative des Unternehmers Hans Vaillant, des damaligen Zweigstellenleiters der Gauwirtschaftskammer Dr. Hermann Ringel und anderer Mitbürger ist es zu verdanken, daß die Remscheider Verkehrswege, insbesondere die Müngstener Brücke, unversehrt geblieben sind", berichtet der spätere Stadtdirektor Tigges.

Die Voraussetzungen für den Wiederaufbau waren aus vielen Gründen schwierig. Im Rathaus suchten die Kommunisten wieder die Machtstellung zu erlangen wie in der Weimarer Republik, als Remscheid sich als „Klein-Moskau" einen Namen machte. Gleichzeitig verhinderte die englische Militärregierung notwendige Initiativen. „Für die überwiegende Mehrzahl der Betriebe sind aus Gas- oder Kohlemangel oder wegen fehlender Anlaufgenehmigung die Verhältnisse weiter ungeklärt", stellt Ende August 1945 eine „Mitteilung" an alle Arbeitgeber und alle Arbeitnehmer fest, die gemeinsam mit dem Arbeitsamt von den vorläufigen Vertretungen der Sozialpartner unterzeichnet wurde. Darin werden Richtlinien für die Kündigungen der Arbeitsverhältnisse bekanntgegeben.

Eine Klärung der Verhältnisse war schon im Interesse der Arbeitnehmer dringend geworden, um die Versorgung im Krankheitsfall zumindest über die Einrichtung einer Nothilfe zu sichern. Aber auch aus einem anderen Grund: „Nicht zuletzt ist die Klärung aber auch erforderlich, um dem Arbeitsamt die Möglichkeit zu geben, über nichtbeschäftigte Arbeitskräfte zu verfügen und sie dort einzusetzen, wo sie wirklich dringend gebraucht werden. Der militärische Zusammenbruch und die sich daraus ergebende Notlage macht es allen zur Pflicht, am Wiederaufbau mitzuarbeiten." Wieder einmal war Gemeinschaftssinn gefordert.

Mangel an Rohstoffen und Energie, Reglementierungen und Demontagen durch die Besatzungsmacht, der Verlust der Exportmärkte – diesen wirtschaftlichen Unsicherheiten standen die Nöte des täglichen Lebens nicht nach. Auch ihnen mußte die Industrie Rechnung tragen.

Das galt einmal im unmittelbaren Verhältnis zwischen Unternehmen und Beschäftigten, das galt aber ebenso in der Verantwortung gegenüber dem Gemeinwohl. Gerade in der Schlußphase des Krieges und der Notsituation der Nachkriegszeit wurde in Remscheid jener Geist lebendig, der zur Zeit der Hausindustrie geherrscht hatte, als der Meister und seine Arbeiter miteinander die Sorge um den Betrieb teilten. Oft waren sie miteinander in dörflicher Gemeinschaft aufgewachsen und hielten ein Leben lang in allen Wechselfällen zusammen. Dieses Zusammengehörigkeitsgefühl bewährte sich in den Zeiten

43

der Luftangriffe und der Notlagen danach. Die Beschäftigten wußten, wie sehr ihr Wohl und das ihrer Familien vom Erfolg des Unternehmens abhing; ebenso fühlte sich der Unternehmer verantwortlich für das Wohl der Arbeitnehmer und ihrer Familien.

Aus dieser gewachsenen Tradition heraus entstanden zahlreiche soziale Einrichtungen und Leistungen einzelner Unternehmen und auch des Arbeitgeber-Verbandes, die oft beispielgebend für spätere Gesetze und Tarife wurden.

Zunächst ging es darum, die Hinterlassenschaften des Führers und der Zeit der Führerkreise aus dem Weg zu schaffen. Eine Viertelmillion Kubikmeter Schutt lag in der Stadt. Die Militärregierung forderte für das Schuträumen täglich 500 Arbeiter an. Wären diese Arbeitskräfte – wie zunächst verlangt wurde – den kleineren und mittleren Betrieben entzogen, so hätte das zur Stillegung vieler dieser Betriebe geführt. Hier schaltete sich der Arbeitgeber-Verband sogleich nach seiner Neugründung ein. Er gewann seine Mitglieder für eine ungewöhnliche Solidaraktion: Die Betriebe setzten für jeweils drei Tage alle Männer vom Unternehmer bis zum Lehrling zum Schuträumen ein.

Arbeitgeber-Verband
von Remscheid und Umgebung.

Remscheid, den 15. Mai 1946
Elberfelderstraße 77
Fernsprecher: Sammel-Nr. 47281

An die Mitgliedsfirmen in Groß - Remscheid!

Ernährungslage: Auswirkungen.

Das Ernährungsamt Remscheid muß der Militär-Regierung täglich u. a. auch über die Auswirkungen der gekürzten Lebensmittelzuteilungen auf die Arbeitsfähigkeit der Beschäftigten berichten.

Wir bitten unsere Mitgliedsfirmen, uns sofort telefonisch oder schriftlich Mitteilung zu geben, falls Belegschaftsmitglieder vor Erschöpfung in den Betrieben zusammenbrechen oder falls die gesamte Belegschaft oder geschlossene Betriebsabteilungen aus demselben Grunde die Arbeit vorzeitig verlassen. Außerdem bitten wir, uns alle 3 Tage telefonisch oder schriftlich anzugeben, wieviele Arbeitnehmer auf Grund der schlechten Ernährungslage der Arbeit vorübergehend fernbleiben.

Im Interesse einer eingehenden, für die künftige Gestaltung unserer Ernährungslage wesentlichen Information der Militär-Regierung bitten wir dringend um laufende Unterrichtung. — Fehlanzeige nicht erforderlich.

Arbeitgeber - Verband
von Remscheid und Umgebung.

gez. Alb. Honsberg jr.   gez. Ernst Gruner

Alltag in der Nachkriegszeit:
Ein Rundschreiben
des Arbeitgeber-Verbandes
vom 15. Mai 1946
macht die Not deutlich

Die Ernährungslage war schlecht und verschlechterte sich unter der Militärregierung weiter. Die körperliche Verfassung der Arbeiter wurde zum Politikum. Im Frühjahr 1946 mußte das Remscheider Ernährungsamt der Militärregierung täglich über die Auswirkungen der gekürzten Lebensmittelzuteilungen auf die Arbeitsfähigkeit der Beschäftigten berichten. Den Ernst der Lage spürt man aus den Zeilen eines Rundschreibens des Arbeitgeber-Verbandes vom 15. Mai 1946.

Nachdem die Militärregierung Zulagen für körperliche Schwerarbeit angeordnet hatte – bei jedem Monat neu beizubringendem Nachweis mit entsprechend bürokratischem Aufwand –, ergriffen im Sommer 1947 die Industrie- und Handelskammer, der Arbeitgeber-Verband, der Fachverband Werkzeugindustrie und der Groß- und Außenhandelsverband die Initiative für eine Gemeinschaftsaktion, um Kartoffeln zu beschaffen. In einem Aufruf vom 8. September 1947 hieß es:

„An die Mitgliedsfirmen in Groß-Remscheid!
Der außergewöhnlich warme und regenarme Sommer hat alle Voraussetzungen und alle Planungen für die Sicherstellung der Ernährung über den Haufen geworfen. Die Ernte-Erträgnisse sind wesentlich geringer als in den Vorjahren und geben zu den größten Befürchtungen Anlaß.

Besonders wichtig ist die Sicherstellung der Kartoffel-Zufuhr. Alle Möglichkeiten müssen ausgeschöpft werden, um Kartoffeln in einigermaßen ausreichenden Mengen für die Stadt Remscheid heranzubringen.

Es genügt nicht, nur die offiziellen Zuweisungen der Stadt in Anspruch zu nehmen, sondern darüber hinaus sind alle Verbindungen auszunutzen, die zwischen Industrie und Handel einerseits und den landwirtschaftlichen Genossenschaften etc. andererseits bestehen.

Zwischen Stadtverwaltung und den Organisationen Remscheids haben Berechnungen stattgefunden, die zu folgendem Ergebnis führten:

Das Ernährungsamt erklärt sich bereit, mit eigenen Wagen in Sammeltransporten außer den eigenen Zuteilungen auch die Heranschaffung der Kartoffeln für die Belegschaften solcher Betriebe zu übernehmen, die eigene Beschaffungsmöglichkeiten auf Grund ihrer Verbindungen haben. Es kommen nur Auslieferungen aus der britischen Zone in Frage. Von den herangeschafften Kartoffeln erhält jedes Belegschaftsmitglied sofort nach Eintreffen für sich und seine Familienangehörigen je einen Zentner unter Abgabe der Einkellerungsscheine: der überschießende Rest steht dem Ernährungsamt für die Ausgabe an die übrige Bevölkerung zur Verfügung. Die völlig ungeklärte Lage gestattet im Augenblick nicht, Zuteilungen über einen Zentner je Kopf zu machen, da es unbedingt notwendig ist, die Allgemeinheit zu berücksichtigen. Die Beschaffung weiterer Mengen muß für einen späteren Zeitpunkt zurückgestellt werden.

Unsere Mitgliedsfirmen werden dringend gebeten, sich des Ernstes der Lage bewußt zu sein und im eigenen Interesse in jeder Weise mitzuhelfen, um die Ernährungslage für alle einigermaßen zu sichern und damit die Ruhe und Ordnung aufrecht zu erhalten."

Ein anderes zentrales Thema blieb lange Zeit die Wohnungsnot. Hier verschärfte sich die ohnehin unerträgliche Situation noch dadurch, daß Remscheid im Laufe der Jahre 24 000 Flüchtlinge aufgenommen hatte, was einem Anteil von 20 Prozent der Bevölkerung entsprach. Der Arbeitgeber-Verband engagierte sich mit einem eigenen Wohnungsbauprogramm (siehe Seite 150). Als die Aktion „Remscheid hilft sich selbst" gemeinsam mit der Stadt und zahlreichen Einrichtungen zu einer großen Wohnungsbeschaffungs-Initiative aufrief, unterstützte der Arbeitgeber-Verband diese Bemühungen tatkräftig.

Zur Überwindung zahlreicher Notsituationen der Nachkriegsjahre haben viele soziale Aktivitäten der Unternehmer und des Arbeitgeber-Verbandes wesentlich beigetragen. Diese Aktivitäten wurden eingestellt, als kein Bedarf mehr bestand.

NEUBEGINN 1945

Die Genehmigung der britischen Militär-regierung lautet: „Es gibt keine Beden-ken gegen die Bil-dung des Arbeit-geber-Verbandes von Remscheid und Um-gebung."

```
              A b s c h r i f t

H E A D Q U A R T E R S   M I L I T A R Y   G O V E R N M E N T
              Stadtkreis Remscheid
                 306 (K) Det.
_____

To: - Arbeitsausschuss für arbeitsrechtliche Fragen
      für die Eisen- u. Metallindustrie von Remscheid u. Umgebung.

There is no objection to the forming of the Employers' Association
for Remscheid and surroundings; or to the holding of meetings on
10th and 11th Oct 45 at Husten and Radevormwald respectively.

                          gez. W. L. Lown
                  Capt. W.L. Lown RA PSG 306 Det Mil Gov.

Remscheid
5 Oct 45.
```

Die Genehmigung datiert vom 8. Oktober 1945, sie wird erteilt vom Headquarters Military Government, Stadtkreis Remscheid, ist unterzeichnet von Capt. W. L. Lown und trägt den Eingangsstempel vom 12. Oktober. Die Details sind nicht unwichtig bei diesem Doku-ment, auf das in den kommenden Jahren noch häufig Bezug genommen werden sollte. Es ist die Militärregierung, vertreten durch ihre Remschei-der Kommandantur, die ein knappes halbes Jahr nach Kriegsende die Genehmigung zur Wiedererrichtung des Arbeitgeber-Verbandes gibt.

Damit war der Weg frei, um die Interessen der Arbeitge-ber wieder in angemessener Form wahrnehmen und bei der großen Aufgabe des Wiederaufbaus einbringen zu können. Die Ausgangsposi-tion wird in einem Grundsatzpapier vom 15. April 1946 deutlich um-schrieben:

„Der staatliche und wirtschaftliche Zustand Deutschlands, der uns als Erbe des Nationalsozialismus hinterlassen wurde, ist so jammervoll, daß es der gemeinsamen Anstrengungen aller Volkskreise bedarf, um ein auch nur einigermaßen menschliches Dasein zu erreichen. Es könnte kein größeres Verbrechen geben, als diese Zusammenarbeit heute oder in Zukunft zu stören. Den nach den Ausführungen führender Gewerkschaftler ‚innerlich gewandelten Gewerkschaften' werden auch innerlich gewandelte Unternehmensverbände gegenüberstehen. Dafür bürgt schon der Name jener Unternehmer, die sich in aufopferungsvoller Weise zur Zeit darum bemühen, für die Gewerkschaften den von diesen selbst geforderten ‚sozialen Gegenspieler' zu schaffen."

„Remscheid hilft sich selbst"
eine Bürgeraktion von 1948:
Albert Honsberg jr.,
Vorsitzender des Arbeitgeber-Verbandes,
arbeitet im Vorstand
dieser Aktion mit

Mit der Wiedererrichtung des Arbeitgeber-Verbandes konnte der provisorische „Arbeitsausschuß für arbeitsrechtliche Fragen", der schon bald nach der Besetzung im Frühjahr 1945 vom Präsidenten der Bergischen Industrie- und Handelskammer, Wolf, eingerichtet worden war, seine Tätigkeit einstellen. Diesen Ausschuß leitete Albert Honsberg jr.

Chr. Heiner Wolf,
Präsident der
Bergischen
Handelskammer
zu Remscheid,
im Hintergrund
Hans Luther,
Hermann Mühlhoff
und Albert
Honsberg jr.

Der Arbeitsausschuß hatte die Aufgabe, für eine Übergangszeit bis zur Errichtung der Berufsvertretungen die Industriebetriebe in arbeitsrechtlichen Fragen zu beraten, unter Berücksichtigung der geltenden Gesetze und Tarifordnungen und unter Abstimmung mit den vorläufig eingesetzten Vertretern der Arbeitnehmer. Diesen letzten Aspekt hebt Honsberg in einem Schreiben vom 25. September 1945 besonders hervor: „. . . vor allem aber mit den Vertretern der Arbeitnehmerschaft Fühlung zu nehmen, um über schwebende arbeitsrechtliche Fragen jeweilig Einigung zu erzielen. Diese Aufgaben konnten im Interesse der Arbeitgeber- und Arbeitnehmerschaft in allen Fällen erfüllt werden."

Dies war mehr als eine rhetorische Floskel. So erklärte der Vorsitzende der Einheitsgewerkschaft, Gustav Bisterfeld, in seiner Glückwunschrede zur Gründung des Arbeitgeber-Verbandes: „Wir müssen und wir sind bereit dazu, alle auftretenden Schwierigkeiten mit auf fairem und auf gegenseitigem Verständnis beruhendem Entgegenkommen zu bereinigen. Voraussetzung und Bedingung ist natürlich unbedingte altbergische Vertragstreue und Ehrlichkeit. Die Zeit ist zu ernst und die Aufgaben, die unser harren, zu schwer, als daß wir uns in schädigenden Streitereien erschöpfen."

Noch konzentrierte sich die Arbeit auf das Allernotwendigste. Das Rundschreiben Nr. 1 des Arbeitsausschusses vom 14. Juni 1945 über geltende arbeitsrechtliche Bestimmungen machte deutlich, in welch kleinen Schritten sich das Leben in den Ruinen bewegte. Diesem ersten Überblick über das, was möglich und was notwendig war, ist der lapidare Hinweis vorangestellt, daß alle Gesetze und Verordnungen der Reichsregierung weiterhin in Kraft seien, die nicht ausdrücklich von den Militärbehörden aufgehoben wurden. „Dies gilt insbesondere für die Tarifordnungen", also auch für die Bestimmungen über Lohn- und Gehaltsstopp aus der NS-Zeit.

Da die Betriebsvertretungen nicht mehr bestehen, sollen betriebliche Angelegenheiten mit Sprechern der Arbeitnehmerschaft erörtert werden. Dabei sei allerdings zu beachten, „daß nach vorliegenden Anordnungen der Militärverwaltung nicht mehr als fünf Personen zu Besprechungen zusammentreten dürfen". Betriebsversammlungen können deshalb nicht stattfinden; ein Schlichtungsausschuß, der eingerichtet wird, besteht konsequenterweise nur aus vier Personen – zwei Arbeitnehmern und zwei Arbeitgebern.

Dies waren die Bedingungen der Stunde Null.

Chancen zu einem Zusammenschluß der Arbeitgeber werden gegen Ende des Sommers erkennbar. IHK-Präsident Wolf, der mit den Militärbehörden häufig zu verhandeln hat und daher über zuverlässige Informationen verfügt, signalisiert Honsberg am 20. August 1945, die Entwicklung auf gewerkschaftlichem Gebiet sei „soweit gediehen, daß die Bildung des Arbeitgeber-Verbandes nunmehr bis in die Einzelheiten vorbereitet werden muß." Sobald die Gewerkschaften offiziell zugelassen seien, müsse das entsprechende Gesuch für den Arbeitgeber-Verband auf den Tisch.

Honsberg schaffte es, rechtzeitig programmatische „Grundsätze für den Aufbau und die Aufgaben des neu zu errichtenden Arbeitgeber-Verbandes von Remscheid und Umgebung" in deutscher und englischer Fassung aufzustellen. Am 27. September 1945 wurde die Bitte um Genehmigung sowohl zur Neuerrichtung des Verbandes als auch zur Abhaltung von Gründungsversammlungen in Remscheid und in Radevormwald eingereicht. Unterzeichnet wurde das Gesuch von Honsberg, Dr. Busch und Karl Schürmann.

Am 8. Oktober erteilte die Militärbehörde die oben zitierte Genehmigung; die Gründungsversammlung fand am Freitag, 26. Oktober 1945, im Werksheim der Fa. Fritz Keiper in Remscheid-Hasten statt. In den vorläufigen Vorstand wurden gewählt: Albert Honsberg jr. als erster Vorsitzender, Karl Schürmann als sein Stellvertreter, Dr. Busch als zweiter und Heinrich Mundorf als dritter Vorsitzender. August Arnz wurde zum Kassenführer bestellt.

Eine weitere Gründungsversammlung sollte am 29. Oktober in Radevormwald stattfinden. Statt dessen gab es aber erst einmal eine Besprechung mit dem erweiterten Arbeitsausschuß der Radevormwalder Industrie. Die Niederschrift über diese Besprechung stellt die herausragende Rolle von A. Honsberg jr. bei der Gründung des Arbeitgeber-Verbandes eindrucksvoll dar.

Offenbar gab es Probleme mit der Textilindustrie, denn Heinrich Mundorf (Radevormwald) eröffnete mit der diplomatischen Feststellung, es sei über die Beteiligung der Radevormwalder Industrie am Remscheider Arbeitgeber-Verband zu sprechen und vor allem, ob auch die Textilindustrie dazu bereit sei.

Dies war ein Stichwort für Honsberg. In „längeren Ausführungen" machte er klar, daß eine einheitliche Arbeitgeberfront notwendig sei, da man sich einer Einheitsgewerkschaft gegenübersehe, der Arbeitnehmer aus allen Branchen angehörten. Geschlossenheit war das Gebot der Stunde, dafür setzte sich Honsberg beredt ein. Die regionalen Zuständigkeiten der Kammern sprachen dafür, auch seitens der Arbeitgeber regional gemeinsam aufzutreten. Das gleiche gelte auch für die Arbeitsamtsbezirke, denn dort würden die lohngestaltenden Maßnahmen behandelt – zumindest solange es zu keinen Tarifverhandlungen komme.

Remscheid, den 18. Oktober 1945

Einladung

zur

Gründungsversammlung des Arbeitgeber-Verbandes
von Remscheid und Umgebung

auf

Freitag, den 26. Oktober 1945, nachmittags 3¼ Uhr, im Werksheim der Firma Fritz Keiper, Remscheid-Hasten, Büchelstr. 56/58

TAGESORDNUNG:

1. Bericht über Zweck und Aufgaben des wieder zu errichtenden
Arbeitgeber-Verbandes.

2. Wahl des vorläufigen Vorstandes.

3. Genehmigung der vorläufigen Satzungen. (Siehe Anlage)

4. Festsetzung des vorläufigen Beitrages.

Wir bitten um Ihre Teilnahme.

Die Einberufer:

gez. Alb. Honsberg jr.   gez. Karl Schürmann

gez. Dr. Busch

Diese Einladung dient als Ausweis

Honsberg wollte einen Arbeitgeber-Verband, der ein starker Partner der Einheitsgewerkschaft in der sozialpolitischen Auseinandersetzung sein würde und in seiner Struktur die gesamte Industrie re-
präsentierte. Honsberg betonte, die Textilindustrie werde innerhalb des
Verbandes eine eigene Gruppe bilden und angemessen beteiligt sein.
Und überdies solle es einmal wöchentlich in Radevormwald eine
Sprechstunde des Arbeitgeber-Verbandes geben.

Ein Plädoyer, das seinen Eindruck nicht verfehlte: Radevormwald stimmte zu, allerdings mit dem Vorbehalt der Textilindustrie:
Falls es zu fachlichen Arbeitgeber-Vertretungen komme, wolle man sich
nach Wuppertal umorientieren, um gemeinsam mit der dortigen Kon-
kurrenz die Arbeitgeberinteressen der Branche besser vertreten zu können.

Die Gründungsversammlung für Radevormwald fand ei-
nige Tage später als geplant, am 6. November 1945, statt. Der vorläu-
fige Vorstand konnte mit der Ausarbeitung der endgültigen Satzung beginnen. In den Mitgliederversammlungen vom 3. April (Remscheid) und
5. April 1946 (Radevormwald) wurde ordnungsgemäß der erste ordentliche Vorstand für drei Jahre gewählt. Ihm gehörten wie bisher an:
Albert Honsberg jr.; Karl Schürmann; Dr. Wolfgang Busch; Heinrich
Mundorf und August Arnz.

Der Arbeitgeber-Verband konnte nunmehr seine Tätigkeit offiziell wieder aufnehmen – soweit es die äußeren Umstände erlaubten und die Besatzung es zuließ.

Die Entscheidungen der britischen Militärverwaltung blieben auf Jahre hinaus bestimmend für das wirtschaftliche und sozialpolitische Geschehen. Dies galt nicht nur hinsichtlich der Demontage, sondern auch für die Versorgung mit Lebensmitteln, die Schutträum-Aktionen und den Lohn- und Gehaltsstopp; die Wiederaufnahme der Produktion war jeweils von britischer Genehmigung abhängig.

Auf der anderen Seite demonstrierten die Briten demokratische Tugenden. In einer sehr grundsätzlichen Rede an die Gewerkschaften der britischen Zone machte der Chef der Manpower Division am 13. November 1947 unmißverständlich klar: „Wir Briten haben kein Hehl daraus gemacht, daß wir mit Genugtuung beobachtet haben, wie sich die Gewerkschaftsbewegung bisher im Geiste der Einheit entwickelt hat.

Wir hegen die aufrichtigste Hoffnung, daß dieser Geist der Einheit von Bestand sein möge und daß die politischen und religiösen Trennungsmomente, die einstmals die deutschen Gewerkschaften spalteten, nie wiederkehren werden. Die Verantwortung dafür jedoch, diese Einheit zu erringen, muß dorthin verlegt werden, wohin sie gehört – auf das deutsche Volk selbst –, auf Sie. Ein- oder zweimal sind in den letzten Monaten Leute zu uns gekommen und haben gesagt: ‚Da ist eine Organisation, welche die Einheit der neuen deutschen Gewerkschaftsbewegung bedroht, bitte unterdrücken Sie sie.‘ Ich hatte gedacht, daß man mit Unterdrückungen genügend Erfahrungen gemacht hätte, zumal mit Unterdrückungen von Arbeiterorganisationen. Ich kenne die Gefahr von Splitterorganisationen, die sich Arbeiterbewegungen nennen; aber Unterdrückung ist ein häßliches Wort. Die Macht, die sich in Ihrer Organisation verkörpert, schenkt mir den Glauben, daß wir in dieser Hinsicht ein kleines Risiko auf uns nehmen können, und ich würde lieber dieses Risiko auf mich nehmen, was ich übrigens auch von Ihnen glaube, als daß ich versuchen würde, jegliches Aufflammen des Geistes zu ersticken, der künftig an die Oberfläche deutschen Lebens zu dringen sucht."

Es folgte ein nachdrückliches Plädoyer für die Stärkung des Gewerkschaftseinflusses auf die gesamte Wirtschaft: „Unser Ziel war und ist es auch jetzt noch, eine Organisation zu schaffen, die ein Ganzes bildet und die geradewegs durch das Wirtschaftsgebäude hindurch läuft, und zwar von der Gewerkschaftsleitung über die Bezirks- und Ortsgruppen bis zu den Gewerkschaftsvertretern in Fabrik und Werkstatt. Die letzteren sollten die Betriebsräte bilden."

Diese Einschätzung war wenig ermutigend für die Arbeitgeber, die auf einer Tagung am 13. Januar 1946 ihre Position dem Chef der Manpower Division entgegenstellten, was die Briten auch durchaus respektierten. Sie gestatteten ausdrücklich die Bildung von Arbeitgeber-Verbänden mit einer Dienstanweisung vom 23. August 1946, die sich ausdrücklich am Grundsatz der Freiheit der Verbände orientierte. Sowenig man auch von derartigen Verbänden hielt, so wenig hatte man die Absicht, sich in Organisation und Tätigkeit der Arbeitgeber einzumischen. Unmißverständlich erklärt das Hauptquartier der Manpower Division am 5. Mai 1947: „Wenn sich Gelegenheit für kollektives Lohnaushandeln ergibt, ist zu erwarten, daß Arbeitgeber und Arbeitnehmer im Hinblick auf die zu erreichenden Ziele selbst entscheiden, welche ihrer betreffenden Organisationen sowohl ihrem Charakter als auch ihrer repräsentativen Stärke nach am besten geeignet ist, in Verhandlungen einzutreten."

Im Konflikt zwischen zwei unterschiedlichen Selbstverwaltungstraditionen hielten sich die britischen Behörden mit bemerkenswerter Nüchternheit an die Grundregeln ihres demokratischen Selbstverständnisses. Die engagierten Unternehmer der ersten Stunde nutzten ihre Chance und legten die Grundlagen für eine dauerhafte, deutschen Verhältnissen entsprechende verantwortliche Mitarbeit an den sozialpolitischen Entwicklungen der bevorstehenden Jahre und Jahrzehnte.

STRUKTUR DES VERBANDES

Aufgaben, Ziele, Aktivitäten, Service

Mit der Feststellung „Die Mitgliedschaft hat am 1. November 1945 begonnen" informiert das Rundschreiben Nr. 3 vom 19. November die Mitgliedschaft über den Beginn der Verbandstätigkeit und damit über den Beginn der Beitragspflicht: Der Richtsatz betrug 0,3 Prozent der Lohn- und Gehaltssumme des Monats Oktober, mindestens aber 3 RM monatlich.

Die Resonanz auf den Gründungsaufruf war lebhaft, die Zahl der Mitgliedsfirmen stieg bis zur ersten ordentlichen Mitglieder-Versammlung im April 1946 auf 605 Firmen mit insgesamt 17 600 Beschäftigten.

Der Arbeitgeber-Verband hatte somit wieder seinen Platz eingenommen, in einer hölzernen Militärbaracke, die neben dem zerbombten Industriehaus an der Elberfelder Straße aufgeschlagen worden war. Aber damit waren die Grundlagen für die Tätigkeit noch nicht gesichert; der Verband mußte sein Daseinsrecht gegen den Widerstand der Gewerkschaften und linker Gruppierungen erst noch durchsetzen. Noch im Juni 1947 bestand Anlaß zu einer nachdrücklichen Klarstellung: „Von Gewerkschaftsseite ist wiederholt behauptet worden, daß unser Arbeitgeber-Verband nicht genehmigt sei. Demgegenüber stellen wir fest, daß die Genehmigung zur Errichtung unseres Verbandes seitens der Militärregierung bereits am 8. Oktober 1945 erteilt worden ist." Dieser Klarstellung lag eine Rückfrage beim Zentralamt für Arbeit in der britischen Zone zugrunde, das eine erneute Bestätigung der Zulassung von Arbeitgeber-Verbänden in der britischen Zone von der Manpower Division in Berlin eingeholt hatte.

Allerdings, die Registrierung durch die deutschen Behörden ließ noch auf sich warten. Die Eintragung ins Verbandsregister nahm der Wirtschaftsminister des Landes Nordrhein-Westfalen erst am 3. Februar 1948 vor, mit dem rückwirkenden Hinweis: „Errichtung 11. April 1946."

Über die Einbindung des Remscheider Arbeitgeber-Verbandes in die überregionale Entwicklung berichtet der Geschäftsführer Ernst Gruner:

„Ende 1945 wurden die bereits errichteten Arbeitgeber-Verbände beziehungsweise die für die Errichtung von Arbeitgeber-Verbänden gewählten ‚Sozialpolitischen Ausschüsse' in einem Zentralbüro zusammengefaßt. Aus diesem Zentralbüro entstand später die Vereinigung nordrhein-westfälischer Arbeitgeber-Verbände mit dem Sitz in Düsseldorf, nachdem Mitte 1946 das Land Nordrhein-Westfalen gegründet war. Als Geschäftsführer dieses Zentralbüros wurde Herr Max Lobeck berufen.

Hier waren sämtliche bereits genehmigten oder in Bildung begriffenen Arbeitgeber-Verbände von Nordrhein-Westfalen vertreten, ganz gleich, ob es sich um fachlich oder gemischt-gewerblich aufgezogene Verbände handelte.

Die Zustimmung der Militärregierung war auch in Nordrhein-Westfalen nur unter größten Schwierigkeiten zu erreichen, da Teile der Gewerkschaft, vor allem die jüngere Richtung, die Arbeitgeber-Verbände ablehnten. Dazu kam der Widerstand linksgerichteter politischer Parteien, insbesondere der kommunistischen Partei. Schließlich wurden aber alle diese Widerstände überwunden, und 1947 wurde die vielfach zurückgestellte Genehmigung der Arbeitgeber-Verbände von der Militärregierung ausgesprochen.

Im Jahre 1948 erfolgte auch die Genehmigung des Zusammenschlusses von Arbeitgeber-Verbänden auf fachlicher Basis, und im Jahre 1949 wurde für die gesamten Zonen (außer der sowjetisch-besetzten) die Genehmigung erteilt, sämtliche Arbeitgeber-Verbände aller Industriegruppen in einer Spitze, der ‚Vereinigung der Arbeitgeber-Verbände', mit dem Sitz in Wiesbaden, zusammenzuschließen. (Später wurde der Sitz nach Köln verlegt.) Geschäftsführer dieser Spitzenorganisation wurde Herr Dr. Erdmann."

Der künftigen Arbeit des Arbeitgeber-Verbandes von Remscheid und Umgebung lag eine Satzung zugrunde, die von der Mitglieder-Versammlung am 3. April 1946 verabschiedet wurde und die für mehr als 20 Jahre die internen Strukturen des Verbandes verbindlich regelte. Sie bestimmte als Zweck des Verbandes „die Wahrung der gemeinsamen Interessen und die Betreuung der Mitglieder in allen sozial-politischen und arbeitsrechtlichen Angelegenheiten."

Der Verbandsbereich entsprach dem damaligen Arbeitsamtsbezirk Remscheid mit dem Stadtkreis Remscheid und den Gemeinden Hückeswagen, Radevormwald, Wermelskirchen einschließlich Dhünn und Dabringhausen sowie Burg an der Wupper.

Im Zuge der Kommunalreform kamen am 1. Januar 1975 die Städte Radevormwald, Hückeswagen und Wermelskirchen zum Regierungsbezirk Köln, und zwar wurden Radevormwald und Hückeswagen dem Oberbergischen Kreis mit Sitz in Gummersbach, die Stadt Wermelskirchen dem Rheinisch-Bergischen Kreis in Bergisch-Gladbach zugeordnet. Die Städte Solingen, einschließlich Burg an der Wupper, und Remscheid blieben im Regierungsbezirk Düsseldorf.

Diese Kommunalreform hatte zwangsläufig eine Funktionalreform zur Folge, in der auch andere Behörden neu geordnet und den neuen Verwaltungsgrenzen angepaßt wurden.

Die Finanzämter wurden jeweils den Kreisstädten oder den kreisfreien Städten für diese Gebiete zugeordnet. Auch die Gewerbeaufsichtsämter wurden in den Kreisstädten etabliert; für die kreisfreien Städte Solingen und Remscheid wurde ein Gewerbeaufsichtsamt in Solingen eingerichtet.

Die Arbeitsämter erhielten 1979 einen neuen Zuschnitt. Die neugeordneten Kreise Oberberg und Rheinberg einschließlich der Stadt Leverkusen kamen in das neu gebildete Großarbeitsamt Bergisch Gladbach, während das bisherige Großarbeitsamt Solingen verkleinert und auf die Städte Remscheid und Solingen begrenzt wurde.

Die Kammergrenzen wurden den neuen Regierungsbezirken angepaßt. Dabei wurden am 1. Januar 1977 die bis dahin selbständigen Industrie- und Handelskammern Remscheid und Solingen aufgelöst, Teile ihrer Gebiete wurden der Kammer Wuppertal, andere der Kammer Köln zugeordnet. Dies hatte unter anderem zur Folge, daß der Gesellschaftsanteil der Bergischen Industrie- und Handelskammer zu Remscheid an der Gemeinschaftslehrwerkstatt der Remscheider Eisen- und Metallindustrie GmbH auf die Kammer Wuppertal überging.

Die Kammerneuordnung führte zu langwierigen Rechtsstreitigkeiten der betroffenen Unternehmen in den ausgegliederten Kammerbezirken, da die Neuordnung an der über Jahrhunderte gewachsenen Zugehörigkeit der Unternehmen und den gewachsenen Verflechtungen der Wirtschaft in den betroffenen Gebieten vorbeigeplant war. Es wurde erforderlich, grenzüberschreitende Ausschüsse bei den Kammern Wuppertal und Köln zu bilden, die die Interessen dieser Unternehmen wahrnehmen.

Für die Arbeitsgerichtsbarkeit im Verbandsbereich konnte in einer gemeinsamen Aktion des Arbeitgeber-Verbandes mit dem Deutschen Gewerkschaftsbund folgende Regelung erreicht werden:

Remscheid, Radevormwald und Hückeswagen verbleiben im Arbeitsgerichtsbezirk Wuppertal; Wermelskirchen wird dem nicht aufgelösten Arbeitsgericht Solingen zugeordnet. Für die 2. Instanz sind das Landesarbeitsamt Köln für Wermelskirchen und das Landesarbeitsgericht Düsseldorf für den übrigen Verbandsbereich zuständig.

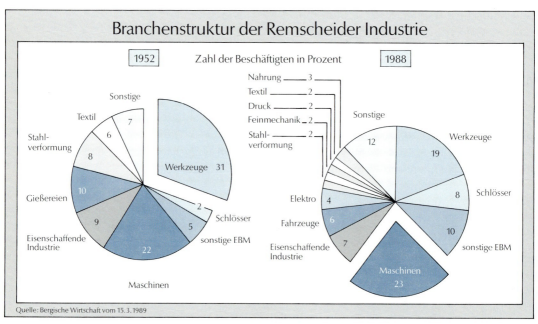

Branchenstruktur der Remscheider Industrie

1952 — Zahl der Beschäftigten in Prozent — **1988**

Quelle: Bergische Wirtschaft vom 15.3.1989

Wie sich die Branchenstruktur von 1952 bis 1988 geändert hat

Besondere örtliche Gegebenheiten hatten 1945 zu der Einrichtung eines Arbeitgeber-Verbandes Radevormwald geführt, der dem Remscheider Arbeitgeber-Verband angeschlossen war, jedoch seit 1953 eine eigene Geschäftsstelle unterhielt. Sie wurde von Regierungsrat a.D. Bohl als Geschäftsführer geleitet. Die Zusammenarbeit zwischen den Geschäftsstellen war eng; in den ersten Jahren stand Herr Gruner einmal wöchentlich einen Nachmittag in Radevormwald für Anfragen zur Verfügung; später hielt der Geschäftsführer aus Radevormwald engen persönlichen Kontakt zur Remscheider Geschäftsstelle.

Die besonderen Akzente der Tätigkeit in Radevormwald lagen neben den sozialpolitischen Aufgaben im Bereich der Kommunalpolitik, wobei die Verkehrsanbindung eine wesentliche Rolle spielte, ferner auch in Fragen der beruflichen Bildung.

Die Absicht, eine breite Arbeitgeberfront für Radevormwald zu bilden, um Lohnunterschieden gegenüber Remscheid und örtlichen Lohnauseinandersetzungen besser begegnen zu können, scheiterte 1957, als angesichts der kritischen Lage in der Textilindustrie die „Wupperfirmen" für 1958 ihr Ausscheiden ankündigten. Bei der Vorstandswahl im Dezember 1957 sprachen sich die übrigen Mitglieder dennoch für das Weiterbestehen des Verbandes aus, um die Interessen der Industrie gegenüber der Stadt wirkungsvoll vertreten zu können. 1972 wurde der Verband aufgelöst.

Der Remscheider Arbeitgeber-Verband konzentrierte von Beginn an seine Tätigkeit auf die Vertretung von Industriebetrieben der Eisen- und Metallindustrie; seit 1969 satzungsgemäß auch der Elektroindustrie. Betriebe außerhalb dieser Branchen können als außerordentliche Mitglieder dem Verband angehören.

Der Beitragssatz wurde 1946 auf 0,5 Prozent der Brutto-Lohn- und -Gehaltssumme festgesetzt, aber in späteren Jahren mehrfach an veränderte Erfordernisse angepaßt. Bei der Neufassung der Satzung wurde 1969 der vier Jahre zuvor beschlossene Unterstützungsfonds in der Satzung verankert. Der Fonds dient dazu, „die Mitglieder in die Lage zu versetzen, Arbeitsstreitigkeiten duchzuführen, deren Austragung im Interesse des im Verband zusammengeschlossenen Berufsstandes liegt." Die Mittel hierfür werden im Rahmen des Mitgliedsbeitrags aufgebracht.

Zur Struktur des Arbeitgeber-Verbandes legte die Satzung von 1949 eine Gliederung fest, die fünf Organe vorsah. Die Mitgliederversammlung „hat alle Fragen zu regeln, die nicht anderen Verbands-Organen zugewiesen sind." Dazu zählen, wie die Satzung von 1969 präzisiert, die Genehmigung der Jahresrechnung, die Wahl des Vorstands, Satzungsänderungen und Beschlußfassung zu Angelegenheiten von grundsätzlicher Bedeutung.

Die Satzung von 1946 sah drei Vorstandsgremien vor: den Hauptvorstand, den Vorstandsausschuß und den Vorstand. Dem Hauptvorstand steht das Recht zu, in allen Verbandsangelegenheiten, die nicht ausschließlich der Mitgliederversammlung übertragen sind, Anordnungen mit bindender Kraft zu treffen; nur die Mitgliederversammlung kann mit Zweidrittelmehrheit diese Beschlüsse aufheben. Dem Hauptvorstand kommt ein besonderes repräsentatives Gewicht zu, denn hier bringen die Unterabteilungen ihre jeweiligen besonderen

Die Vorsitzenden des Arbeitgeber-Verbandes seit 1945: Albert Honsberg von 1945 bis 1964; Alfred Arnz von 1964 bis 1981 und Dr. Dietrich Fricke seit 1982

branchenspezifischen Anliegen in die gemeinsamen Beratungen ein. Dem Hauptvorstand gehören zwischen 40 und 50 Mitglieder an; die Unterabteilungen sind je nach ihrer Stärke vertreten.

Dem Hauptvorstand gegenüber steht der Vorstand. Ihm obliegt die Leitung des Verbandes, die Verantwortung für die laufenden Geschäfte und die Vermögensverwaltung. Der Hauptvorstand setzt den Geschäftsführer und seinen Stellvertreter ein; sie führen die Beschlüsse der Verbandsorgane in Abstimmung mit dem Vorstand aus, vertreten den Verband vor Gericht und gemeinsam mit einzelnen Vorstandsmitgliedern nach außen. Die Zusammensetzung des Vorstands hat sich mehrfach geändert. Die Satzung von 1946 sah einen ersten Vorsitzenden und seinen Stellvertreter, ferner den zweiten und dritten Vorsitzenden und den Kassenführer vor. Nach der letzten Satzungsänderung von 1981 gehören gegenwärtig dem Vorstand der erste und bis zu vier stellvertretende Vorsitzende an; zu ihnen zählt auch der Schatzmeister.

Zwischen Hauptvorstand und Vorstand wurde 1946 ein Vorstandsausschuß plaziert, „zwecks Vereinfachung der durchzuführenden Verbandsaufgaben", wie es hieß. 15 bis 20 Mitglieder sollten aus den Reihen des Hauptvorstands in diesen Ausschuß gewählt werden. Doch dazu kam es nicht, wie ein Antrag des Vorstands zur Satzungsänderung 1969 feststellte: „Dieses Organ hatte keine wesentliche Aufgabe und trat deshalb niemals zusammen." Der Vorstandsausschuß wurde 1969 ersatzlos gestrichen.

Eine erhebliche Bedeutung kommt den Unterabteilungen zu. In ihnen sind die Mitglieder des Verbandes je nach ihrer Produktion zusammengefaßt und entsprechend ihrer jeweiligen Stärke im Hauptvorstand vertreten. Damit sichert die innere Gliederung des Arbeitge-

Die Geschäftsführer des Arbeitgeber-Verbandes seit 1945: Ernst Gruner von 1945 bis 1961; Assessor Ehrenfried Schulze von 1961 bis 1971 und Assessor Bertram Gentges seit 1971

ber-Verbandes, daß die unterschiedlichen fachlichen Interessen der im Verband zusammengeschlossenen verschiedenartigen Industriebetriebe angemessen wahrgenommen werden.

Die Geschicke des Arbeitgeber-Verbandes sind in den Jahren nach 1945 ganz wesentlich durch drei Persönlichkeiten geprägt worden, die Vorsitzenden des Verbandes: Dies waren von 1945 bis 1964 Albert Honsberg (jr.), von 1964 bis 1981 Dipl.-Kfm. Alfred Arnz und seit 1982 Dr. Dietrich Fricke.

Albert Honsberg, geboren 1911, übernahm 1932 die Verantwortung für das seit 1798 bestehende Familienunternehmen. Schon der Vater war Mitbegründer des Bergischen Fabrikanten-Vereins und von 1890 bis 1900 Mitglied in dessen Vorstand gewesen. Albert Honsberg hat wesentlichen Anteil an der Bewältigung der schwierigen Nachkriegszeit in der Remscheider Industrie. Seiner Initiative ist die frühe Wiedergründung des Verbandes schon 1945 zu verdanken, und ihm gelang die schnelle Anerkennung des Verbandes durch die Militärregierung. Sein Engagement für den Verband war verbunden mit hohem persönlichen Einsatz, was auch überregional anerkannt wurde. So war er unter anderem seit 1947 Vorstandsmitglied im Verband metallindustrieller Arbeitgeberverbände Nordrhein-Westfalens, von 1960 bis 1966 dessen Vorsitzender und gleichzeitig Mitglied des Präsidiums bei Gesamtmetall. In Anerkennung seines Wirkens für das Gemeinwohl wurde er 1971 mit dem Großen Bundesverdienstkreuz des Verdienstordens der Bundesrepublik Deutschland ausgezeichnet. Er starb 1974.

Der zweite in der Reihe der Nachkriegsvorsitzenden war Alfred Arnz. Er wurde 1926 geboren. Als Diplom-Kaufmann wurde er geschäftsführender Gesellschafter der Firma Friedr. Aug. Arnz, FLOTT.

Aug. Arnz   Dr. Wolfgang Busch   Richard Felde   Herbert Küpper

Er führte den Verband fast siebzehn Jahre unbestritten und erfolgreich und war gleichzeitig von 1964 bis 1981 auch Vorstandsmitglied des Verbandes der Metallindustrie Nordrhein-Westfalen. Sein persönlicher Einsatz für Unternehmen und Verband war außerordentlich groß. Hierfür erhielt er 1977 das Bundesverdienstkreuz am Bande des Verdienstordens der Bundesrepublik Deutschland. Er starb 1981.

Seit 1982 ist Dr. Dietrich Fricke Vorsitzender des Arbeitgeber-Verbandes. Geboren wurde er 1927 in Goslar. Nach Studium und Promotion zum Dr. rer. oec. trat er in die Firma TENTE-ROLLEN ein, deren Alleingesellschafter er seit 1983 ist. Er entwickelte das Unternehmen zu einem der bedeutendsten Hersteller von Rollen und Rädern im europäischen Raum, mit zur Zeit weltweit etwa 800 Beschäftigten. 1964 wurde Dr. Fricke Mitglied im Vorstand des Arbeitgeber-Verbandes. Eine Reihe von Jahren war er stellvertretender Vorsitzender, bis 1973. Nach der Erkrankung von Herrn Arnz übernahm er diesen stellvertretenden Vorsitz 1981 wieder. 1982 wurde er zum Vorsitzenden gewählt.

Neben verschiedenen Aufgaben in der Industrie- und Handelskammer und in Fachverbänden ist er seit 1981 auch Mitglied des Vorstands im Verband der Metallindustrie Nordrhein-Westfalen. Mitglied im Vorstand der Landesvereinigung der industriellen Arbeitgeber in Nordrhein-Westfalen war er von 1988 bis 1990. 1983 erhielt Dr. Fricke das Bundesverdienstkreuz am Bande, 1990 das Bundesverdienstkreuz 1. Klasse des Verdienstordens der Bundesrepublik Deutschland.

Eine besondere Rolle bei der Umsetzung der satzungsmäßigen Aufgaben und für die Aktivitäten des Verbandes kommt dem Geschäftsführer zu. Dies gilt sowohl für die Beratung der Mitglieder, für die oft sehr kurzfristig verbindliche Auskünfte, Verbands-Stellungnahmen und andere Entscheidungshilfen zu geben sind. Dies gilt ferner für die zahlreichen Funktionen in Selbstverwaltungs- und anderen Organen, in denen die Vertretung der Verbandsinteressen erforderlich ist. Erster Geschäftsführer nach der Wiedergründung des Arbeitgeber-Verbandes wurde Ernst Gruner. Ihm waren in maßgeblicher Weise Aufbau

Günter Becker   *Günther Heppel*   *Dr. Bötzow*   *Joachim Ohler*

und Organisation des Verbandes unter den schwierigen Bedingungen der Nachkriegszeit zu verdanken. Gruner brachte dafür wichtige Voraussetzungen mit. Er verfügte über gründliche Kenntnisse der Industrie des Remscheider Raumes; er war gebürtiger Remscheider und kannte sich in den Besonderheiten der Remscheider Familienbetriebe aus. Er war eine integre, bescheidene Persönlichkeit; und er besaß langjährige Erfahrungen mit dem Arbeitgeber-Verband. 1919 war er als 22jähriger in die Geschäftsstelle eingetreten, nach der Auflösung des Verbandes wurde er 1934 in die Fachgruppe Werkzeugindustrie übernommen.

Gruner engagierte sich intensiv für die Gründung der Gemeinschaftslehrwerkstatt, deren erster Geschäftsführer er von 1952 bis 1962 war. Seiner ausgeprägten sozialen Verantwortung entsprach sein Einsatz für die Organisation der Erholungskuren Remscheider Kinder in den ersten Nachkriegsjahren in Bad Rothenfelde und der Kuren für Jugendliche in Hörnum auf Sylt. 1958 erlitt er einen Schlaganfall; konnte jedoch bis zu seiner Pensionierung 1961 die Geschäftsführung halbtags weiter ausüben. Ernst Gruner ist am 8. August 1973, 75jährig, verstorben.

Zu seinem Nachfolger wurde sein langjähriger Stellvertreter und Leiter der Rechtsabteilung des Arbeitgeber-Verbandes, Assessor Ehrenfried Schulze, berufen. Der gebürtige Berliner, der für seinen Witz und seine umgängliche Verhandlungsführung bekannt war, trat gleich nach dem Kriege, Anfang 1946, in die Geschäftsstelle des Arbeitgeber-Verbandes ein. Den Verband vertrat er in zahlreichen Gremien und wirkte zunächst als Prozeßvertreter und später bis 1960 als Arbeits- und Sozialrichter.

Von 1962 bis 1972 war er Geschäftsführer der Gemeinschaftslehrwerkstatt und in den folgenden Jahren Ehrenmitglied des Aufsichtsrates. Besondere Verdienste erwarb sich Assessor Schulze bei der Vermittlung von Lehrstellen für Jugendliche aus entwicklungsschwachen Regionen, die in Remscheid die Chance zur Ausbildung als Facharbeiter fanden. Als langjähriger Vorsitzender in zwei Trägervereinen

63

sorgte sich Schulze mit hohem persönlichen Engagement um die Betreuung der Jugendlichen außerhalb der Betriebe. Nach seiner Pensionierung 1971 gehörte er dem Hauptvorstand des Arbeitgeber-Verbandes als Ehrenmitglied an. Assessor Ehrenfried Schulze starb am 22. Juni 1984 im Alter von 79 Jahren.

Seit 1971 leitet Assessor Bertram Gentges die Geschäftsführung. Gentges, ebenfalls aus Berlin stammend, war nach juristischem Studium in Münster und New York und anschließender Anwaltstätigkeit 1960 zum Arbeitgeber-Verband nach Remscheid gekommen und leitete die Rechtsabteilung; 1961 wurde er stellvertretender Geschäftsführer. Besondere Akzente seiner Arbeit setzen zum einen die Wahrnehmung der Interessen der Remscheider Industrie in zahlreichen Gremien und Selbstverwaltungsorganen, einer Tätigkeit, der vor dem Hintergrund der kommunalen Neuordnung in den siebziger Jahren und ihren belastenden Auswirkungen für die Wirtschaft eine besondere Bedeutung zukam, und zum anderen die eingehende Beratung der Mitglieder

Geschäftsverteilungsplan
des Arbeitgeber-Verbandes von Remscheid und Umgebung e.V.

Assessor Bertram Gentges
Geschäftsführer

Assessor Gernot Tödt
stellvertretender Geschäftsführer

Assessor Udo Werner
Mitarbeiter der Geschäftsführung

Leitung der Rechtsabteilung:
Assessor Gernot Tödt

Vorzimmer:
Frau Conen

Mitarbeiter der Rechtsabteilung:
Assessor Udo Werner

Vorzimmer:
Fräulein Nahlenz
Fräulein Schaaf

Versand:
Herr Niederstenschee

Geschäftsführung Arbeitgeber-Verband,
Geschäftsführung Gemeinschaftslehrwerkstatt,
Geschäftsführung Betriebsarztzentrum:
Assessor Bertram Gentges

Vorzimmer:
Frau Schwager

Buchhaltung Arbeitgeber-Verband,
Buchhaltung Gemeinschaftslehrwerkstatt:
Frau Duhm

Beitragswesen:
Frau Schmidt

Geschäftsverteilungsplan 1990

im Zusammenhang mit der zunehmenden Kompliziertheit und fortschreitenden Perfektionierung der Gesetzgebung und der rechtlichen Rahmenbedingungen für das Wirtschaftsgeschehen.

Wie sein Vorgänger engagierte sich auch Assessor Gentges in der Förderung der Jungarbeiter- und Lehrlingsheime als Vorstandsvorsitzender in zwei Heimen. Nach Einführung neuer Unfallverhütungsvorschriften durch das Betriebsärztegesetz von 1973 gelang es im gleichen Jahr Assessor Gentges, für die Remscheider Industrie ein Betriebsärztezentrum zu gründen, das eine umfassende betriebsärztliche Betreuung der Mitgliedsfirmen des Arbeitgeber-Verbandes sicherstellt.

Zu einer großen Aufgabe wurde in der Zeit seiner Geschäftsführung die Weiterentwicklung der Gemeinschaftslehrwerkstatt. Hier hatte Gentges frühzeitig erkannt, welche außerordentliche Bedeutung der Modernisierung der Lehrlingsausbildung und der Entwicklung der betrieblichen Weiterbildung, Fortbildung und Umschulung zukam. Assessor Gentges trieb den Ausbau der Gemeinschaftslehrwerkstatt entschlossen voran und konnte, dank des Verständnisses des Vorstandes mit einer weitreichenden Erweiterung den Schritt zum „Ausbildungszentrum der Industrie" vollziehen. Damit hat Remscheid eine bundesweit anerkannte Spitzenrolle in der beruflichen Bildung eingenommen. Mit der Einrichtung der von Assessor Gentges mitkonzipierten „Probierwerkstatt" wurden erstmals in der Bundesrepublik neue Wege der Berufsberatung und Berufsinformation für Schüler beschritten.

1986 wurde Assessor Gentges das Verdienstkreuz 1. Klasse des Verdienstordens der Bundesrepublik Deutschland verliehen.

TARIF- UND SOZIALPOLITIK

Unter den originären Aufgaben des Arbeitgeber-Verbandes steht die Tarifpolitik an erster Stelle. Tarifpolitische Erfordernisse waren es, die um die Jahrhundertwende und im Sommer 1945 zur Gründung und Neugründung des Verbandes führten. Die Tarifhoheit ist unverzichtbare Voraussetzung einer freiheitlichen, leistungsstarken und sozial orientierten Wirtschaftsordnung. Die Gesetzgebung weist den Tarifpartnern ein großes Maß an Eigenständigkeit zu; die wachsende Komplexität des Wirtschaftsgeschehens mit ihren Auswirkungen auf viele Lebensbereiche stellt die Tarifpartner in große Verantwortung. Im Rahmen der gesetzlichen Bestimmungen nimmt der Arbeitgeber-Verband hierbei die Interessen der Unternehmer wahr und wirkt bei der Umsetzung vor Ort mit Beratung, Information und Prozeßvertretung mit.

Über den unmittelbaren Rahmen der Tarifpolitik hinaus sorgt der Arbeitgeber-Verband für die Mitwirkung der Unternehmer in der sozialen Selbstverwaltung; andere Aufgabenbereiche stellen sich in der Berufsausbildung (Gemeinschaftslehrwerkstatt), bei der Arbeitssicherheit und Gesundheitsvorsorge (Betriebsarztzentrum) und im sozialen Bereich.

Gesetzgebung

Die Sozialgesetzgebung seit 1945 hat maßgeblich in das Wirtschaftsleben eingegriffen. Darüber geben die Jahresberichte und zahlreichen Rundschreiben detailliert Auskunft. Die folgende Chronik nennt beispielhaft einige Stationen der Entwicklung auf sozialpolitischem und arbeitsrechtlichem Gebiet (die Datierungen beziehen sich im allgemeinen auf das Datum des Inkrafttretens).

Der Rückblick macht zunächst die außergewöhnliche Vielzahl gesetzlicher Regelungen deutlich, die im Alltag vor Ort mit den vorhandenen Gegebenheiten in Einklang gebracht werden mußten. Zugleich zeigt sich die Breite der Themen, die von Fragen der Arbeitszeit über die ärztliche Versorgung bis zur Gleichstellung von Frau und Mann unmittelbare Auswirkungen auf die Betriebe hatte.

Die Chronik läßt zugleich die Bedeutung der Tarifhoheit erkennen. Nur aus dem betrieblichen Alltag heraus können die notwendigen Entscheidungen getroffen werden. Die Arbeitgeberverbände haben wesentlich dazu beigetragen, die Tarifhoheit gegenüber den Ansprüchen des Staates zu bewahren.

Die Erfolge der Sozialen Marktwirtschaft haben dieser Haltung recht gegeben. Gerade das Jubiläumsjahr 1990 gibt Anlaß, auf die Prinzipien der Selbstverwaltung der Wirtschaft hinzuweisen, wenn es um die Einführung der Sozialen Marktwirtschaft in Osteuropa und die Sicherung des Leistungsstandards im EG-Binnenmarkt geht.

1950 Gesetz über die Erhebung von Kirchensteuern in Nordrhein-Westfalen (15. Februar 1950) verpflichtet den Arbeitgeber, die Kirchensteuer bei der Lohn- und Gehaltszahlung einzubehalten. Protest der Arbeitgeberverbände gegen die damit verbundene zusätzliche Belastung.

Mitbestimmung: Nach Gespräch zwischen DGB und Unternehmerorganisationen in Hattenheim schalten sich Bundesregierung und Bundestag ein. Stellungnahme der Arbeitgeber (22. Mai 1950).

1951 Intensive Diskussion zum geplanten Betriebsverfassungsgesetz. Unternehmer lehnen Sozialisierung der Wirtschaft und Machtzusammenballung der Gewerkschaften ab, erkennen Mitbestimmungsrecht in sozialen Fragen an. Protestschreiben an die Fraktionen im Bundestag.

Kündigungsschutzgesetz. Bei Betriebszugehörigkeit von mehr als sechs Monaten sind Kündigungen sozial ungerechtfertigt, wenn die Kündigung nicht durch Gründe bedingt ist, die in der Person oder im Verhalten des Arbeitnehmers liegen oder durch dringende betriebliche Erfordernisse begründet sind.

Feiertagsgesetz NRW. Für Nordrhein-Westfalen werden elf – gegenüber bisher sieben – Feiertage festgelegt.

1952   Betriebsverfassungsgesetz (14. November 1952). Das „sozialpolitisch wichtigste Ereignis seit dem Zusammenbruch". Starker Druck der Gewerkschaft; im Verbandsbezirk beteiligten sich nur 31 Prozent der Beschäftigten an Demonstrationsstreiks. Arbeitgeber halten Bestimmungen des Gesetzes für unvereinbar mit dem im Grundgesetz geschützten Eigentumsrecht. Unternehmer sind aufgefordert, unter Zurückstellung aller Einwendungen das Gesetz im Geist betrieblicher Zusammenarbeit durchzuführen.

Mutterschutzgesetz (30. Januar 1952)

Gesetz über die Errichtung einer Bundesanstalt für Arbeitsvermittlung und Arbeitslosenversicherung (10. März 1952)

1953   Schwerbeschädigtengesetz (1. Mai 1953). Entgegen dem Votum der Arbeitgeber, die Pflichtquote für die Beschäftigung von Schwerbeschädigten auf vier Prozent festzulegen, da mit diesem Prozentsatz sämtliche Schwerbeschädigten unterzubringen wären, legt das Gesetz eine Quote von acht Prozent fest. Dies bedeutet für Remscheid, daß knapp 2000 Schwerbeschädigte zusätzlich einzustellen wären, bei nur 25 Stellensuchenden. Entsprechende Relationen gelten für Nordrhein-Westfalen insgesamt.

1954   Sozialgerichtsgesetz (1. Januar 1954). Wesentliche Neuerung: Trennung zwischen Verwaltung und Rechtsprechung.

Kindergeldgesetz (13. November 1954). Danach wird ab 1955 Kindergeld vom dritten Kind ab in Höhe von 25 DM monatlich gezahlt. Die Durchführung liegt bei den Berufsgenossenschaften, die Familienausgleichskassen errichtet haben. Zur Finanzierung wird von den Unternehmen, die allein die Kosten zu tragen haben, ein Prozent der Lohn- und Gehaltssumme erhoben.

Urteil zum Hausarbeitstag. Das Bundesarbeitsgericht entscheidet, daß die Gewährung eines bezahlten Hausarbeitstages an Frauen mit eigenem Haushalt nicht gegen die Gleichberechtigung von Mann und Frau verstößt. Das Urteil wird in der Öffentlichkeitsarbeit kritisiert, vor allem wegen der ledigen Frauen. „Es vermag nicht zu überzeugen, daß die ledige Frau mit eigenem Hausstand schlechter gestellt sein soll als der ledige Mann mit eigenem Hausstand", betont der Jahresbericht des Arbeitgeber-Verbandes.

1957   Gesetz zur Verbesserung der wirtschaftlichen Sicherung der Arbeiter im Krankheitsfalle (1. Juli 1957). Der Verabschiedung waren lange Beratungen und Kontroversen vorausgegangen; die SPD hatte ursprünglich mit Unterstützung der Gewerkschaften Gleichstellung von Arbeitern und Angestellten gefordert, also Lohnfortzahlung im Krankheitsfalle bis zu sechs Wochen. Bedenken der Arbeitgeber bestätigten sich unmittelbar: Die Zahl der Krankheitsfälle nahm nach Inkrafttreten des Gesetzes erheblich zu (Stichwort „Geldverdienen ohne Arbeitsleistung"). Folge war, daß die Remscheider Ortskrankenkasse ein Darlehn von 1 150 000 DM aufnehmen mußte, um ihren Verpflichtungen nachkommen zu können. Der Beitragssatz stieg in wenigen Monaten von 6,7 auf 9 Prozent.

Hausarbeitstag: Die Bundesvereinigung der Deutschen Arbeitgeberverbände erwägt Anrufung des Verfassungsgerichtes, um zu klären, ob das nordrhein-westfälische Hausarbeitstagsgesetz vom 27. Juli 1948 gegen das Grundgesetz verstößt.

1958   Erneutes Urteil zum Hausarbeitstag. Das Bundesarbeitsgericht entscheidet, daß nach dem nordrhein-westfälischen Hausarbeitstagsgesetz Frauen mit eigenem Hausstand auch dann Anspruch auf einen bezahlten Hausarbeitstag haben, wenn die Wochenarbeitszeit auf fünf Tage verteilt ist. Voraussetzung ist die 40 Stunden-Woche. – Abgeordnete des Bundestages haben einen Gesetzesentwurf eingereicht, durch den das Gesetz derart ergänzt werden soll, daß der Hausarbeitstag nur zu gewähren sei, wenn die Arbeitnehmerinnen an allen Werktagen beschäftigt werden.

1960   Jugendarbeitsschutzgesetz (1. Oktober 1960). Wesentliche Änderungen für die Beschäftigung von Jugendlichen.

1961   Gesetz zur Vermögensbildung der Arbeitnehmer (1. Januar 1961). Beschluß des Bundesarbeitsgerichtes zum Hausarbeitstagsgesetz von Nordrhein-Westfalen am 16. März 1962 präzisiert, daß kein Anspruch besteht bei 5-Tage-Woche und einer Arbeitszeit von 46 Stunden oder weniger. „Für die Mehrzahl der Betriebe unseres Verbandes entfällt somit der Hausarbeitstag völlig, da in unserem Raum überwiegend an fünf Tagen oder weniger als 46 Stunden pro Woche gearbeitet wird."

1963   Bundesurlaubsgesetz (1. Januar 1963). Arbeitgeberverbände zählen die Festsetzung des Urlaubs als Teil der Arbeitsbedingungen zu den klassischen Aufgaben der Tarifpartner und sehen keinen Anlaß für den Gesetzgeber, in diesem Bereich in die Tarifautonomie einzugreifen. Immerhin schafft das Gesetz größere Rechtssicherheit und räumt den Tarifpartnern Raum für eigenverantwortliche Rechtsgestaltung ein.

Zur Lohnfortzahlung im Krankheitsfalle fällte das Bundesarbeitsgericht am 21. Januar 1963 eine Entscheidung über die von manchen Firmen gezahlte Anwesenheitsprämie. Solche Prämien wurden an Arbeiter gezahlt, „welche im Abrechnungsmonat keine Fehlzeiten durch Krankheit, Bummelei, Sonderurlaub etc. aufzuweisen hatten". Das Gericht hält die Zahlung der Prämie für unbedenklich in jeder Beziehung, ja sogar vorbildlich. Deshalb dürfte die Zahlung von Rechts wegen nicht verhindert werden und sei auch nicht als Arbeitsentgelt im Sinne des § 2 des Gesetzes anzusehen.

1964 Bundeskindergeldgesetz (14. April 1964). Bundesregierung schnürt das geplante „Sozialpaket" vorzeitig auf und zieht das Gesetz vor. Wesentliche Änderungen in der Höhe der Leistungen, in der Abwicklung und der Finanzierung. Die Wirtschaft, die bisher die Leistungen für die dritten und weiteren Kinder allein zu tragen hatte, wird von diesen Zahlungen entlastet.

1965 Vermögensbildungsgesetz (1. April 1965). Sozialpolitisch bedeutsames Gesetz: „Mit seiner vielschichtigen Problematik sind hierbei Wege beschritten worden, die als außerordentlich gefährlich bezeichnet werden müssen", heißt es im Jahresbericht 64. Problematisch galt nicht das Ziel – Vermögensbildung aller Schichten –, sondern die Methode, um es zu erreichen. Arbeitgeber wenden sich gegen die Möglichkeit der Tarifierung vermögensbildender Zuwendungen und den damit verbundenen Charakter des Zwangssparens solcher Leistungen. „Gesellschaftspolitisch wäre es nicht vertretbar, wenn das freiwillige Sparen der Arbeitnehmer durch den Arbeitgeber ersetzt würde. Eine derartige Vermögensbildung würde kaum dazu beitragen, die Selbstverantwortlichkeit des einzelnen zu stärken."

Reform des Mutterschutzgesetzes (27. August 1965). Schutzfristen nach der Geburt auf acht Wochen verlängert. – Vorgesehene Entlastungen der Krankenkassen und der Arbeitgeber müssen jedoch auf 1968 verschoben werden.

1968 Finanzänderungsgesetz (1. Januar 1968). Das neue Gesetz brachte „unzulängliche Änderungen in der Sozialversicherung", um die mittelfristige Finanzplanung sichern zu können. Damit wurden die Weichen für die künftige Sozialpolitik gestellt. Statt dessen wären harte Schritte notwendig gewesen, vor denen man zu Zeiten der „Geldschwemme in den öffentlichen Kassen" zurückschreckte. Kritikpunkte waren unter anderem: Alle Angestellten werden versicherungspflichtig – dadurch entstehen hohe Rentenansprüche. Befürchtetes Defizit bis 1971: 8,5 Milliarden DM, trotz Anhebung der Rentenbeiträge von 14 auf 17 Prozent.

Intensive Fortführung der Mitbestimmungs-Diskussion: DGB-Forderung nach paritätischer Mitbestimmung auch außerhalb der Montan-Industrie.

1969   Arbeitsförderungsgesetz (1. Juli 1969). Damit wird das bisherige Gesetz über Arbeitsvermittlung und Arbeitslosenversicherung abgelöst. Änderungen ergeben sich im Beitragsrecht der Arbeitslosenversicherung.

Arbeitsrechtsbescheinigungsgesetz (1. September 1969). Das Gesetz brachte zum Teil einschneidende Änderungen für die betriebliche Praxis, für das Kündigungsschutzrecht und die Kündigungsfristen.

1970   Gesetz über die Fortzahlung des Arbeitsentgelts im Krankheitsfall und über Änderungen des Rechts der gesetzlichen Krankenversicherung (1. Januar 1970)

Arbeiter erhalten wie bisher die Angestellten bei Arbeitsunfähigkeit einen Anspruch auf Fortzahlung des Lohnes bis zu sechs Wochen. Die zusätzlichen Belastungen aus den verschiedenen Bestimmungen des Gesetzes werden für 1970 auf 4,45 Prozent der Personalkosten geschätzt.

Vermögensbildungsgesetz (8. Juli 1970)

1972   Betriebsverfassungsgesetz (19. Januar 1972). Das Gesetz, das durch die Mehrheitsverhältnisse in der sozial-liberalen Koalition seine Prägung erhielt, sah Mitbestimmungsrechte des Betriebsrats bei personellen Einzelmaßnahmen vor, Einstellungen, Entlassungen etc. Entgegen früheren Absichten blieb es beim Verbot der politischen Betätigung im Betrieb.

Gesetz zur Verbesserung von Leistungen in der gesetzlichen Krankenversicherung (1. Januar 1974). Versicherte haben Anspruch auf Krankengeld und Arbeitsfreistellung bei Erkrankung eines Kindes.

Schwerbehindertengesetz (1. Mai 1974). Wesentliche Neuerungen: Ausdehnung des Personenkreises; Neuordnung der Beschäftigungspflicht und der Ausgleichsabgabe; Erweiterung des Kündigungsschutzes und stärkere Stellung des Vertrauensmannes.

Gesetz über Betriebsräte, Sicherheitsingenieure und andere Fachkräfte für Arbeitssicherheit (1. Dezember 1974). (Dazu siehe: Betriebsarztzentrum Seite 133)

Gesetz zur Verbesserung der betrieblichen Altersversorgung (Dezember 1974). Nach schwierigen Auseinandersetzungen konnte die zunächst vorgesehene Verhandlungspflicht mit dem Betriebsrat über die Anpassung betrieblicher Versorgungsleistungen umgewandelt werden in die Vorschrift für den Arbeitgeber, eine Anpassung laufender Leistungen in regelmäßigen Abständen zu überprüfen und hierüber „nach billigem Ermessen" zu entscheiden.

Gesetzesänderungen, die zum 1. November 1974 in Kraft traten: Heimarbeitsgesetz: Verbesserter Gesundheitsschutz der Heimarbeiter; neue Fristen für die Kündigung von Beschäftigungsverhältnissen.

Schwerbehindertengesetz: Kündigungsschutz für Schwerbeschädigte gilt auch für Heimarbeiter.

Tarifvertragsgesetz: § 12 a ermöglicht Tarifverträge auch mit sogenannten „arbeitnehmerähnlichen Personen", also nach Dienst- oder Werksverträgen beschäftigte Personen, die wirtschaftlich abhängig und sozialschutzbedürftig sind.

Bundesurlaubsgesetz: Mindesturlaub wird auf 18 Werktage (also drei Wochen) festgeschrieben.

1976   Arbeitsstättenverordnung (1. Mai 1976). Erstmals werden bundeseinheitlich sicherheitstechnische, arbeitsmedizinische und gewerbehygienische Anforderungen an Arbeitsstätten in einer Verordnung zusammengefaßt.

1978   Datenschutzgesetz (1. Januar 1978). Wichtig für alle Betriebe, die persönliche oder sachliche Einzelangaben über Mitarbeiter, Kunden und Lieferanten in Dateien verarbeiten.

1979   Mutterschutzgesetz: Mutterschaftsurlaub (1. Juli 1979). Gegen erhebliche Bedenken der Wirtschaft hat der Bundestag die Einführung des Mutterschaftsurlaubs beschlossen. Danach wird im Anschluß an die achtwöchige Schutzfrist Mutterschaftsurlaub bis zu sechs Monaten nach der Niederkunft gewährt.

1980   Gesetz über die Gleichbehandlung von Männern und Frauen am Arbeitsplatz (21. August 1980)

1981   Unfallverhütungsvorschrift „Betriebsärzte" (1. Oktober 1981). Die Vertreterversammlung der Maschinenbau- und Kleineisenindustrie-Berufsgenossenschaft beschloß, daß bereits Betriebe mit 31 Beschäftigten (bisher 51) verpflichtet sind, Betriebsärzte zu bestellen. Der Beschluß stellt einen Kompromiß in den Auseinandersetzungen um weitgehende Änderungen dar, die von den Gewerkschaften für die Unfallverhütungsvorschriften gefordert waren.

Zur Sanierung der Bundesfinanzen und zur Konsolidierung der Sozialfinanzen verabschiedete der parlamentarische Vermittlungsausschuß am 18. Dezember 1981 endgültig Änderungen zum

Zweiten Haushaltsstrukturgesetz,
Arbeitsförderungs-Konsolidierungsgesetz,
Kostendämpfungs-Ergänzungsgesetz und
Arbeitsförderungsgesetz.

1985   Beschäftigungsförderungsgesetz (1. Mai 1985). Damit hat die Diskussion über eine Auflockerung beschäftigungshemmender Vorschriften ihren gesetzgeberischen Abschluß gefunden. Das Gesetz läßt das Bemühen der Bundesregierung erkennen, einstellungshemmende Vorschriften wenigstens zu einem Stück abzubauen und damit wieder eine gewisse Ausgewogenheit in der Risikoverteilung anzustreben. Die Zielrichtung des Gesetzes, beschäftigungspolitische Impulse zu geben, verdient Unterstützung. Hervorzuheben sind die Bestimmungen über den Abschluß befristeter Arbeitsverträge und die Vorschriften zur Minderung der Sozialplankosten.

1986   Bundeserziehungsgeldgesetz (1. Januar 1986). Das Gesetz löst die bisherigen Bestimmungen über Mutterschaftsurlaub und Mutterschaftsgeld durch die Einführung von Erziehungsgeld und Erziehungsurlaub ab. Anspruchsberechtigt ist nicht mehr die Mutter allein; an Stelle der Mutter kann wahlweise auch der Vater Ansprüche geltend machen. Das Erziehungsgeldgesetz gewährt für die Dauer des Erziehungsurlaubs Schutz gegen Kündigung durch den Arbeitgeber.

Zweites Vermögensbeteiligungsgesetz (31. Dezember 1986)

1987   Gesetz zur Verlängerung des Versicherungsschutzes bei Arbeitslosigkeit und Kurzarbeit (1. Juli 1987)

1988   Bundesverfassungsgericht erklärt am 17. März 1988 das nordrhein-westfälische Arbeitnehmerweiterbildungsgesetz für verfassungsgemäß. Das Gesetz war am 24. Oktober 1984 vom nordrhein-

74

westfälischen Landtag beschlossen worden; dagegen hatte die Landesvereinigung der Arbeitgeberverbände Nordrhein-Westfalens am 17. Mai 1985 Verfassungsbeschwerde eingelegt.

1989 Gesundheits-Reformgesetz (1. Januar 1990). Durch das Gesetz soll der defizitären Entwicklung in der gesetzlichen Krankenversicherung entgegengewirkt werden. Die Reform bleibt jedoch auf halbem Wege stecken, da der Krankenhausbereich weitgehend ausgeklammert wird, ebenso das Problem der Überkapazitäten bei den Leistungserbringern. Auch unterbleibt die erforderliche Neuordnung des Organisationsrechts der gesetzlichen Krankenversicherung, so daß kaum von einer wirklichen Strukturreform gesprochen werden kann. Nachdem das Gesetz den Erfordernissen nicht genügt, werden die Arbeitgeberverbände sich nachdrücklich für die Fortsetzung der Reform einsetzen.

Die Bundesregierung plant die Novellierung des Bundeserziehungsgeldgesetzes für 1990. Durch die Neuregelung wird finanziell unmittelbar nur der Bund belastet; durch die vorgesehene Verlängerung des Erziehungsurlaubs dürften jedoch die Belastungen der Betriebe zunehmen.

Steuerreformgesetz 1990 (3. August 1988)

Tarife und Abschlüsse

Zusammenschlüsse von Arbeitnehmern zur Durchsetzung ihrer Forderungen nach höheren Löhnen und kürzerer Arbeitszeit gaben den Anstoß zur Gründung des Arbeitgeber-Verbandes; die Chronik eines hundertjährigen Ringens um soziale Verbesserungen, Beteiligung der Arbeitnehmer an Gewinnen und an der Bildung von Vermögen schließt 1990 mit der Vereinbarung über den Einstieg in die 35-Stunden-Woche ab. Damit ist ein Punkt erreicht, der zu ganz neuen Überlegungen von der Verteilung der Arbeit, der Arbeitszeit und der Zeit außerhalb der Erwerbstätigkeit führen dürfte.

Der Entscheidung vom Mai 1990 ist eine Entwicklung vorausgegangen, die nicht nur von der Einführung neuer Technologien am Arbeitsplatz begünstigt wurde, sondern ebenso gekennzeichnet war vom harten Ringen um Lösungen, die nicht nur den Forderungen des einzelnen, sondern auch dem volkswirtschaftlichen Ganzen und damit der Sicherung des Lebensstandards aller gerecht wurden. Dabei gab es Phasen, in denen die Belastungen der Betriebe die verfügbaren Ressourcen überforderten und zu wirtschaftlicher Stagnation führten.

1945/46   Die Situation vor der Währungsreform 1948 kennzeichnen zwei Zitate: „Die bisherigen Bestimmungen über Lohn- und Gehaltsstopp sind auch weiterhin in Kraft. Änderungen . . . sind nach wie vor genehmigungspflichtig. Zuständig hierfür ist das Arbeitsamt." (AGV-Rundschreiben 1/45) – „Die Wirtschaftslage war in den Jahren 1945 bis 1948 außerordentlich schlecht, so daß auch während dieser Zeit Lohnerhöhungen nicht eintraten." (Aus den Aufzeichnungen des langjährigen Geschäftsführers des AGV, Ernst Gruner)

Es ging auch nicht um Lohnrunden, sondern um Einzelregelungen: Weihnachtsgratifikation 1945, Lohnzahlungen an Feiertagen, Betriebsschließungen wegen Kohle- und Strommangels, Beihilfen für Lehrlinge und Anlernlinge. Wichtig war die Vereinbarung von Arbeitgebern und Arbeitnehmern über den Stundenlohn für Aufräumungsarbeiten.

Für die Arbeitszeit galten 1945 folgende Vorschriften: Die wöchentliche Arbeitszeit betrug 48 Stunden, längere Arbeitszeiten waren zulässig. Die Verteilung der Arbeitszeit auf sechs oder fünf Arbeitstage blieb den Betrieben überlassen. Jedoch durfte die reguläre Arbeitszeit zehn Stunden täglich nicht überschreiten. Als Nachtarbeit galt für die Betriebe der Eisen- und Metallindustrie die Zeit von 20 Uhr bis 5 Uhr.

1947   Nur zögernd rückten die Sozialpartner Tariffragen auf die Tagesordnung. Ende 1947 vereinbarten die Spitzen der Arbeitgeber-Verbände und der Gewerkschaften, bei der Militärregierung das Recht auf tarifliche Vereinbarungen zu beantragen. Die Gewerkschaften drängten bereits auf Lohnerhöhung, und zwar um 30 Prozent.

1948   Es bestand Anlaß genug, zu einer Ordnung der Löhne und Gehälter zu kommen: Der letzte Tarifabschluß datierte von 1931. Die dort vereinbarten, gültigen Tarife standen praktisch nur noch auf dem Papier, tatsächlich wurde erheblich mehr gezahlt. Um einen ersten Überblick zu erhalten, startete der Arbeitgeber-Verband eine Umfrage bei seinen Mitgliedern.

Die Militärregierung gab Mitte Mai den Tarifpartnern das Recht, Vereinbarungen über Löhne und Gehälter abzuschließen, allerdings wurden Erhöhungen nur bis zu 15 Prozent der am 8. Mai 1945 gezahlten Löhne und Gehälter gestattet. Bevor es jedoch zum Abschluß kam, trat die Währungsreform in Kraft.

Die erste Lohnvereinbarung für die Eisen-, Metall- und Elektroindustrie trat zum 1. August 1948 in Kraft. Der Arbeitgeber-Verband begrüßte diese Vereinbarung als erste Möglichkeit, in die völlig verworrene, unübersichtliche Lage etwas Ordnung zu bringen. Einen Monat später folgte ein Gehaltsabkommen, ebenfalls wurde ein Lohnabkommen geschlossen, das die Rahmenbedingungen festlegte, aber keine neuen Tarifänderungen brachte. Ferner wurde die Rückkehr zur 48-Stunden-Woche empfohlen.

Als tarifliche Urlaubsregelung galt: für Lehrlinge und Jugendliche bis 16 Jahre 15 Arbeitstage, zwischen 16 und 18 Jahren 12 Arbeitstage; für Arbeiter über 18 Jahre in den ersten fünf „Urlaubsjahren" im Betrieb 6 Arbeitstage, bei längerer Betriebszugehörigkeit steigerte sich der Anspruch bis auf maximal 12 Arbeitstage; für kaufmännische und technische Angestellte wurden entsprechend den Betriebsgruppen I bis IV in vier Altersstufen gestaffelt (bis zum 21., 25., 30. Lebensjahr und ab 30) zwischen 6 und maximal 18 Arbeitstagen gewährt.

Mit der Aufhebung des Lohnstopps durch die Militärregierung im August 1948 ging die Tarifhoheit wieder auf Arbeitgeber und Arbeitnehmer über. Dazu noch einmal Ernst Gruner:

„Seit dieser Zeit werden nicht nur Tariflöhne, sondern auch die übrigen tariflichen Bestimmungen, wie zum Beispiel die Urlaubs- und Akkordvorschriften, zwischen den beiden Organisationen vereinbart. Der Unterschied gegenüber dem Zustand vor 1933 besteht lediglich darin, daß diese Vereinbarungen, unter Aufrechterhaltung der Tarifhoheit der örtlichen Arbeitgeber-Verbände, nicht mehr örtlich, sondern zentral für ganz Nordrhein-Westfalen erfolgen, und zwar getrennt nach den einzelnen Industriegruppen. Einzelne Industriegruppen verhandeln mit den Gewerkschaften auf Bundesebene."

1949   Das Verfahren sollte sich sehr schnell einspielen. 1949 kamen die Verhandlungen über einen Tarifvertrag für die Feilenhauer-Heimindustrie (Handhauer) zum Abschluß (1. April). Der Verband metallindustrieller Arbeitgeber Nordrhein-Westfalens und die IG Metall schlossen eine Vereinbarung über Tariflöhne und -gehälter sowie über Urlaubsregelungen (15. Mai). Dieses zunächst bis zum 30. September befristete Abkommen wurde mit Rücksicht auf die neue Währungssituation auf unbestimmte Zeit verlängert.

1950   Das 1950 vereinbarte Lohnabkommen stand unter dem Stichwort der Tarifwahrheit. Die unteren Lohnsätze wurden angehoben, die entstandenen Unterschiede zwischen Tariflohn und effektivem Verdienst wurde tariflich nach oben korrigiert. In einer gemeinsamen Erklä-

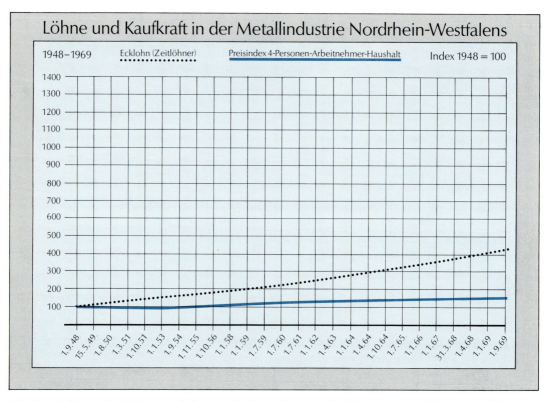

Löhne und Kaufkraft in der Metallindustrie Nordrhein-Westfalens

1948–1969   Ecklohn (Zeitlöhner)   Preisindex 4-Personen-Arbeitnehmer-Haushalt   Index 1948 = 100

Die Entwicklung der Löhne und der Kaufkraft in der Metallindustrie in Nordrhein-Westfalen von 1948 bis 1969 . . .

rung betonten die Tarifparteien, daß das Abkommen nicht dazu führen solle, auch dort die Tarife zu erhöhen, wo schon bisher über Tarif bezahlt werde. Es müsse vermieden werden, „daß erneut die tatsächlichen Verdienste sich in einem Mißverhältnis zu den neu vereinbarten Tariflöhnen entwickeln."

1951   Am 24. Februar kamen die Verhandlungen über ein neues Lohnabkommen zum Abschluß. Die Löhne stiegen um 12, die Gehälter um 15 Prozent. Da die übertariflich bezahlten Arbeitnehmer auf die Erhöhungen keinen Anspruch hatten, stieß das Abkommen auf erhebliche Widerstände bei der Arbeiterschaft. Dies führte auch im Remscheider Bezirk zu Arbeitsniederlegungen; so zum zwölfwöchigen Streik der Akkordarbeiter bei den Deutschen Edelstahlwerken in Remscheid. Eine neue Lohnbewegung im Sommer 1951 führte aufgrund der engen Zusammenarbeit der Unternehmerschaft schließlich nur zu geringfügigen Lohnerhöhungen; in Nordrhein-Westfalen trat nach einem Schiedsspruch eine Erhöhung von rund 5 Prozent in Kraft.

1953   Die Tarife für Löhne und Gehälter wurden zum 1. Januar 1953 um rund 7,5 Prozent erhöht. Die Gewerkschaft begründete ihre

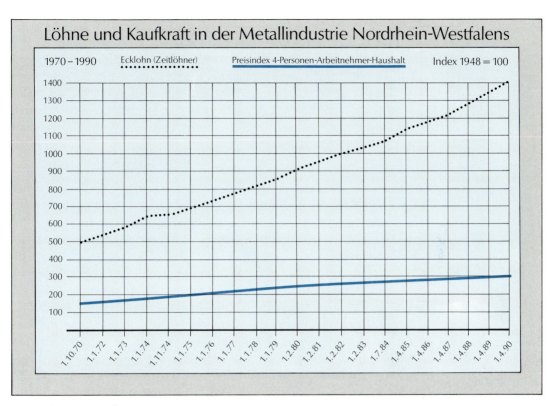

Löhne und Kaufkraft in der Metallindustrie Nordrhein-Westfalens

1970 – 1990   Ecklohn (Zeitlöhner) ·········   Preisindex 4-Personen-Arbeitnehmer-Haushalt ——   Index 1948 = 100

1400
1300
1200
1100
1000
900
800
700
600
500
400
300
200
100

1.10.70   1.1.72   1.1.73   1.1.74   1.11.74   1.1.75   1.1.76   1.1.77   1.1.78   1.1.79   1.2.80   1.2.81   1.2.82   1.2.83   1.7.84   1.4.85   1.4.86   1.4.87   1.4.88   1.4.89   1.4.90

. . . und von 1970 bis 1990

Forderung damit, daß der Anteil der „Arbeit am Sozialprodukt" gegenüber dem Anteil des „Kapitals" im Vergleich zur Vorkriegszeit zurückge-
blieben und eine Verschiebung zugunsten der „Gewinnquote" eingetreten sei. Die Arbeitgeber wiesen diese Begründung angesichts der ein-
getretenen betrieblichen Belastungen zurück.

1954   Die Lohnauseinandersetzung wurde zusehends immer
stärker mit ideologischen Argumenten von seiten der Gewerkschaft geführt; am 28. August 1954 wurde eine Erhöhung von 8 Pfennig (das waren 5,4 Prozent) für die Arbeiter und um 7 Prozent der Gehälter für Angestellte vereinbart. Gleichzeitig rückt die Frage der Arbeitszeit in die
Diskussion. Der Jahresbericht für 1954 erwähnt das Stichwort, das für
länger als ein Jahrzehnt fortan für tarifpolitische Brisanz sorgen sollte,
noch im historischen Zusammenhang: „Die erstmals im Jahre 1928 von
den Gewerkschaften geforderte Verkürzung der Wochenarbeitszeit von
48 auf 40 Stunden bei vollem Lohnausgleich ist im vergangenen Jahr
vom Deutschen Gewerkschaftsbund erneut aufgegriffen worden."

Überlegungen, dieses Ziel in den nächsten drei Jahren stufenweise zu erreichen, werden von den Arbeitgebern zurückgewiesen,
da dies für die gesamte Wirtschaft im Bundesgebiet „einen in ihren Fol-

gen nicht übersehbaren Rückschlag" bringen müßte. Nicht nur für die Wirtschaft. Wenn Verkürzung der Arbeitszeit zur Verringerung der Güterproduktion führe, sei dies gesamtgesellschaftlich nicht verantwortbar. Die technische und kapitalmäßige Ausstattung der Betriebe liege weit hinter anderen europäischen und außereuropäischen Volkswirtschaften zurück; die Versorgung der Rentner, Flüchtlinge und Vertriebenen und die Steigerung des Lebensstandards hänge aber unmittelbar von der Güterproduktion ab.

1955   Ungeachtet dieser Warnungen setzte die Gewerkschaft das Thema auf die Tagesordnung und forderte 1955 zu Verhandlungen auf. Arbeitszeitverkürzung bei vollem Lohnausgleich in drei Stufen mit dem Ziel, am 1. Juli 1958 die 40-Stunden-Woche einzuführen, war das Verhandlungsziel.

Die Bundesvereinigung Deutscher Arbeitgeber-Verbände wies in einem umfangreichen Zehn-Punkte-Programm die Forderung zurück. Es charakterisiert das Klima der Auseinandersetzung, daß der Vorsitzende der IG Metall, Brenner, die ideologische Position über die Sachargumente stellte, als er das Zehn-Punkte-Programm der Arbeitgeber mit der Bemerkung kommentierte: Die Arbeitgeber wollten Lohn- und Gehaltserhöhungen und Arbeitszeitverkürzungen von der Steigerung der Produktion abhängig machen; die Gewerkschaften seien aber nicht einfältig genug, auf diese Weise anzuerkennen, daß die gegenwärtige Verteilung des Sozialprodukts gerecht sei.

1956   Am 13. Juni 1956 wurde im „Bremer Abkommen" eine Verkürzung der Wochenarbeitszeit auf 45 Stunden bei einem Lohnausgleich von 8 Prozent ausgehandelt. Das Abkommen trat zum 1. Oktober 1956 in Kraft.

1957   Vor einem spannungsgeladenen Hintergrund begannen die Verhandlungen der Tarifrunde 1957. Der Metallarbeiterstreik in Schleswig-Holstein, der fast 15 Wochen lang bis zum Februar 1957 gedauert hatte, machte die Verhärtung der Positionen deutlich. Der Versuch, einen neuen Rahmentarif und ein neues Lohn- und Gehaltsabkommen für die Eisen-, Metall- und Elektroindustrie in Nordrhein-Westfalen zu erreichen, kam nur in Details voran. Auf Bundesebene konnten die Lohn- und Arbeitszeitverhandlungen für die Eisen- und Metallindustrie erst unter dem Vorsitz eines Unparteiischen (Arbeitsminister a. D. Ernst) am 6. Dezember 1957 in Bad Soden abgeschlossen werden. Dabei wurden Lohnerhöhungen (6 Prozent für Lohnarbeiter; 5 Prozent für Akkordarbeiter) zum 1. Januar 1958 festgelegt, die Verkürzung der Arbeitszeit von 45 auf 44 Stunden jedoch erst für ein Jahr später, also vom 1. Januar 1959 an, vereinbart.

Die Arbeitgeber gaben ihre Zustimmung nur, um den Arbeitsfrieden zu erhalten und den Betrieben für einen längeren Zeitraum Ruhe zu geben, wie es in einer Presse-Erklärung hieß. Der Preis dafür war hoch:

„Es besteht die Gefahr, daß zahlreiche Betriebe die Preise ihrer Erzeugnisse erhöhen oder eine Einschränkung ihrer Produktion vornehmen müssen. Zahlreiche Betriebe haben bereits Massenentlassungen oder Kurzarbeit eingeführt oder angekündigt. Die Arbeitgeber haben auf das Verständnis der Gewerkschaft gehofft, angesichts der Preissteigerungen der letzten Zeit alles zu tun, um Preiserhöhungen als Folge zu starker Lohnerhöhungen im Bereich der metallverarbeitenden Industrie nach Möglichkeit zu vermeiden."

Als Folge der Arbeitszeitverkürzung stieg 1958 die Zuwachsrate der Produktivität im Remscheider Raum nur noch um 2 Prozent gegenüber 5 bis 6 Prozent in den Jahren zuvor. Die Betriebe konnten nur sehr bedingt durch Rationalisierung und Modernisierung die kürzere Arbeitszeit ausgleichen.

1959   Nachdem zum 1. Januar 1959 die Reduzierung der Arbeitszeit von 45 auf 44 Stunden mit entsprechendem Lohnausgleich eingeführt worden war, konzentrierte die Gewerkschaft ihre Forderungen auf Verbesserung der Lohnbedingungen. Ein neues Tarifabkommen wurde am 3. Juni geschlossen. Es definierte den Begriff des „ständigen Akkordarbeiters" neu, führte eine „Lohnsicherungsklausel" ein, beseitigte die Frauenlohngruppen, die von zwei Ersatzgruppen für körperlich leichte Arbeit – 01 und 02 – ersetzt wurden. Ohne wesentliche materielle Wirkungen blieb der neue Manteltarifvertrag für Angestellte der Metallindustrie, der am 1. September 1959 abgeschlossen wurde.

Einschneidender war für die Betriebe das Gehaltsrahmenabkommen vom 31. Juli 1959, das sechs Tarifgruppen vorsah – statt bisher fünf – und damit eine Neueinstufung aller Angestellten notwendig machte.

1960   Während die ersten Tariflohnverhandlungen 1960 noch mit Steigerungen um 5 bis 6 Prozent abschlossen, brachten die neuen Tarife im öffentlichen Dienst für Arbeiter bereits Steigerungen von 11 Prozent. Für die Metallindustrie kam es in Schleswig-Holstein und Baden-Württemberg zu Abschlüssen über 8 Prozent.

Vor diesem Hintergrund drängte die IG Metall erneut auf die Verkürzung der Arbeitszeit auf 40 Stunden. Hierüber kam es zu Verhandlungen auf Bundesebene, die am 7. Juli 1960 in Bad Homburg zu einer Einigung – mit Ausnahme für Bayern – führten. Danach wurde das Sodener Abkommen unter Beibehaltung der 44-Stunden-Woche bis zum 31. Dezember 1961 verlängert, alsdann waren stufenweise weitere Verkürzungen vorgesehen, und zwar:

> ab Januar 1962 auf 42½ Stunden,
> ab Januar 1964 auf 41¼ Stunden,
> ab Juli 1965 die 40-Stunden-Woche.

Die weitere Entwicklung war damit vorgezeichnet; allerdings wurde der Zeitplan nicht eingehalten; der letzte Schritt wurde zunächst um ein Jahr, dann um ein weiteres halbes Jahr verschoben. Die 40-Stunden-Woche trat zum 1. Januar 1967 in Kraft.

1962   Erste Anzeichen einer Abschwächung der Mitte 1959 einsetzenden Konjunktur machten sich 1962 bemerkbar. Steigende Löhne und Gehälter als Folge der angespannten Lage auf dem Arbeitsmarkt und die Verkürzung der Arbeitszeit hatten zu Preissteigerungen geführt, die die internationale Wettbewerbsfähigkeit erheblich schwächte, so daß der Exportanteil nicht mehr zu halten war. Die Entwicklung macht ein Ländervergleich deutlich: Von 1959 bis 1961 stiegen die Löhne in den USA um 6 Prozent, in England um 9 Prozent, in Frankreich um 14 Prozent, aber in der Bundesrepublik um 23 Prozent.

1963   Mit dem Bundesurlaubsgesetz war am 1. Januar 1963 eine bundeseinheitliche Rechtsgrundlage geschaffen worden. Das Gesetz sah einen Mindesturlaub von 15 Werktagen bis zum 35. Lebensjahr vor. Nach Vollendung des 35. Lebensjahres stieg der gesetzliche Urlaubsanspruch auf 18 Werktage.

1964   Das Reinhartshausener Abkommen wurde am 17. Juli 1964 tarifiert. Es sah eine Erhöhung der Tarife um 6 Prozent vom 1. Oktober 1964 an vor. Ferner wurde ein Urlaubsabkommen vereinbart, das zusätzliche Urlaubstage ab 1964 und ab 1967 vorsah:

Der Urlaub für Arbeitnehmer über 18 Jahre wurde in drei Stufen von 15 auf 18 Tage und bei Arbeitnehmern über dreißig Jahre von 21 auf 24 Tage verlängert.

1965   Entsprechend dem Reinhartshausener Abkommen von 1964 wurden die Tariflöhne und Gehälter zum 1. Juli 1965 um weitere 3 Prozent erhöht. Bereits vom 1. Januar 1965 an war eine 30prozentige zusätzliche Urlaubsvergütung zu zahlen, die einer effektiven Lohn- und Gehaltserhöhung von 2 Prozent entsprach. Ab 1. Mai 1965 galt ein neuer Manteltarifvertrag für Arbeitnehmer.

1966   In einem weiteren Reinhartshausener Abkommen, das am 18. Februar 1966 geschlossen wurde, wurde vereinbart, daß die Tariflöhne und Gehälter zum 1. Januar 1966 um 6 Prozent erhöht werden. Eine weitere Erhöhung der Tariflöhne um 5 Prozent bei gleichzeitiger Verkürzung der Arbeitszeit auf 40 Stunden wöchentlich trat zum 1. Januar 1967 in Kraft. Zum gleichen Zeitpunkt wurden die Tarifgehälter um 2 Prozent erhöht.

1967   Ein neues Lohnrahmenabkommen regelt das bisherige summarische Lohngruppensystem neu. Es soll zum 31. März 1968 in Kraft treten. Hauptbestandteil des Verhandlungsergebnisses der Tarifrunde war eine neunmonatige Lohnpause. Die Tariflöhne wurden zum 31. März 1968 um 0,15 DM angehoben.

1968   Die Tarifrunde 1968 endet mit einem Schlichtungsverfahren. Der Einigungsvorschlag sieht eine Erhöhung der Löhne und Gehälter ab 1. April 1968 um 4 Prozent, eine weitere Erhöhung um 3 Prozent ab 1. Januar 1969 sowie ein Rationalisierungsschutzabkommen vor.

1969   In einem neuen Tarifvertrag vom 31. August 1969 wird die Erhöhung der Tariflöhne und -gehälter zum 1. September 1969 um 8 Prozent vereinbart. Die Forderung der IG Metall, die arbeitsfreien Samstage künftig nicht mehr auf den Urlaub anzurechnen, wird in drei Etappen innerhalb von vier Jahren erfüllt. Dadurch erhöht sich die Urlaubsdauer je nach Lebensalter um drei beziehungsweise vier Tage. Im Zusammenhang mit der Einführung eines bezahlten Bildungsurlaubs der Arbeitnehmer soll eine paritätische Kommission über Einzelheiten der Beurlaubung zu Bildungszwecken bis zum 30. September 1970 beraten.

1970   Ein Jahr voller Hektik und voller Spannungen in Lohnfragen. In Abständen von jeweils drei Monaten wurden neue Tarifverträge vereinbart – das Jahr begann mit einem tariflosen Zustand in fast allen Sektoren und schloß mit einer Fülle neuer Tarife, die für die Metallindustrie schwerwiegende Belastungen brachten.

Am 1. Januar trat ein neuer Manteltarifvertrag für Arbeiter in Kraft (Urlaubsverlängerung in Stufen auf 24 Arbeitstage, in der 5-Tage-Woche; diverse Zuschläge).

Zum 1. Mai wurde der zweite Teil des Lohnrahmenabkommens vereinbart (neue Bestimmungen zur Lohnfindung bei Akkord-, Prämien- und Zeitlöhnen; Leistungszulage von 13 Prozent); zur Jahresmitte trat ein neuer Manteltarif für Angestellte in Kraft;

im Herbst folgte die Lohnrunde. Ergebnis für NRW: Tarif-anhebung um 11 Prozent ab 1. Oktober.

Am 1. Oktober trat ein neues Gehaltsrahmenabkommen in Kraft (veränderte Gehaltsstruktur mit beträchtlichen Gehaltsanhebungen).

Zum Jahresende neuer Manteltarif für Auszubildende, der das Lehrlingsabkommen von 1962 ablöste. Er tritt am 1. März 1971 in Kraft.

1971 Die Tarifverträge von 1970 schlugen mit einer Gesamtbelastung von über 16 Prozent der Personalkosten zu Buch. Hinzu kamen weitere Kosten aus der Gesetzgebung der Sozialversicherung. Lohnrunde: Die Auseinandersetzungen werden als die härtesten bislang bezeichnet. Die Forderungen (9 Prozent Lohn- und Gehaltserhöhung; Absicherung des 13. Monatseinkommens) führen im November zu Streik und Abwehraussperrung in Baden-Württemberg. Der Tarifabschluß sieht 7,5prozentige Erhöhung der Tariflöhne und -gehälter sowie einen Stufenplan zur Absicherung des 13. Monatseinkommens vor.

1972/73 Nach Kündigung des Lohnrahmenabkommens mußte in der Tarifrunde 1972/73 über Lohnfindungsmethoden und über neue Tarife verhandelt werden. Die überraschend schnelle Einigung vom 11. Januar 1973 lautete für NRW:

Erhöhung der Tariflöhne und -gehälter um 8,5 Prozent;

erhebliche Steigerung der Ausbildungsvergütungen;

Wegfall der untersten Lohngruppe und Anhebung der Lohngruppe 2 zum 1. Juli 1973 im neuen Lohnrahmenabkommen.

1973 Da die Tarifabschlüsse in anderen Branchen erheblich höher lagen, kommt es zu Forderungen nach Nachschlagszahlungen; vor dem Hintergrund wilder Streiks kommen eine Reihe betrieblicher Regelungen über Einmalzahlungen zwischen 150 und 250 DM zustande. Eine tarifvertragliche Absprache scheitert an Forderungen der IG Metall. – Ein Arbeitskampf im öffentlichen Dienst endet mit Lohn- und Gehaltserhöhungen von 11 Prozent. Ergebnis der Lohnrunde 1973 für die Metallindustrie NRW:

Anhebung der Löhne und Gehälter in zwei Stufen zum 1. Januar 1974 um 11 Prozent und zum 1. November 1974 auf 13 Prozent,

zwei Urlaubstage zusätzlich,

Anhebung der Urlaubsvergütung von 30 auf 50 Prozent.

1974   Das Jahr der Ölkrise, der konjunkturellen Flaute in wichtigen Branchen und des Anstiegs der Arbeitslosenzahl. Sie erreicht zur Jahreswende 1974/75 erstmals seit 20 Jahren wieder die Millionengrenze.

Die Verhandlungen über die gekündigten Manteltarifverträge für Arbeiter und Angestellte führen erst im Schlichtungsverfahren zum Ergebnis:

Der neue Manteltarifvertrag gilt erstmals für Arbeiter und Angestellte gemeinsam;

Schwerpunkte sind Verdienstabsicherung älterer Arbeitnehmer und Unkündbarkeit älterer Arbeitnehmer bei langer Betriebszugehörigkeit.

Auch die Verhandlungen über neue Tarifabschlüsse führten zu einem Schlichtungsverfahren, dessen Ergebnis aber von den Arbeitgebern nicht akzeptiert wird. In Verhandlungen am 13. Februar 1975 in Krefeld wurde ein Ergebnis erzielt, das unter anderem die Anhebung der Löhne, Gehälter und Ausbildungsvergütungen um 6,8 Prozent für 1975 festlegte.

1975   Eine zunehmend schwierigere gesamtwirtschaftliche Situation mit abflachender Konjunktur, wachsender Arbeitslosigkeit, Kurzarbeit und inflationären Tendenzen bildet den Hintergrund für die tarifpolitische Entwicklung. An neuen Belastungen werden wirksam:

am 1. April 1975 der neue Manteltarifvertrag,

die am 1. Juli 1975 in Kraft tretende Änderung des Gehaltsrahmenabkommens, die zum 1. Januar 1976 eine Aufstockung der höchsten Tarifgruppe vorsieht.

1976   Nach einer turbulenten Tarifrunde wurde im Schlichtungsverfahren für NRW am 3. April 1976 eine Erhöhung der Löhne und Gehälter um 5,6 Prozent und der Ausbildungsvergütungen um 25 beziehungsweise 30 DM vereinbart sowie ein zusätzlicher Urlaubstag.

Der Manteltarifvertrag für Auszubildende wurde im November 1976 zum 1. Januar 1977 vereinbart. Neu abgeschlossen wurde der Tarifvertrag über vermögenswirksame Leistungen einheitlich für alle Tarifbereiche des Bundesgebietes.

1977   Bei einer gewerkschaftlichen Forderung von 9,5 Prozent Erhöhung und einem Angebot der Arbeitgeber von 5,25 Prozent wurde die Tarifrunde am 27. Januar durch Spruch der Schlichtungsstelle beendet, der eine Erhöhung der Tariflöhne und Gehälter sowie der Ausbildungsvergütungen um 6,9 Prozent vorsah. Die Arbeitgeber von NRW stimmten mit Bedenken zu und leisteten mit diesem Abschluß einen entscheidenden Beitrag für den Tariffrieden in den übrigen Tarifgebieten der Metallindustrie des Bundesgebiets.

1978   Unter dem Eindruck neuer Lohnforderungen von 8 Prozent bei einer Wirtschaftslage, die 3,5 Prozent als angemessen erscheinen ließ, kam es zu heftigen Auseinandersetzungen in der neuen Tarifrunde. In Baden-Württemberg begann die IG Metall am 15. März in 52 Betrieben mit 110 000 Beschäftigten den Arbeitskampf; die Arbeitgeber sperrten am 20. März 120 000 Beschäftigte in 70 Betrieben aus. Aussperrung und Streik wurden am 5. beziehungsweise 10. April beendet. Die Einigung für NRW, die am 11. April zustande kam, sah eine Erhöhung von 5 Prozent für 1978 sowie eine pauschale Abgeltung dieser Erhöhung für die Monate Januar bis April vor.

1979   Die Tarifrunde 1979 schloß sich unmittelbar an einen sechswöchigen Streik in der Stahlindustrie NRW an, den die IG Metall zur Durchsetzung der 35-Stunden-Woche eingeleitet hatte. Da durch die Einigung zum Stufenplan für den Urlaub und eine vierprozentige Erhöhung der Löhne und Gehälter in der Stahlindustrie eine Linie vorgezeichnet war, kam es am 26. Januar für NRW zum Abschluß mit folgenden Ergebnissen:

Erhöhung der Löhne, Gehälter und Ausbildungsvergütungen um 4,3 Prozent ab 1. Januar 1979, Wegfall des Lohnschlüssels im Lohnrahmenabkommen, Stufenplan bis 1983 zur Verlängerung des Urlaubs auf sechs Wochen für alle, Verlängerung des Manteltarifvertrags für Arbeitnehmer und damit Festschreibung der 40-Stunden-Woche bis 31. Dezember 1983.

Die Schlichtungs- und Schiedsvereinbarung wurde nach langwierigen Verhandlungen am 7. Dezember 1979 neu gefaßt. Sie trat am 1. Januar 1980 in Kraft.

1980   Der Tarifabschluß für 1980 mit Erhöhungen der Tariflöhne, -gehälter und Ausbildungsvergütungen um 6,9 Prozent sowie einmaligen Zahlungen für einzelne Lohn- und Gehaltsgruppen stellte eine so hohe Belastung der Lohnstückkosten dar, daß die internationale Konkurrenzfähigkeit der Metallindustrie beeinträchtigt wurde.

1981　In die Tarifrunde 1981 gingen die Arbeitgeber mit einem eigenen Konzept, das Gesamtmetall im Herbst 1980 vor dem Hintergrund der wirtschaftlichen Lage aufgestellt hatte und das sich an einer Produktivitätssteigerung von 2,5 bis 3 Prozent orientierte. Dagegen stellte die IG Metall Forderungen von 8 Prozent Lohnerhöhungen. Nach Ablauf der Friedenspflicht wandte die IG Metall erstmals Warnstreiks unter dem Schlagwort „Neue Beweglichkeit" an. Zum Abschluß kam es für NRW entsprechend der Einigung im Tarifbereich Nordwürttemberg-Nordbaden mit einer Erhöhung der Tariflöhne, -gehälter und Ausbildungsvergütungen um 4,9 Prozent.

1982　Erst im Wege der Schlichtung konnte am 6. März 1982 ein Tarifabschluß erreicht werden. Unter Vorsitz von Staatsminister a.D. Figgen wurde ein Schlichtungsabkommen erzielt, das eine Erhöhung der Tariflöhne, -gehälter und Ausbildungsvergütungen um 4,2 Prozent vorsah.

1983　Durch einen Vertragsabschluß der Volkswagenwerke, die nicht zu Gesamtmetall gehören, in Höhe von 4 Prozent, war die Verhandlungsführung der Arbeitgeber bei der Tarifrunde erheblich belastet. Gleichwohl kam es im April zu einem Abschluß bei 3,2 Prozent Steigerung der Löhne und Gehälter sowie 2,4 Prozent der Ausbildungsvergütung. Dieses Ergebnis trug wesentlich dazu bei, die Inflationsrate entscheidend abzubremsen.

1984　Die Forderung der IG Metall, in einem Zuge die Wochenarbeitszeit von 40 auf 35 Stunden bei vollem Lohnausgleich zu verkürzen, führt zur längsten und wohl bisher heftigsten Tarifauseinandersetzung.

Die Ausgangspositionen standen sich schroff gegenüber: Die Gewerkschaftsforderung auf sofortige Einführung der 35-Stunden-Woche hätte eine Belastung von 18 Prozent der Lohnkosten gebracht; zusätzliche Lohn- und Gehaltsforderungen in Höhe von etwa 3,5 Prozent hätten sich zu einer Gesamtforderung von über 20 Prozent summiert. Demgegenüber stand das Konzept der Arbeitgeberseite, das einen Vorruhestand für ältere Arbeitnehmer, flexible Arbeitszeitregelungen betrieblicher Art und die Beibehaltung der 40-Stunden-Woche vorsah.

Es kam zum Arbeitskampf in den Tarifbezirken Nordwürttemberg-Nordbaden und Hessen; vor allem Schlüsselbetriebe der Automobilindustrie wurden bestreikt; die Arbeitgeberseite antwortete mit Abwehraussperrungen. Zum Kompromiß kam es im besonderen Schlichtungsverfahren unter Vorsitz des früheren Bundesministers Leber am 28. Juni; am 11. Juli wurde in der Schlichtung entsprechend für NRW vereinbart, daß die Arbeitszeit ab 1. April 1985 auf 38½ Stunden verkürzt wird, wobei flexible Regelungen innerhalb des Betriebs möglich sind. Die Ausbildungszeit bleibt bei 40 Stunden. Löhne und Gehälter wurden zum 1. Juli 1984 um 3,3 Prozent erhöht, zum 1. April 1985 um 2 Prozent, gleichzeitig trat zum Ausgleich der Arbeitszeitverkürzung eine Anhebung von 3,9 Prozent in Kraft. Zu den weiteren Ergebnissen gehört auch, daß Arbeitnehmer ab 58 Jahren unter bestimmten Voraussetzungen die Möglichkeit erhalten, mit 65 Prozent der Bruttobezüge in den Vorruhestand zu gehen.

1986 Zum tarifpolitischen Streitpunkt 1986 wurde das Ansinnen der IG Metall, durch überproportionale Anhebungen der unteren Lohn- und Gehaltsgruppen eine leistungsfeindliche Nivellierung in den Lohn- und Gehaltsstrukturen zu erreichen. Ferner hätte die überproportional geforderte Erhöhung der Ausbildungsvergütungen die Ausbildungsbereitschaft der Betriebe geschwächt, was gerade angesichts der starken Nachfrage nach Ausbildungsplätzen durch die geburtenstarken Jahrgänge verhängnisvolle Folgen gehabt hätte.

Das Verhandlungsergebnis, das am 16. Mai für Nordrhein-Westfalen zustande kam, sah eine Erhöhung der Löhne und Gehälter um 4,4 Prozent und eine Steigerung der Ausbildungsvergütungen um 30 DM in den ersten beiden Ausbildungsjahren und um 35 DM in den letzten beiden Ausbildungsjahren vor.

1987 Die tarifpolitische Auseinandersetzung wurde weitgehend von der zweiten Arbeitszeitrunde in der Metallindustrie bestimmt. Erst in einem Spitzengespräch, das nach langen Verhandlungsrunden zur Abwendung eines Arbeitskampfes zustande kam, wurde am 24. April eine Regelung von Arbeitszeit und Löhnen für einen Zeitraum von drei Jahren vereinbart. Damit war ein Novum in der Tarifgeschichte der Nachkriegszeit erreicht. Der Übereinkunft lag zwar die Zustimmung zu weiterer Verkürzung der Arbeitszeit zugrunde, aber man einigte sich auf ein behutsames Vorgehen: die seit 1985 gültige 38,5-Stunden-Woche wurde noch ein weiteres Jahr beibehalten, ab April '88 wurde die Wochenarbeitszeit um eine Stunde, also auf 37,5 Stunden, verkürzt, und wiederum ein Jahr später, ab April 89, kam ein weiterer Schritt –

um eine halbe Stunde. Die Höhe der Ausgleichszahlungen wurde für die Zeit bis zum 31. März 1990 ebenso festgelegt wie die kommenden Tarifanhebungen: 3,7 Prozent für Löhne, Gehälter und Ausbildungsvergütungen ab April 1987, 2 Prozent ab April 1988 und 2,5 Prozent ab April 89. Die 1984 vereinbarten Arbeitszeitmodelle mit unterschiedlicher individueller Arbeitszeit beziehungsweise flexibler Arbeitszeit wurden zunächst bis 1988 festgeschrieben.

1988   In langwierigen Verhandlungen wurden die Manteltarifvertrags-Bestimmungen mit Ausnahme der im Jahr 1987 geschilderten Arbeitszeitregelungen und der Urlaubsbestimmungen mit einer Laufzeit bis 30. Juni 1992 wieder in Kraft gesetzt.

Erstmals wurde das Monatsentgelt für gewerbliche Arbeitnehmer tariflich vereinbart. Damit sollen größere Einkommensschwankungen bei flexiblen Arbeitszeiten vermieden werden.

Der Tarifvertrag über vermögenswirksame Leistungen wurde unverändert für sechs Jahre bis Ende 1994 verlängert.

1989   In diesem Jahr gab es in der Metallindustrie Nordrhein-Westfalens keine neuen Tarifabschlüsse. Dieses Jahr stand tarifpolitisch im Zeichen der Umsetzung der zweiten Stufe des Arbeitszeitabkommens von 1987. Es brachte die Verkürzung der regelmäßigen wöchentlichen Arbeitszeit von 37,5 auf 37 Stunden mit vollem Lohnausgleich sowie eine weitere Lohnanhebung um 2,5 Prozent.

Ferner stand bereits die zweite Hälfte des Jahres ganz im Zeichen der Tarifrunde 1990, in der die IG Metall eine weitere Verkürzung der wöchentlichen Arbeitszeit auf 35 Stunden durchsetzen wollte.

1990   Die tariflichen Auseinandersetzungen in der Metallindustrie waren geprägt durch die erneuerte Forderung der IG Metall auf umgehende Einführung der 35-Stunden-Woche, die weitgehende Abschaffung von Flexibilisierung und Differenzierungsmöglichkeiten bei der Arbeitszeitgestaltung sowie eine praktische Abschaffung von Überstunden durch die Forderung, diese von der ersten Stunde an abfeiern zu müssen.

Die Verhandlungen waren besonders schwierig, aber es kam zu keinem Arbeitskampf. Die Tarifpartner einigten sich auf einen langfristigen Arbeitszeitverkürzungsplan, nach dem ab April 1993 die

Arbeitszeit auf 36 Stunden und ab dem 1. Oktober 1995 auf 35 Stunden bei vollem Lohnausgleich verkürzt wird. Ferner wurden die Löhne und Gehälter um 6 Prozent angehoben, die Ausbildungsvergütungen in allen Ausbildungsjahren um je 80 DM. Die Ausbildungszeit von bisher 40 Wochenarbeitsstunden soll bis 1995 der Arbeitszeit der Arbeitnehmer angeglichen werden.

Arbeitskämpfe

Arbeitskämpfe vor Ort gab es bereits in den frühen Nachkriegsjahren: 1947 entwickelte sich über die Einführung einer Betriebsvereinbarung ein Streik bei der Deutschen Spiralbohrer- und Werkzeugfabriken GmbH.

1949 war die Firma W. Ferd. Klingelnberg Söhne, Hückeswagen, Schauplatz eines Arbeitskampfes. Hier lehnte es die Betriebsleitung ab, über die Forderung des Betriebsrates nach einer allgemeinen Lohnerhöhung von 10 Pfennig je Stunde unter Druck zu verhandeln. Die Betriebsleitung war auch nicht bereit, der Gewerkschaft vorab Zusagen (über eine ohnehin geplante Lohnangleichung) und über die Bezahlung der Streiktage zu machen. Nach Beendigung des Streiks sagte die Betriebsleitung für einen Teil der Belegschaft (also nicht allgemein) Lohnerhöhung zwischen vier und acht Pfennig zu.

1951 kam es bei den Deutschen Edelstahlwerken Remscheid zur Arbeitsniederlegung. 250 Akkordarbeiter traten am 29. März in den Streik; sie wurden am 4. April – nach Ablauf eines Ultimatums – fristlos entlassen. Anlaß zum Streik gab die Forderung nach Lohnerhöhungen für die Akkordarbeiter. Die Leitung der Deutschen Edelstahlwerke in Krefeld sagte eine zügige Prüfung zu, lehnte aber eine sofortige Entscheidung ab. Darauf antworteten die Remscheider Akkordarbeiter mit sofortiger Arbeitsniederlegung; die Gewerkschaft erkannte den Streik nicht an. Erst am 18. Juni erklärten sich die Arbeiter wieder zur Aufnahme der Arbeit bereit, zu den bisherigen Bedingungen. Die Firma konnte zunächst aber nur 125 der Arbeiter wieder einstellen.

Gefahrengemeinschaft

Unter dem Eindruck des Streiks des Jahres 1951, vor allem des vierwöchigen Metallarbeiterstreiks in Hessen, gründete die Industrie zur Abwehr unberechtigter Arbeitskämpfe eine Gefahrengemeinschaft. Der Arbeitgeberverband in Remscheid schloß sich dieser Gründung sogleich an; die Mitglieder stellten die erforderlichen Mittel zügig zur Verfügung. „Die von der Industrie aufzubringenden Mittel stellen zwar eine zusätzliche Belastung dar, geben aber die notwendige Sicherheit, daß Abwehrkämpfe mit Erfolg durchgeführt werden können", heißt es dazu im Jahresbericht 1951. Die Gewerkschaften verfügten bereits über erheblich höhere Mittel und setzten diese auch voll ein. Die für die Gefahrengemeinschaft aufzubringenden Mittel verblieben den örtlichen Verbänden in eigener Verwaltung. Über etwa notwendig werdende Unterstützungen entscheidet ein besonderer Ausschuß des Gesamtverbandes der metallindustriellen Arbeitgeberverbände in Abstimmung mit dem Verband der Metallindustrie Nordrhein-Westfalen und nach Anhörung des örtlichen Arbeitgeber-Verbandes.

Schlichtungsverfahren

Nach Beendigung des Metallarbeiterstreiks in Schleswig-Holstein, der vom Oktober 1956 bis Februar 1957 dauerte und mit 114 Streiktagen zum längsten Arbeitskampf in Deutschland seit 50 Jahren wurde, drang der Gesamtverband der metallindustriellen Arbeitgeber-Verbände darauf, die bestehende Schlichtungsvereinbarung zu verbessern, um künftig vor Streikbeginn die Verhandlungsmöglichkeiten voll ausschöpfen zu können. Dieser Auffassung schloß sich auch der 1. Senat des Bundesarbeitsgerichtes im Urteil vom 31. Oktober 1958 an: Der Streik war nach Ansicht des Senats tarifwidrig, da noch nicht alle Verhandlungsmöglichkeiten ausgeschöpft und die Verhandlungen noch nicht als gescheitert erklärt worden waren, als die IG Metall die Streikurabstimmung beschloß. Die Arbeitgeber bekräftigten die Verantwortung der Tarifpartner bei der Wahrnehmung der Tarifautonomie für die Erhaltung des Arbeitsfriedens: „Kampfmaßnahmen widersprechen wirklich freien Verhandlungen."

Die Schlichtungs- und Schiedsvereinbarung für die Metallindustrie vom Mai 1964 wurde 1970 novelliert: Die Gesamtfrist für das Verfahren wird auf 22 Tage festgesetzt.

Ein Spitzengespräch zwischen Gesamtmetall und der IG Metall Ende Mai 1973 in Krefeld über Änderungen der Schlichtungs- und Schiedsvereinbarung brachte in wesentlichen Punkten Übereinstimmung. Eine neue Schlichtungs- und Schiedsvereinbarung trat zum 1. Oktober 1973 in Kraft, sie wurde zum 1. Januar 1980 novelliert.

Aussperrung

Zur gerichtlichen Auseinandersetzung kommt es 1980 über die Frage, wieweit Aussperrung zur Herstellung gleicher Konditionen im Arbeitskampf zulässig sei. Der 1. Senat des Bundesarbeitsgerichts bezieht hierzu am 10. Juni 1980 in drei Grundsatzurteilen Position: Abwehraussperrungen sind demnach soweit gerechtfertigt, wie die angreifende Gewerkschaft durch besondere Kampftaktiken ein Verhandlungsübergewicht erzielen kann. Der zulässige Umfang von Abwehraussperrungen richtete sich nach dem Grundsatz der Verhältnismäßigkeit. Aufgabe der sozialen Gegenspieler sei es, das Paritätsprinzip durch autonome Regelungen zu konkretisieren. Tarifliche Arbeitskampfordnungen haben insoweit Vorrang gegenüber den von der Rechtsprechung entwickelten Grundsätzen. Ausdrücklich wird betont, daß ein generelles Aussperrungsverbot unzulässig ist.

Warnstreiks

Zu weiteren gerichtlichen Auseinandersetzungen führten die Warnstreiks, die in der Tarifrunde 1981 erstmals von der IG Metall unter dem Schlagwort „neue Beweglichkeit" angewendet wurden. Davon waren auch Betriebe im Bezirk des Arbeitgeber-Verbandes Remscheid betroffen. Hierzu erklärt das Bundesarbeitsgericht am 12. September 1984, es sei nicht Aufgabe des Gerichts, nachträglich festzustellen, ob die Warnstreiks des Jahres 1981 rechtswidrig waren. „Die begehrte Entscheidung würde allein darauf hinauslaufen, den klagenden Arbeitgeber-Verbänden die Richtigkeit ihrer damaligen Rechtsansicht zu bescheinigen. Das ist nicht Aufgabe der Gerichte."

Abgewiesen wurde auch das Begehren der Arbeitgeber-Verbände, die IG Metall zu verurteilen, solche Warnstreiks künftig zu unterlassen. Ein Arbeitgeber-Verband habe keinen gesetzlichen Anspruch gegen seinen tariflichen Gegenspieler auf Unterlassung rechtswidriger Arbeitskampfmaßnahmen. „Ein rechtswidriger Arbeitskampf ist keine unerlaubte Handlung gegenüber dem Arbeitgeberverband", heißt es in einer Erklärung des Gerichts. In einer Verfassungsbeschwerde widersprach Gesamtmetall diesem Urteil am 6. Dezember 1984: „Es ist mit dem verfassungsrechtlich gesicherten Auftrag der Arbeitgeberverbände unvereinbar, wenn sie sich gegenüber rechtswidrigem Arbeitskampfdruck der Gewerkschaften nicht mit rechtlichen Mitteln zur Wehr setzen können."

Das Bundesarbeitsgericht stellte abweichend von früheren Entscheidungen zu sogenannten Warnstreiks fest, daß sie nicht anders als andere Streiks bewertet werden dürften. Auch sie seien Erzwingungsstreiks. Soweit die Gewerkschaften dazu aufforderten, erklärten sie gleichzeitig, daß Einigungsmöglichkeiten in freien Verhandlungen gescheitert seien.

Diese Bewertung durch das Bundesarbeitsgericht bedeutet, daß die Arbeitgeber berechtigt sind, auch ohne die formelle Erklärung des Scheiterns der Verhandlungen durch die Gewerkschaften Gegenmaßnahmen zu ergreifen, zum Beispiel auszusperren.

Mit der geänderten Rechtsprechung wollte das Bundesarbeitsgericht die uferlose Ausdehnung von Warnstreiks einengen. Allerdings ignorierte die IG Metall diese neue Bewertung in der Tarifrunde 1990. Sie rief wieder zu Warnstreiks auf, erklärte sich aber gleichzeitig zur Fortsetzung der Verhandlungen bereit.

Das Recht auf Streik und Aussperrung, also das Arbeitskampfrecht, ist damit um eine neue Variante des Richterrechts bereichert worden. Gesicherte Rechtspositionen, die dringend zu wünschen sind, benötigen eine klare gesetzliche Regelung. Aus politischen Gründen scheute der Gesetzgeber, trotz verschiedener Anläufe, eine Kodifizierung des Arbeitskampfrechts. So wird die Materie voraussichtlich auch weiterhin durch Richterrecht definiert und fortentwickelt werden.

Arbeits- und Sozialgerichte, Rechtsberatung

Die Wahrnehmung der Interessen seiner Mitglieder in rechtlichen Fragen gehört zu den vorrangigen Aufgaben des Arbeitgeber-Verbandes. Im Lauf von über vier Jahrzehnten haben sich dabei Anlässe und Rechtsauffassungen, vor allem aber auch die Zahl der Rechtsfälle erheblich verändert.

Der Ausgangspunkt

Die Jahre von 1945 bis 1954 waren gekennzeichnet durch die Aufgabe, eine legitimierte, funktionsfähige Rechtsordnung und damit auch für das Arbeits- und Sozialwesen eine unabhängige, von den Tarifpartnern anerkannte Rechtsprechung zu ermöglichen.

Unmittelbar nach dem Kriege waren für Streitigkeiten, die zur Zuständigkeit von Arbeitsgerichten gehörten, zunächst entsprechende Stellen der Amtsgerichte zuständig. Aber bereits am 30. Juni 1946 erließ der Kontrollrat ein „Deutsches Arbeitsgerichtsgesetz", dem am 20. August 1946 ein Gesetz zur Verhütung und zur Schlichtung von Streitigkeiten zwischen Arbeitgebern und Arbeitnehmern folgte. Für den Bereich der Amtsgerichte Remscheid, Lennep und Wermelskirchen wurde das Arbeitsgericht in Wuppertal-Elberfeld zuständig. Zum ersten Vorsitzenden wurde der Gewerkschaftssekretär Max Salcher ernannt, der kein Jurist war.

Ein neues Arbeitsgerichtsgesetz trat am 1. Oktober 1953 in Kraft. Es sicherte eine einheitlich unabhängige Rechtsprechung für das Bundesgebiet, nachdem in grundsätzlichen Fragen durch die unterschiedliche Rechtsprechung der Landesarbeitsgerichte eine erhebliche Rechtsunsicherheit eingetreten war. Das Bundesarbeitsgericht, das aufgrund des Gesetzes mit Sitz in Kassel errichtet wurde, nahm im Herbst 1954 seine Arbeit auf. Der Rechtsweg bei Arbeitsstreitigkeiten führte nunmehr über das Arbeitsgericht Wuppertal, bei Berufungsverfahren zum nordrhein-westfälischen Landesarbeitsgericht in Düsseldorf und im Falle der Revision zum Bundesarbeitsgericht in Kassel.

Ferner trat zum 1. Januar 1954 das Sozialgerichtsgesetz in Kraft. Es regelt die Zuständigkeiten der Sozialgerichte bei Streitfällen in der Sozialversicherung.

Der Aufbau

Von Beginn an leistete der Arbeitgeber-Verband mit der Beratung und Prozeß-Vertretung seiner Mitgliedsfirmen einen konkreten Beitrag zur Versachlichung von Auseinandersetzungen und zur Gestaltung des sozialen Klimas zwischen Arbeitgebern und Arbeitnehmern. Auf gerichtliche Auseinandersetzungen wurde verzichtet, wo dies anging; so nahmen Arbeitnehmer in bemerkenswertem Umfang Klagen zurück, wenn keine Aussicht auf Erfolg bestand. In vielen Fällen konnte dann eine außergerichtliche Lösung gefunden werden. Bei rechtzeitiger Einschaltung des Verbandes konnte die rechtliche Position des jeweiligen Betriebs aber auch genauer eingeschätzt und optimal im Prozeß zur Geltung gebracht werden, so daß nur wenige Prozesse verlorengingen.

Die Zahl der Streitfälle bewegte sich anfangs zwischen 50 und 60 jährlich, sank dann unter 40 und bewegte sich bis 1970 mit gewissen Schwankungen in diesem Rahmen.

Eine besondere Situation ergab sich 1957 mit 71 Prozessen. Hierfür wurde vor allem ein konkreter Anlaß genannt, „das völlig unzulängliche Gesetz zur Verbesserung der Arbeiter im Krankheitsfall" vom 26. Juni 1957, dessen Verbindlichkeit in zahlreichen Fragen erst durch die Rechtsprechung geklärt werden mußte. Die Feststellung des Jahresberichts, „kein Prozeß ging verloren", unterstreicht die sorgfältige Vorarbeit der Rechtsvertretung durch den Arbeitgeber-Verband.

Eine andere Erfahrung, die sich in den folgenden Jahren immer wieder bestätigen sollte, wird am Beispiel des Jahres 1963 deutlich. Die Zunahme der Prozeßtätigkeit – mit 50 Verfahren ein erheblicher Zuwachs gegenüber den 33 und 46 Prozessen in den beiden Vor-

Übersicht über die Prozeßtätigkeit des Arbeitgeberverbandes
1945 – 1990

Geschäftsjahr	Anzahl der Streitsachen vor dem unteren Arbeitsgericht		Gerichtstermine insgesamt
1946	32	–	39
1947	15	–	15
1948	32	–	50
1949	36	–	61
1950	62	–	84
1951	58	–	101
1952	42	–	75
1953	53	3	90
1954	52	16	88
1955	33	–	49
1956	36	1	61
1957	71	–	118
	+ 85		170
1958	45	–	67
1959	31	–	58
1960	37	1	69
1961	33	–	56
1962	46	–	74
1963	50	–	84
1964	39	–	57
1965	27	1	43
1966	41	–	63
1967	57	–	123

(Mittelspalte: Verfahren einer Firma wegen Insolvenz)

Geschäftsjahr	Anzahl der Streitsachen vor dem unteren Sozialgericht		Gerichtstermine insgesamt
1968	25	1	33
1969	31	–	51
1970	33	–	44
1971	80	–	103
1972	89	–	115
1973	117	–	197
1974	146	1	276
1975	158	1	308
1976	177	–	313
1977	229	–	332
1978	282	3	519
	+ 2		
1979	287	–	518
1980	355	–	569
1981	465	–	638
1982	504	–	797
1983	335	–	557
1984	259	–	421
1985	279	–	472
1986	292	–	484
1987	344	–	571
1988	339	–	516
1989	328	–	499

(Mittelspalte: Verwaltungsgericht)

Der Arbeitgeber-Verband vertritt seine Mitglieder vor Gericht

jahren – beruhte zu einem erheblichen Teil auf der Schwächung der Konjunktur und der damit zusammenhängenden schwierigeren Lage auf dem Arbeitsmarkt. Manche Firmen griffen jetzt entschiedener als sonst gegen vertragsbrüchige Arbeitnehmer durch:

„Während in Zeiten der Hochkonjunktur die Vollbeschäftigung im allgemeinen dazu führt, gerichtlichen Auseinandersetzungen aus dem Weg zu gehen und eine gütliche Bereinigung von Streitfällen anzustreben, die sich häufig zu Lasten des Unternehmers auswirkt, führt eine gewisse Entlastung auf dem Arbeitsmarkt dazu, arbeitsvertragsbrüchigen Arbeitnehmern konsequenter zu begegnen. Die Folge ist, daß diese Arbeitnehmer Prozesse beginnen, die jedoch in den meisten Fällen zu ihren Ungunsten ausgehen." (Jahresbericht 1963)

Ein Anlaß zu gerichtlicher Auseinandersetzung, der sich im Lauf der Jahre zum Schwerpunkt entwickeln sollte, tritt ebenfalls schon im Jahre 1963 deutlich in Erscheinung, der Kündigungsschutz:

„Eine nicht unerhebliche Rolle spielten im Berichtsjahr die sogenannten Kündigungsschutzprozesse, bei denen fristgemäß gekündigte Arbeitnehmer mit der Behauptung, die ihnen ausgesprochene Kündigung sei sozialwidrig, versuchten, durch das Gericht die Unwirksamkeit ihrer Kündigung feststellen zu lassen. Hierbei zeigte sich mehrfach, daß die formellen Erfordernisse für eine korrekte Kündigung vom Arbeitgeber nicht beachtet worden waren. Insbesondere war vernachlässigt worden, den Betriebsrat vor Ausspruch der Kündigung über die beabsichtigte Lösung des Arbeitsverhältnisses anzuhören. Dies hatte zur Folge, daß die wohlbegründeten Argumente für die Kündigung im Verfahren nicht vorgebracht werden konnten, weil nach der Rechtsprechung des Bundesarbeitsgerichts diese Gründe erst dann vom Gericht berücksichtigt werden können, wenn sie vor Ausspruch der Kündigung dem Betriebsrat mitgeteilt wurden und dieser in seiner Gesamtheit Gelegenheit hatte, dazu Stellung zu nehmen. Unwichtig dabei ist es, ob der Betriebsrat die Gründe für eine Kündigung für ausreichend hält und der Kündigung zustimmt; er muß lediglich vor der Kündigung dazu gehört worden sein."

Dieser Hinweis des Jahresberichts 1963 sollte in den folgenden Jahren noch häufig wiederholt werden, da sich gerade an diesem Punkt immer wieder Rechtsstreitigkeiten entzündeten.

Auseinandersetzungen vor dem Sozialgericht spielen in den fünfziger und sechziger Jahren keine hervorstehende Rolle. Dabei ist zu berücksichtigen, daß sich für die ersten Jahre die starke Überlastung des Gerichts auf die Prozeßtätigkeit auswirkt; anhängige Streitsachen kamen nur sehr schleppend zur Entscheidung.

Rechtsstreitigkeiten

Nach 1970 erhielten die Aufgaben der Rechtsberatung und der Prozeßvertretung eine unerwartet starke Bedeutung für die Tätigkeit des Arbeitgeber-Verbandes. Die Zahl der Prozesse stieg 1971 überraschend auf 80, erreichte 1975 bereits 158, kam 1980 auf 355 und 1982 auf die Rekordzahl von 504 Prozessen. Seitdem bewegt sich die Zahl zwischen 300 und 400 Prozessen jährlich.

An der Spitze der Streitsachen standen seither Fragen des Kündigungsschutzes. Hier wirkten sich die Veränderungen der konjunkturellen Lage unmittelbar aus, die einerseits dazu führte, daß ein gekündigter Arbeitnehmer besonders schlechte Chancen hat, eine neue Beschäftigung zu finden, während andererseits der Arbeitgeber weniger als zu anderen Zeiten dazu bereit ist, Vertragsverletzungen hinzunehmen. Im Laufe der Zeit wechselten die Anlässe für Kündigungen; betriebsbedingte Entlassungen aufgrund von Rationalisierungsmaßnahmen oder schlechter konjunktureller Lage, die nicht immer durch Kurzarbeit auszugleichen war, standen immer häufiger personenbedingten Kündigungen gegenüber.

Bei den strittigen Entlohnungsfragen ging es in zahlreichen Verfahren um angebliche Ansprüche auf Nachzahlungen. Dabei spielte die Erwartung eine gewisse Rolle, der Arbeitgeber werde sich zu irgendwelchen Zahlungen bereit finden, um den oft hohen wirtschaftlichen Aufwand eines gerichtlichen Verfahrens zu vermeiden. In diesem Zusammenhang traten zunehmend auch ausländische Arbeitnehmer in Erscheinung.

„Mitursächlich für diese Entwicklung war das bei vielen Arbeitsrichtern leider zu beobachtende Vorgehen, auch in Verfahren mit recht eindeutigen Vorzeichen den Arbeitgeber noch zu Zahlungen auf dem Vergleichswege zu veranlassen. In ihrer täglichen Arbeit hat die Geschäftsstelle des Verbandes versucht, dieser Tendenz mit aller Entschiedenheit entgegenzuwirken und gerade auch die Zahlung von geringen Beträgen – meist lediglich zur Vermeidung eines überflüssigen Arbeitsaufwandes – in Fällen ohne Erfolgsaussichten abzulehnen", merkt in diesem Zusammenhang der Jahresbericht 1981 an.

Andere Prozesse entstanden aus unterschiedlicher Interpretation des Betriebsverfassungsgesetzes, ferner führten Urlaubsansprüche besonders häufig zu gerichtlichen Auseinandersetzungen.

Allgemeine Rechtsberatung

Die Jahresberichte geben in ihrer nüchternen Schilderung einen eindrucksvollen Einblick in die intensive Beratungstätigkeit des Arbeitgeber-Verbandes wieder. Diese Arbeit zahlte sich aus; nur sehr wenige Prozesse gingen zuungunsten der Mitgliedsfirmen aus.

Aber die Rechtsberatung erstreckte sich nicht allein auf die Vertretung von Firmen im Prozeß. In erheblichem Umfang konnten aussichtslose Prozesse vermieden werden, sei es, daß die Firmen ihre Rechtsposition genauer einschätzten und von gerichtlicher Auseinandersetzung Abstand nahmen, sei es, daß die Arbeitnehmer die Aussichtslosigkeit ihres Begehrens erkannten und die Klage zurückzogen. Darüber hinaus erteilte der Verband Rechtsrat im Zusammenhang mit Formulierungen bei Betriebsvereinbarungen, Arbeitsverträgen, Zeugnissen, Aufhebungsverträgen etc.; er wirkte in Handelsvertreterangelegenheiten und bei der rechtlichen Ausgestaltung betrieblicher Altersversorgung mit und half bei der Umsetzung der Arbeitszeitverkürzung. Die außergerichtliche rechtsberatende Tätigkeit des Verbandes bildete im letzten Jahrzehnt einen besonderen Schwerpunkt der täglichen Arbeit der Geschäftsstelle. Auch dabei ist ausschlaggebend, daß sich die Mitgliedsfirmen frühzeitig mit der Geschäftsstelle in Verbindung setzen. Hierauf weisen die Jahresberichte regelmäßig hin – mit Erfolg:

„Wie in der Vergangenheit hat eigentlich jede Mitglieds-
firma während des Berichtsjahres 1988 die Dienste des Verbandes bei
der Lösung einer der zahlreichen, in der betrieblichen Praxis auftretenden Fragen aus dem Bereich des Arbeits- und Sozialrechts in Anspruch
genommen. Die eingehenden Fragen wurden von der Geschäftsstelle
überwiegend sofort telefonisch beantwortet, in besonders gelagerten
Fällen erfolgte eine schriftliche Beratung. Die ratsuchenden Mitgliedsfirmen erhielten auf diese Weise umgehend die notwendige Information
über die Rechtslage und zugleich Hinweise für das in konkreten Situationen zweckmäßige Vorgehen. Die Ratschläge waren darauf ausgerich-
tet, gerichtliche Auseinandersetzungen möglichst zu vermeiden, ohne
dabei grundsätzliche Rechtspositionen preiszugeben. Zusammenge-
nommen benötigte die Geschäftsstelle des Verbandes für ihre außergerichtliche rechtsberatende Tätigkeit einschließlich der fernmündlichen
Beratung wohl einen höheren Zeitaufwand als für die eigentliche Pro-
zeßführung", resümiert der Jahresbericht 1989.

Die Fachleute im Verband:
Assessor Gernot Tödt (rechts)
und Assessor Udo Werner
in der Geschäftsstelle

Kommt es nicht zum rechtzeitigen Gespräch mit der Geschäftsstelle, so sind die Folgen häufig „risikobehaftete, in finanzieller
Hinsicht nicht mehr genau kalkulierbare Entscheidungen", deren Konsequenzen man sich nachträglich nicht mehr entziehen kann. Dann bleibt
nur noch, besonders schwerwiegende Folgen zu vermeiden, da die taktisch günstigere Ausgangsstellung nicht mehr gegeben ist.

Gewerkschaften/Betriebsvertretungen

In der Frage der Mitbestimmung lagen wichtige Entscheidungen unmittelbar nach dem Kriege im örtlichen Bereich. Damit kam auf den Arbeitgeber-Verband sogleich erhebliche Verantwortung zu. Rückblickend ergibt sich folgende Chronologie (entsprechend den Datierungen der AGV-Rundschreiben).

1946   Betriebsratswahlen sind von der Militärregierung noch nicht genehmigt. Statt dessen werden sogenannte „Sprecher des Betriebes" eingesetzt. Mangels anderer Anordnungen werden auf sie die Bestimmungen des früheren Betriebsräte-Gesetzes angewandt. Der Arbeitgeber-Verband bittet, alle darüber hinaus gehenden Forderungen abzulehnen (8. Februar 1946).

Der Alliierte Kontrollrat erläßt am 10. April 1946 ein Betriebsrätegesetz („Gesetz Nr. 22"). Es soll für ganz Deutschland gelten (17. Mai 1946).

Da die Durchführungsbestimmungen auf sich warten lassen, haben die Spitzen der Arbeitgeber- und Arbeitnehmer-Organisationen eine Wahlordnung vereinbart (16. September 1946).

Als Termin für die Betriebsratswahlen in Remscheid ist der 17. Januar 1947 vereinbart worden (25. November 1946).

1947   Betriebsvereinbarungen entsprechend den Vorschriften des Betriebsrätegesetzes sind nicht in Sicht; die Verhandlungen zwischen Gewerkschaften und Arbeitgeber-Verband sind auf Antrag der Gewerkschaftsvertreter vorerst vertagt worden. Nachdem die Ortsausschüsse der Gewerkschaft für Remscheid und für den Rhein-Wupper-Kreis Musterentwürfe für Betriebsvereinbarungen vorgelegt haben, werden von Arbeitgeberseite den Betrieben Richtlinien für Betriebsvereinbarungen und Betriebsordnungen an die Hand gegeben (10. März 1947).

Eine vom Landtag Nordrhein-Westfalen am 1. August 1947 beschlossene Verordnung wird von der Militärregierung nicht genehmigt. Die Verordnung sah vor, daß die Betriebsräte die vierteljährlich fälligen Produktionsmeldungen der Betriebe mitzeichnen sollten. Dies hätte zur Folge gehabt, daß die Betriebsräte Einsicht in die Geschäftsunterlagen bekommen hätten (21. Oktober 1947).

1948   Die Aufhebung des Lohnstopps wird am 3. November 1948 vom Wirtschaftsrat beschlossen und vom Zwei-Mächte-Kontrollamt genehmigt (23. November 1948).

1950/52   Zum Mitbestimmungsrecht der Arbeitnehmer scheitern die Verhandlungen zwischen Deutschem Gewerkschaftsbund und den Unternehmerorganisationen. Der Deutsche Bundestag setzt die Materie auf seine Tagesordnung. Der Arbeitgeber-Verband warnt vor den Gefahren der Mitbestimmungsregelungen (22. Mai 1950).

In die heftige Auseinandersetzung um das Mitbestimmungsrecht bezieht der Arbeitgeber-Verband einen pointierten Beitrag des Industrie-Kuriers, Düsseldorf, ein. Überschrift: „Letzte Warnung!" Der Beitrag warnt vor der kommunistischen Taktik, über die Mitbestimmung das freie Unternehmertum abzuschaffen (27. Juli 1950).

Zur Urabstimmung über die Durchsetzung der Mitbestimmung ruft die IG Metall im Dezember 1950 auf mit der Fragestellung: „Wer als freier Mensch und Gewerkschaftler sein Recht preisgeben will, der möge mit ,Nein' stimmen. Wer für sein Menschenrecht und seine Freiheit stimmen will, der stimme mit ,Ja'." Die 90prozentige Zustimmung führt zum Streikbeschluß. Auch im Bergbau findet eine Urabstimmung statt. Der Bundeskanzler dringt im Gespräch mit der eisenschaffenden Industrie und dem Bergbau auf Einigung, um die katastrophalen Folgen eines Streiks in diesen wichtigen Industriezweigen zu vermeiden. Die dabei getroffenen Vereinbarungen sind ohne legitimierte Vertreter der Arbeitgeberverbände zustande gekommen; die Bundesvereinigung der Deutschen Arbeitgeber-Verbände spricht von „erzwungener Vereinbarung", die nur für den Bergbau und Teile der eisenschaffenden Industrie gelte. Dennoch hält der Deutsche Gewerkschaftsbund an der Einführung der Mitbestimmung in allen Industriezweigen fest. Fazit des Arbeitgeber-Verbandes: „Wenn die ,kalte Sozialisierung' der gesamten Industrie vermieden werden soll, ist eine geschlossene Abwehrfront aller Arbeitgeber und die laufende Unterrichtung der Belegschaftsmitglieder über die Auswirkungen der Gewerkschaftspläne dringend notwendig."

Der Vorstand des Deutschen Gewerkschaftsbundes enthebt den Sekretär des Ortsausschusses Remscheid, Hofmann, seines Postens, weil er es ablehnte, Vorstandsbeschlüsse des DGB durchzuführen, nach denen die Zusammenarbeit mit der kommunistischen Presse untersagt war (5. Januar 1952).

Das Betriebsverfassungsgesetz tritt am 11. November 1952 in Kraft. Der Arbeitgeber-Verband lädt zur Aussprache für den 5. November 1952 ein (23. Oktober 1952).

SOZIALE SELBSTVERWALTUNG

Zu den wichtigen Aufgaben des Arbeitgeber-Verbandes von Remscheid und Umgebung gehört die Mitwirkung in den verschiedenen Gremien der sozialen Selbstverwaltung. Diese Aufgabe hat eine mehr als hundertjährige Tradition. Bereits in der zweiten Hälfte des 19. Jahrhunderts war das genossenschaftliche Prinzip als Organisations- und Mitwirkungselement der sozialen Einrichtungen anerkannt und in der Krankenversicherung seit 1876 durch das Hilfskassengesetz abgesichert.

In der denkwürdigen Regierungserklärung Bismarcks vom 17. November 1881, die als die „Kaiserliche Botschaft" zu einem Markstein in der Sozialgeschichte wurde, wird das Prinzip der Selbstverwaltung als effektivste Verwaltungsform zur Grundlage der weiteren Entwicklung bestimmt: „Der engere Anschluß an die realen Kräfte dieses Volkslebens und das Zusammenfassen der letzteren in der Form kooperativer Genossenschaften unter staatlichem Schutz und staatlicher Förderung werden, wie wir hoffen, die Lösung auch von Aufgaben möglich machen, denen die Staatsgewalt allein in gleichem Umfange nicht gewachsen sein würde."

Die Entwicklung, die damit eingeleitet wurde, endete 1933, als an die Stelle der ehrenamtlichen Selbstverwaltung in Anwendung des Führerprinzips der hauptamtliche Leiter trat, den ein vom Staat ernannter Beirat in lediglich beratender Funktion unterstützte.

Die gesetzlichen Grundlagen für die Wiederaufnahme der Selbstverwaltung wurden Anfang der fünfziger Jahre gelegt. Im Gesetz über die Selbstverwaltung und über Änderungen von Vorschriften auf dem Gebiet der Sozialversicherung vom 22. Februar 1951 beschloß der Bundestag: „Bei jedem Träger der Sozialversicherung werden als Organe der Selbstverwaltung eine Vertreterversammlung und ein Vorstand gebildet." 1953 fanden die ersten Wahlen für die neuen Selbstverwaltungsorgane statt.

Dabei ging der Gesetzgeber stärker als vor 1933 von der gleichberechtigten Mitwirkung der Versicherten und der Arbeitgeber aus. Der Grundgedanke war, daß diejenigen, die die Beiträge aufbringen, über die Mittelverwaltung und gegebenenfalls über die Höhe der finanziellen Ausstattung beschließen und wachen sollen.

Zu den Trägern der sozialen Sicherung gehören die Rentenversicherungsanstalten, die Berufsgenossenschaften, die Arbeitsverwaltungen für die Arbeitslosenversicherung und die Krankenkassen. Diese Versicherungen sind zum Teil regional gegliedert, wie zum Beispiel die Allgemeinen Ortskrankenkassen, zum Teil überregional oder branchenbezogen. Die Organisationen der Arbeitnehmer und Arbeitgeber, die dafür als Listenführer zuständig sind, benennen die Mitglieder in den jeweiligen Organen. So fällt dem Arbeitgeber-Verband von Remscheid und Umgebung die Aufgabe zu, aus den Mitgliedsunternehmen Personen für die ehrenamtliche Mitwirkung in den verschiedenen Organen der sozialen Selbstverwaltung zu entsenden.

AOK

Allgemeine Ortskrankenkasse Remscheid
Allgemeine Ortskrankenkasse Bergisch Gladbach
Allgemeine Ortskrankenkasse Gummersbach

Seit 1945 haben sich die örtlichen Zuständigkeiten in der Krankenversicherung geändert. Wirkte der Arbeitgeber-Verband zunächst in den Gremien der AOK Remscheid und der AOK Opladen für den Oberen Rhein-Wupper-Kreis mit, so erforderte die Neuordnung im

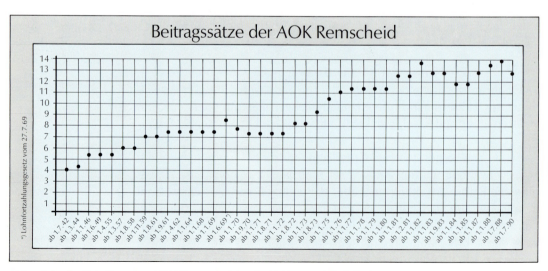

Wie sich die Beiträge der AOK Remscheid seit 1942 entwickelt haben

Zuge der Kommunalreform von 1975 mit der Zuordnung von Radevormwald und Hückeswagen zur AOK Gummersbach und von Wermelskirchen zur AOK Bergisch Gladbach, daß der Arbeitgeber-Verband
heute außer in der AOK Remscheid auch in den Organen dieser Krankenkassen mit eigenen Vertretern mitarbeitet.

In den Organen der Allgemeinen Ortskrankenkassen – der
Vertreterversammlung und dem Vorstand – sind Arbeitnehmer und Arbeitgeber mit je 50 Prozent der Stimmen vertreten. Traditionsgemäß
wirkt der Geschäftsführer des Arbeitgeber-Verbandes von Remscheid
im Vorstand der AOK Remscheid als alternierender Vorsitzender.

In den Selbstverwaltungsorganen der AOK werden alle
wesentlichen Beschlüsse über Einstellung und Entlassung von Personal,
zum Haushalt und zu den Leistungen, die über die gesetzlichen Vorschriften hinaus von den Kassen erbracht werden, durch Satzungsrege-
lungen festgelegt. Dazu gehört auch die Höhe der Beiträge, die von
den Kassen erhoben werden.

Hans Alfred Sieper,
alternierender Vorsitzender
der AOK Remscheid
seit 1974;
von der Arbeitgeberseite
benannt

Die Arbeit im Vorstand und in der Vertreterversammlung
wurde bestimmt von dem Ringen um einen Ausgleich zwischen der per
Gesetz verbesserten Sicherung im Krankheitsfall und ihren kostenmäßi-
gen Auswirkungen einerseits und dem Bemühen, die Beitragssätze im
Rahmen zu halten. Die Jahresberichte spiegeln die Diskussion um Reformen ebenso eindringlich wider wie die heikle Kassenlage vor Ort.
„Kostendämpfende" Aktionen – wie etwa Anwesenheitsprämien in den
sechziger Jahren – sollten dazu beitragen, das Verantwortungsbe-
wußtsein der Versicherten zu schärfen und dem Anwachsen des Krankenstandes entgegenzuwirken. Der Gesichtspunkt, neben der Sicherung im Krankheitsfall vorbeugende Maßnahmen zur Erhaltung der Gesundheit zu fördern, erhielt in den letzten Jahren erhebliche Bedeutung.

Arbeitsämter

Arbeitsamt Solingen-Remscheid
Arbeitsamt Bergisch Gladbach

Die wechselnde Gliederung der Arbeitsverwaltung führte dazu, daß für den Verbandsbereich zunächst das Arbeitsamt Remscheid zuständig war, das später mit den Städten Solingen und Leverkusen zu einem Großarbeitsamt Solingen verbunden wurde. Die Neuordnung im Jahre 1962 führte zu einer Aufteilung auf die Arbeitsämter Solingen für Remscheid und Bergisch Gladbach für Wermelskirchen, Radevormwald und Hückeswagen.

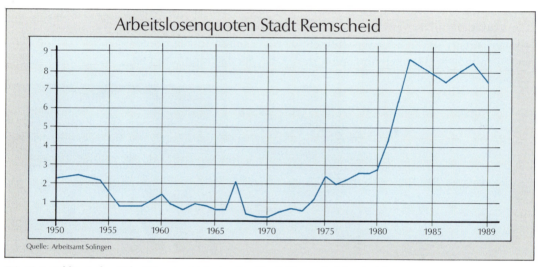

Die Entwicklung der Arbeitslosenquote in der Stadt Remscheid seit 1950

Die Arbeitsämter werden nach den gesetzlichen Vorschriften drittelparitätisch von Verwaltungsausschüssen vor Ort und auf Landesebene sowie durch den Verwaltungsrat bei der Bundesanstalt für Arbeit in Nürnberg auf Bundesebene beraten und kontrolliert. Die Drittelparität sieht vor, daß die Ausschüsse und Gremien jeweils zu einem Drittel von Vertretern der Arbeitgeber, der Arbeitnehmer und der öffentlichen Hand besetzt werden.

Der Geschäftsführer des Arbeitgeber-Verbandes wirkt in den Verwaltungsausschüssen beider Arbeitsämter, seine Mitarbeiter im Verwaltungsausschuß Solingen-Remscheid mit. Hier ist der Geschäftsführer seit 1974 alternierender Vorsitzender des Verwaltungsausschusses. Darüber hinaus ist der Arbeitgeber-Verband durch Unternehmer aus dem Verbandsbereich vertreten. Als Listenführer ist der Arbeitgeber-Verband für die Nominierung aller Arbeitgeber-Vertreter zuständig, also auch der des Handels und des Handwerks.

Die verschiedenen Ausschüsse sind zuständig für die Bearbeitung von Einzelproblemen, etwa für Arbeitsbeschaffungsmaßnahmen, Massenentlassungen, Förderung der Fortbildung und Umschulung.

Die Probleme in den Jahrzehnten seit Kriegsende spiegeln die Veränderungen am Arbeitsmarkt deutlich wider. Ausgehend von Stagnation und Lohnstopp führt die Entwicklung bereits Mitte der fünfziger Jahre zu erheblichem Bedarf an Arbeitskräften; die Anwerbung ausländischer Arbeitnehmer wird im Jahresbericht 1959 als ein erfolgversprechender Ausweg aus den akuten Problemen bezeichnet. Schon zwei Jahre später spielt die soziale Betreuung der Ausländer, vor allem die Wohnungssituation, eine erhebliche Rolle.

Ende der sechziger Jahre sind neun Prozent der Remscheider Bevölkerung Ausländer. Zwanzig Jahre später, 1989, steht die Integration von Übersiedlern aus der DDR auf der Tagesordnung.

Berufsgenossenschaften

Maschinenbau- und Kleineisenindustrie-Berufsgenossenschaft, Düsseldorf
Hütten- und Walzwerks-Berufsgenossenschaft, Essen
Berufsgenossenschaft der Feinmechanik und Elektrotechnik, Köln

Für die Branchen des Arbeitgeber-Verbandes von Remscheid und Umgebung ist vornehmlich die Maschinenbau- und Kleineisenindustrie-Berufsgenossenschaft zuständig. Die Mitwirkung des Arbeitgeber-Verbandes konzentriert sich daher vor allem auf diese Berufsgenossenschaft. Die Verbindung hat eine besondere Tradition. Bei der Gründung des Bergischen Fabrikanten-Vereins 1890 hatte die Sektion V dieser Berufsgenossenschaft ihren Sitz im Remscheider Industriehaus.

Vorstand und Vertreterversammlung werden je zur Hälfte von Vertretern der Arbeitgeber und der Arbeitnehmer besetzt. Die Beiträge werden ausschließlich von den Arbeitgebern aufgebracht.

Zu den wichtigsten Aufgaben der Berufsgenossenschaft gehören vorbeugende Maßnahmen zur Unfallverhütung. Hier haben die Selbstverwaltungsorgane weitgehende Zuständigkeiten, ihre Arbeit zu gestalten. Neben Unfallverhütungsvorschriften spielt die Beitragshöhe und die Festsetzung von Zuschlägen oder Nachlässen – je nach Häufigkeit und Schwere der Unfälle eines Betriebes – eine erhebliche Rolle.

Zu nennen sind auch Vorschriften über Aufgaben und Zahl der Sicherheitsbeauftragten (1964) und über die Betriebsärzte (1975).

Besondere Bedeutung kommt der Aufklärung und Information zu. Gemeinsam mit der IG Metall führt der Arbeitgeber-Verband regelmäßig Schulungs- und Informationsveranstaltungen zur Arbeitssicherheit durch. Darüber hinaus leistet er eine eingehende Beratung der Mitgliedsfirmen.

LVA

Landesversicherungsanstalt Rheinprovinz, Düsseldorf

Auch die Rentenversicherungsträger werden durch paritätisch besetzte Selbstverwaltungsorgane kontrolliert und mitgestaltet. In den Vorständen und den Vertreterversammlungen der Landesversicherungsanstalten wirken je zur Hälfte Vertreter der Arbeitgeber und der Arbeitnehmer mit.

In der für den Verbandsbereich zuständigen Landesversicherungsanstalt Rheinprovinz werden die gewerblichen Arbeitnehmer versichert. Ihre vielfältigen Belange in Fragen der Renten und Kuren, der Beiträge und der ärztlichen Betreuung stellen erhebliche Anforderungen an die Arbeit der Selbstverwaltungsorgane.

Der Arbeitgeber-Verband ist durch seinen Geschäftsführer in der Vertreterversammlung und in den Ausschüssen vertreten.

Anläßlich der ersten Wahlen zu den Organen der Sozialversicherung spricht der Jahresbericht 1953 die Hoffnung aus, die Bewährung der neuen Einrichtungen sei möglich, wenn die Gemeinschaftsarbeit auf sachlicher Ebene erfolge und der sparsamen, zweckentsprechenden Verwendung ihrer Mittel diene. Mit spürbarer Erleichterung notiert der folgende Jahresbericht: „Die gesetzlich festgelegte paritätische Besetzung der Organe der Versicherungsträger mit Arbeitgebern und Arbeitnehmern hat sich durchaus bewährt", ja, als „der wirkungsvollste Garant sachlicher und verantwortungsvoller Gemeinschaftsarbeit erwiesen".

Jenseits der intensiven Auseinandersetzung um die Erhöhung der Renten und die Folgen der Rentenreform angesichts der demographischen Entwicklungen machen die Jahresberichte deutlich, in welch außerordentlichem Maße die zunehmend komplizierter werdende Materie nicht nur die Lohnbüros der Betriebe, sondern auch die

Beratungstätigkeit des Arbeitgeber-Verbandes in Anspruch nimmt. Der Stoßseufzer von 1965 charakterisiert die Entwicklung: „Die Neuerungen im Leistungsrecht haben dazu geführt, daß die Rentenberechnung noch schwieriger und noch komplizierter wurde. Es ist geradezu unmöglich, daß ein Versicherter sich nunmehr seine Rentenansprüche selbst errechnen kann. Bei aller Anerkennung der Bestrebungen, das Rentenrecht möglichst gerecht zu gestalten, kann diese Entwicklung nur bedauert werden."

Auch in der Bundesversicherungsanstalt für Angestellte wirken Arbeitgeber und Arbeitnehmer paritätisch mit. Die Nominierung der Arbeitgebervertreter liegt bei der Bundesvereinigung der Deutschen Arbeitgeberverbände. Örtliche Widerspruchsausschüsse, die die Bescheide zu Widersprüchen gegen Entscheidungen der BfA bearbeiten, werden durch Vertreter besetzt, die von den Ortsverbänden nominiert werden. So wirkt der Geschäftsführer des Arbeitgeber-Verbandes von Remscheid und Umgebung in einem Widerspruchsausschuß der BfA mit.

REFA

Der 1948 wiedergegründete Verband für Arbeitsstunden und Betriebsorganisation REFA e. V. – Bezirksverband Remscheid widmet sich arbeitswissenschaftlichen Problemen bei der Arbeitsplatzgestaltung und dem optimalen Ablauf von Arbeitsvorgängen in der Produktion und im kaufmännischen Bereich. Diese Erkenntnisse ermöglichen die Bewertung von Leistungen der Mitarbeiter und bieten Entscheidungshilfen bei der Festsetzung von Löhnen und Gehältern. Damit ist „REFA" zu einem wichtigen Faktor für die Lohnfindung, aber ebenso für die Arbeitsplatzgestaltung geworden.

Als „Reichsverband für Arbeitsstudien" entwickelte sich REFA in den Jahren nach dem Ersten Weltkrieg; 1930 ergriff der Unternehmer Alfred Peiseler die Initiative zur Gründung eines Verbandes in Remscheid. Peiseler war auch einer der Initiatoren zur Neugründung, die am 20. April 1948 stattfand.

Der Jahresbericht 1951 des Arbeitgeber-Verbandes unterstrich bereits die Aktualität, die den Fragen der Arbeitsbewertung zukam: Die IG Metall hatte für ihre Funktionäre „Gewerkschaftliche Leitsätze" zu der Problematik herausgegeben. Die Spitzenorganisation der Arbeitgeberverbände hatte einen Ausschuß eingerichtet, der verschiedene Bewertungsverfahren prüfte und die Ergebnisse bald vorlegen wollte.

Alfred Peiseler (links)
im Gespräch mit Klaus
Corts und Jochen Mühlhoff

Zu den Aufgaben der örtlichen REFA-Verbände gehört die Aus- und Weiterbildung von REFA-Fachleuten für Arbeitsstudien und Betriebsorganisation in Lehrgängen und Seminaren. Gemeinsam mit REFA-Fachleuten wirken an der Durchführung von Kursen und Prüfungen Vertreter der Gewerkschaften und des Arbeitgeber-Verbandes mit.

In den paritätisch besetzten Organen des REFA-Verbandes Remscheid hat sich der Arbeitgeber-Verband von Anfang an engagiert; der Geschäftsführer nimmt das Amt des stellvertretenden Vorsitzenden im REFA-Bezirksverband Remscheid wahr.

Vorsitzende des Bezirksverbandes waren und sind aktive REFA-Fachleute aus Unternehmer- und Arbeitnehmerkreisen: von 1950 bis 1983 Dipl.-Ing. Karl Brüning, Geschäftsführender Gesellschafter der Firma G. Böker Sohn GmbH & Co. KG; seit 1983 Dipl.-Ing. Horst Liedtke, Technischer Aufsichtsbeamter der Maschinenbau- und Kleineisenindustrie-Berufsgenossenschaft.

BERUFSAUSBILDUNG

Neben der Tarifpolitik und der Mitwirkung in der Sozialen Selbstverwaltung bildet die Berufsausbildung traditionsgemäß einen weiteren großen Aufgabenbereich des Arbeitgeber-Verbandes. Er wirkte bereits in den zwanziger Jahren bei der Festlegung von Berufsbildern und der Abnahme von Prüfungen mit. So konnte im Mai 1951 der damalige Vorsitzende des Berufsausschusses, Alfred Peiseler, auf eine 25jährige Tätigkeit in diesem Bereich zurückblicken.

Wie sich die Zeiten ändern:
Am 5. Februar 1952 weist das Rundschreiben des Arbeitgeber-Verbandes auf eine förmliche Veränderung im Lehrverhältnis hin:

Nach § 127a der Gewerbeordnung ist der Lehrling der väterlichen Zucht des Lehrherrn unterworfen und dem Lehrherrn sowie demjenigen, welcher an seiner Stelle die Ausbildung zu leisten hat, zur Folgsamkeit und Treue, zu Fleiß und anständigem Betragen verpflichtet. § 127a Abs. 2 verbot in seiner bisherigen Fassung übermäßige und unanständige Züchtigungen sowie jede die Gesundheit des Lehrlings gefährdende Behandlung. Durch ein Bundesgesetz vom 27. Dezember 1951 ist § 127a Abs. 2 der Gewerbeordnung dahingehend geändert worden, daß jede körperliche Züchtigung des Lehrlings verboten ist.

In den vier Jahrzehnten seit Kriegsende haben sich die Aufgaben drastisch verändert. Als Gründe sind nur zu nennen die stark schwankenden Geburtenzahlen, die Verlängerung der Schulpflicht, nicht zuletzt die schnelle Einführung neuer Technologien und damit veränderte Anforderungen am Arbeitsplatz.

Daß es der Remscheider Industrie gelang, eine Vorreiterrolle in Fragen der Aus- und Weiterbildung einzunehmen, ist maßgeblich dem Wirken des Arbeitgeber-Verbandes und der Weitsicht engagierter Unternehmerpersönlichkeiten zu verdanken.

109

Die Gemeinschaftslehrwerkstatt –
Ausbildungszentrum der Industrie

„Gerade die Struktur der Remscheider Wirtschaft mit ihrer Vielzahl von kleineren und kleinsten Betrieben macht die Schulung des Nachwuchses für die Metallindustrie auf breiter Grundlage, die jedem Lehrling eine gediegene Grundausbildung, unabhängig von den teilweise beschränkten Möglichkeiten im Kleinbetrieb, sichert, zu einer nicht zu leugnenden Notwendigkeit. Hier handelt es sich um ein Kernproblem, denn zur Steigerung des Exportvolumens gehört auch die Steigerung der Qualitätsleistung, nicht zuletzt im Hinblick auf die wachsende Konkurrenzfähigkeit der süddeutschen Metallindustrie."

Gemeinschaftslehrwerkstatt / Ausbildungszentren der Industrie
an der Wüstenhagener Straße in Remscheid 1990

Was hier die Bergische Morgenpost in ihrer Ausgabe vom 7. Februar 1950 anschaulich umschreibt, ist eine Aufgabe, die über die Nachkriegsjahrzehnte hinaus nicht an Aktualität verloren hat. Dieser Aufgabe hat sich die Remscheider Industrie und der Arbeitgeber-Verband seither beharrlich und mit anhaltendem Engagement gestellt. Am Beispiel Berufsausbildung, ganz konkret an der Gemeinschaftslehrwerkstatt, zeigt sich die Kraft und die Fähigkeit der wirtschaftlichen Selbstverwaltung, flexibel und vorausschauend auf veränderte Anforderungen zu reagieren, in ungewöhnlich eindrucksvoller und erfolgreicher Weise.

Die Entwicklung der Gemeinschaftslehrwerkstatt demonstriert den Erfolg der in eigener Verantwortung geführten Ausbildung; dieser Erfolg setzte die Bereitschaft zum finanziellen Risiko und zu erheblichen Belastungen der Betriebe voraus. Das führt sehr konkret zu einer äußerst zweckmäßigen Einrichtung bei sparsamer Verwendung der Mittel, aber auch zu optimaler Nutzung der vorhandenen Geräte, Räume und des Personals. Nicht weniger wichtig ist die Einschätzung der weiteren Entwicklung, die die Entscheidungen der Gesellschafter und des Aufsichtsrates in vielen Situationen bestimmt hat.

In aller Deutlichkeit referiert die Bergische Morgenpost die Einschätzung der Lage 1950: Nur die großen Remscheider Betriebe konnten eigene Lehrwerkstätten unterhalten. Ein Drittel der Lehrlinge mußte sich mit dem Erlernen der Handfertigkeiten zufriedengeben, die im jeweiligen Kleinbetrieb gleichsam zufällig vermittelt wurden, „wenn ihnen nicht in der Gemeinschaftslehrwerkstatt eine umfassende Grundausbildung zum Facharbeiter vermittelt wird, die sie krisenfest und für ihr späteres Fortkommen unabhängig von kleinen Betrieben macht." Dies ist exakt die aktuelle Begründung für die Einrichtung der überbetrieblichen Ausbildungsstätten, deren Förderung und Modernisierung heute ein allgemein anerkannter Schwerpunkt der Berufsbildungspolitik ist.

Gemeinsam mit der Stadt

1950 reifte bei den Remscheider Arbeitgebern der Entschluß, die berufliche Ausbildung der Jugendlichen in eigene Regie zu nehmen und sich nicht länger auf städtische und staatliche Initiativen zu verlassen. Damit war das Ende einer rund 12jährigen Kooperation mit der Stadt Remscheid gekommen. Einen Rückblick auf diese Zeit gibt ein Vermerk vom 30. November 1949 des damaligen Geschäftsführers der Industrie- und Handelskammer, Dr. Ringel. Danach gehen die Überlegungen für eine systematische berufliche Ausbildung bis zum Jahre 1936 zurück, als die Industrie-Abteilung, die als Nachfolgerin des Fabrikantenvereins bezeichnet wird, Überlegungen für eine städtische Metallindustrieschule anstellte. Diese Schule sollte jährlich 110 Schüler aufnehmen können; neben dem Schulgeld wurde zur Finanzierung eine Umlage der eisen- und metallverarbeitenden Firmen von etwa ⅚ der Handelskammer-Umlage veranschlagt, 479 100 RM in Remscheid und 60 800 RM in Wermelskirchen, Radevormwald und Hückeswagen.

Schlosserei
7 Gruppen mit 222 Schraubstockplätzen
16 Ständerbohrmaschinen
3 Tischbohrmaschinen
1 Radialbohrmaschine
1 Spindelpresse
8 Doppelschleifböcke

Blechschlosserei
1 Tafelschere
1 Rundbiegemaschine
1 Abkantbank
1 Sickenmaschine
1 Bandsäge

Schweisserei
5 Autogenschweißplätze
5 Elektroschweißplätze
1 Brennschneidgerät

Dreherei
26 Drehmaschinen, teilweise mit Digitalanzeige

Schleiferei
2 Flachschleifmaschinen
2 Rundschleifmaschinen
2 Werkzeugschleifmaschinen
1 Schleifblock

Fräserei
21 Universalfräsmaschinen, mit Digitalanzeige
1 Deckel FP3NC mit Streckensteuerung

Stosserei
4 Waagerechtstoßmaschinen
1 Schleifblock

Unterweisungsräume
6 Unterweisungsräume mit Mobiliar für je 40 Auszubildende
sowie Video-Monitor und Overhead-Projektor
1 Videokamera
2 Videorecorder

Elektronikraum
18 Arbeitsplätze ausgestattet mit 9 Lötstationen, Oszilloskopen
und sonstigen Meß- und Arbeitsgeräten

SPS-Raum
10 BOSCH-Speicherprogrammierbare Steuerungen,
Handprogrammiergeräte

CNC-Programmierraum Drehen
10 NIXDORF-PC-AT mit 14"-Farbmonitor
4 Traub TX-8 Übungsplätze, Drucker DIN A4
KELLER-Schulungssoftware mit Online-Verbind
zu den Werkzeugmaschinen
jeweils 10 Original-Steuerungstastaturen
TRAUB TX-8, GILDEMEISTER EPL 2, SIEMENS 3
KELLER-Software GKE „Grafische-Kontur-Erstel
Micro-Sican „Maschinelles Programmiersystem

CNC-Maschinenraum Drehen
1 CNC-Drehmaschine TRAUB TND 360 mit Steuer
1 CNC-Drehmaschine INDEX GU 600 mit Steueru
mit gesteuerter C-Achse und angetriebenen We
1 CNC-Drehmaschine GILDEMEISTER CT 40 mit
Steuerung SIEMENS 810 T
1 DNC-Terminal
1 ZOLLER-Werkzeug-Voreinstellgerät V 600
1 Drucker/Lochstreifenleser-Stanzer-Kombination

Die Verhandlungen zwischen Stadt und Industrie zogen sich bis Oktober 1937 hin; am 8. Oktober 1937 lehnt Dr. Klingelnberg die Finanzierung der Schule durch die Industrie ab, weil das Sache von Stadt und Staat sei; zehn Tage später einigt man sich auf eine Regelung für 1937. Danach zahlten die Firmen Lohn und Schulgeld, die Kammer leistete einen Zuschuß von 11 000 RM, die als Zuschlag von 3 Prozent zum Kammerbeitrag erhoben wurden.

Man war unter Zeitdruck gekommen, weil bereits am 1. April 1937 der erste Lehrgang mit 110 Teilnehmern begonnen hatte – eine Halbjahres-Ausbildung; am 1. Oktober waren diese Lehrlinge bereits verabschiedet worden. Nicht nur die Finanzierung war bei Beginn ungeklärt gewesen; erst bei Halbzeit des ersten Lehrgangs, am 1. Juli 1937, hatte der Reichsminister für Erziehung, Wissenschaft und Volksbildung der Schule den Charakter einer Sonderfachschule verliehen. Diese Schule hatte drei Funktionen zu erfüllen: die sogenannte volle Lehrausbildung von einem halben Jahr; den Berufsschulunterricht und Abendkurse zur Fortbildung von Werkmeistern.

Die Sache kam nicht recht in Schwung; schon 1938 zieht die Industrie die Lehrlinge zurück, unter anderem auch deshalb, weil der Besuch nicht Pflicht für alle Lehrlinge war. Ein befriedigendes Ergeb-

RAMMIERRAUM FRÄSEN
- -PC-AT mit 14"-Farbmonitor einschl. Drucker
- rben-Plotter
- Schulungssoftware mit Online-Verbindung
- erkzeugmaschinen
- 0 Original-Steuerungstastaturen
- Dialog 3+4, HEIDENHAIN TNC 155, MAHO CNC 432
- can „Maschinelles Programmiersystem"

HINENRAUM FRÄSEN
- smaschine DECKEL FP 2 mit Steuerung Dialog 3+4
- smaschine RECKERMANN Primo mit Steuerung
- AIN TNC 155
- smaschine MAHO mit Steuerung CNC 432 mit
- erkzeugwechsler
- ninal

CNC-MASCHINENRAUM ERODIEREN
- 1 CNC-Drahterodierzentrum CHARMILLES Robofil 100
- 4 NIXDORF-PC-AT mit 14"-Farbmonitor einschl. Drucker
  und 6-Farben-Plotter
- Schulungssoftware „Drahterodieren" mit Online-Verbindung
  zur Maschine

CAD-UNTERWEISUNGSRAUM
Computerunterstütztes Zeichnen und Konstruieren
- 10 NIXDORF-PC-AT mit 12"-Monochrombildschirm und
  20"-Grafik-Farbbildschirm
- PC-draft Software für 2-Bildschirmversion
  für Maschinenbau und Elektrotechnik
- 1 Drucker DIN A3
- 1 Plotter DIN A0, 8 Farben

PNEUMATIK-WERKSTATT
18 FESTO-Arbeitsplätze mit Steuerungsvarianten
- Steuerung mit Leerrücklaufrollen
- Kaskadensteuerung
- Taktstufensteuerung
- Schrittschaltersteuerung
- Elektropneumatische Steuerung

HYDRAULIK-WERKSTATT
12 MANNESMANN-REXROTH-Arbeitsplätze
- Hydraulik
- Elektrohydraulik
- Proportionalhydraulik

PROBIERWERKSTATT
20 Schlosser-Arbeitsplätze für Mädchen und Jungen der
8./9. Klassen von Haupt- und Sonderschulen, die durch
aktive Arbeit eigene Erfahrung in den metallverarbeitenden
Ausbildungsberufen machen.

BERUFSINFORMATIONSRAUM
3 Bildplatten-Informationsplätze mit Filmen und
Schriftmaterial über gewerblich-technische
Ausbildungsberufe der Metall- und Elektroindustrie

nis war wohl auch nicht zu erreichen, da sich in der Diskussion um die
Schule zeigte, daß „die Begriffe durcheinander gehen und erhebliche
Mißverständnisse" bestehen, wie es im Rückblick heißt.

1939 konstituiert sich ein Kuratorium; an der 1. Sitzung
nehmen teil Direktor Haddenhorst, Hilger, Hentzen, Becker, Mühlhoff,
Peiseler und Knüttel. Die Herren Hilger und Knüttel legen jedoch bald
wieder ihre Ämter nieder; den Vorsitz des Kuratoriums behält bis
Kriegsende Herr Hentzen als Leiter der Industrieabteilung. Probleme
gibt es nicht nur um die Besetzung der Lehrwartstelle, sondern auch aus
grundsätzlichen Überlegungen. Die Industrieabteilung macht geltend,
daß die Ausbildung der Lehrlinge möglichst betriebsnah erfolgen sollte;
diese Auffassung vertritt auch der Wirtschaftsminister. Weitere Schwierigkeiten bereitet die Umlage, die 1939 auf 5 Prozent erhöht wird.

1943 wurde die Gemeinschaftslehrwerkstatt in der Schüt-
zenstraße bei einem Bombenangriff zerstört. Zwar wurde das Gebäude
„in primitivster Form von den Lehrlingen wieder aufgebaut und die zerstörten Maschinen wurden, soweit möglich, wieder in Ordnung ge-

bracht, aber die vor dem Angriff vorhandenen Möglichkeiten der gründlichen Ausbildung waren nicht mehr gegeben", wie es im Rundschreiben des Arbeitgeber-Verbandes vom 10. Dezember 1952 heißt.

Der unbefriedigende Zustand erforderte eine neue Initiative. Sie kam von der IHK. Am 1. August richteten Präsident Wolf und Hauptgeschäftsführer Dr. Ringel von der Bergischen Industrie- und Handelskammer zu Remscheid einen folgenreichen Brief an Oberstadtdirektor Mebus. Darin heißt es einleitend: „Seit Beendigung des Krieges ist die Belegung der Lehrwerkstatt äußerst unregelmäßig geworden und seit April 1949 derart gesunken, daß nur noch 12 Lehrlinge aus fremden Betrieben und 8 Praktikanten dort ausgebildet werden. Leider ist auch der Ausbildungsgrad nicht mehr erreicht worden, der vor dem Kriege bestand." Fazit: „Die der Lehrwerkstatt anvertraute Aufgabe kann also nicht mehr erfüllt werden."

Die Aufgabe aber stellte sich dringender als zuvor, denn die Wettbewerbsfähigkeit der deutschen Industrie, vor allem auch der heimischen, sei als ungünstig anzusehen. Was die Berufsausbildung angehe, so seien die Dinge in anderen Ländern inzwischen weiter gekommen; die Ausbildung eines Facharbeiterlehrlings „kann nur in einer Umgebung vor sich gehen, die alle Eigenschaften und Merkmale eines modern geführten Unternehmens besitzt." Eine grundlegende Reform sei nötig.

Was in diesem Schreiben anklingt, sollte sich als Triebfeder für einen Reformprozeß erweisen, der in den folgenden vierzig Jahren beharrlich vorangetrieben wurde und mit konsequenter Logik und zunehmender Dynamik zu einer der bundesweit bemerkenswertesten und fachlich renommierten beruflichen Ausbildungsstätte führte.

Zunächst einmal aber galt es, die Perspektiven zu bestimmen und Möglichkeiten zu ihrer Verwirklichung zu finden. Vier Jahre nach Kriegsende, ein Jahr nach der Währungsreform, fehlte es nicht an Aufbruchstimmung, aber die Realitäten zwangen zu nüchterner Einschätzung der ersten Schritte. Der Vorschlag der Kammer, gemeinsam mit dem Arbeitgeber-Verband und der Stadt eine GmbH zu gründen, führte zum Eklat und zur völligen Auflösung der bisherigen Zusammenarbeit. Eine Umfrage der Kammer zeigte, daß die befragten Firmen kein Interesse an der Lehrwerkstatt „unter den heutigen Voraussetzungen" hatten. Die Auflösung der Gemeinschaftslehrwerkstatt rückt nach einer Besprechung zwischen Stadt und Kuratorium in greifbare Nähe.

Die Suche nach einer Lösung, doch noch gemeinsam mit der Stadt etwas Neues zu schaffen, zieht sich durch die folgenden Monate hin; die Gewerkschaft taktiert mit wechselnden Standpunkten; eine gemeinsame Finanzierung ist nicht zu erreichen. Auch in den Zielsetzungen – mehr Schule oder mehr Werkstatt – kommt eine Annäherung nicht zustande. Schließlich und endlich scheitern die Überlegungen für einen Neubau, der nach gemeinsamer Ortsbesichtigung der Lehrwerkstatt von allen Beteiligten für notwendig gehalten wird, daran, daß die Stadt sich nicht entschließen kann, ein geeignetes Grundstück freizugeben. Im Frühjahr 1950 schloß die Gemeinschaftslehrwerkstatt, und damit endete dieses Kapitel der Zusammenarbeit von Stadt und Wirtschaft. Künftig ging man in der beruflichen Bildung getrennte Wege – die schulische Ausbildung in staatlicher und städtischer Regie, die betriebliche in der Verantwortung der Industrie.

Die Trennung vollzog sich zögernd; noch im Juni 1950 suchten die Herren Honsberg jr., Peiseler und Gruner vom Arbeitgeber-Verband mit Dr. Ringel und Ober-Ing. Gebhardt nach einer Möglichkeit, die Lehrwerkstatt zum 1. April 1951 wieder in Gang zu bringen. Aber die Trennung von der Stadt war nicht mehr rückgängig zu machen. Zwei Jahre später, am 1. April 1953, eröffnete eine neue Gemeinschaftslehrwerkstatt, nunmehr in alleiniger Verantwortung der Kammer und der Arbeitgeber.

GLW-Ausbildungszentrum der Industrie
Teilnehmerzahlen und Personal

Ausbildungs-jahr	Auszubildende		Umschulung für Erwachsene		Sonstige Lehrgänge, insbesondere Weiterbildung	Probier-schüler	Personal
	Grund-ausbildung	Lehrgänge 2.–4. Ausbildungs-jahr	Tages-lehrgänge	Abend-lehrgänge			
1953	89						5
1960	43						2
1966	82						5
1972	122		12	40	135		10
1973	128		17	45	71		10
1974	135		17	60	223		12
1975	143		16	50	210		12
1976	170		18	39	221		12
1977	180		24	39	251		13
1978	186		18	25	236		12
1979	189		26	25	219		14
1980	186		28	19	204		14
1981	183		20	–	254		14
1982	190		27	21	211		15
1983	237		30	21	330		16
1984	245		30	19	673		16
1985	254		15	28	709		16
1986	319	66	20	28	1176	802	16
1987	293	42	18	26	991	810	17
1988	267	150	17	53	733	767	19
1989	216	371	38	21	904	926	22
1990	238	*)	*)	*)	*)	*)	22

*) Teilnehmerzahl noch offen

Qualifikation wird immer wichtiger: Die Attraktivität der Ausbildung in Remscheid steigt

Die Gründung

„Die neue Lehrwerkstatt befindet sich im Betriebsgelände der Firma Josua Corts, Ronsdorfer Straße. Sie dient dazu, die Lehr- und Anlernlinge in alle praktischen Wissensgebiete und Handfertigkeiten ihrer Berufe einzuführen und ihnen damit eine Grundlage für die anschließende Ausbildung im Lehrbetrieb zu vermitteln.

Die technischen und räumlichen Einrichtungen sind auf drei Stockwerke verteilt. Im Kellergeschoß sind die hygienischen Anlagen untergebracht. Ein Stockwerk höher fanden in sauberer Ordnung die Werkbänke mit allem Zubehör Aufstellung. Auf gleicher Höhe befindet sich ein Raum für die Härterei und die Schweißerei. Schließlich stehen eine Etage darüber moderne Maschinen wie Drehbänke, Bohr- und Schleifmaschinen zur Verfügung. Geleitet wird die Werkstatt von Ingenieur Hall, dem vier Lehrgesellen zur Seite stehen." (Remscheider Generalanzeiger vom 1. April 1953)

Der Eröffnung war eine sorgfältige Vorbereitung vorausgegangen. Kammer und Arbeitgeber-Verband hatten sich auf einen Gesellschaftervertrag geeinigt, der am 19. April 1952 beurkundet wurde. Die Geschäftsführung übernahmen für den Arbeitgeber-Verband Ernst Gruner, für die Kammer Ober-Ing. Gebhardt; der Aufsichtsrat konstituierte sich am 20. Mai 1952. Ihm gehörten acht Mitglieder an: Friedrich Wilhelm Daum, Hermann Haas jr., Siegfried Klemp, Hermann Mühlhoff, Otto Neuroth, Alfred Peiseler, Hans Alfred Sieper und Gustav Albert Urbahn, der zum Vorsitzenden gewählt wurde. Der neunte Sitz, der dem Deutschen Gewerkschaftsbund zur Verfügung gestellt wurde, wird im Februar 1954 von Hans Kachelmeier besetzt.

Damit war das Geschäftsjahr 1952/53 eröffnet, und die Vorbereitungen kamen in Fahrt. Was man plante, erläutert das Rundschreiben 35/52 vom 10. Dezember 1952, mit dem der Arbeitgeber-Verband seinen Mitgliedern die bevorstehende Eröffnung anzeigt. Das Ausbildungsangebot umfaßt

für Lehrberufe Ausbildungsangebote von
12, 6 und 3 Monaten,
für Anlernberufe Ausbildungen von
6 und 3 Monaten.

Allen Beteiligten war klar, daß eine wesentliche Voraussetzung für den Erfolg in der Persönlichkeit des Ausbildungsleiters liegen werde. Hierfür wird der Ingenieur Josef Hall ausgewählt, der am 1. Januar 1953 den Dienst antrat und sachkundig die Entscheidungen für die Einarbeitung traf. Hall leitete die Werkstatt bis zum Jahresende 1969 und sorgte maßgeblich für das hohe Ausbildungsniveau und den Vorbildcharakter dieser Ausbildungsstätte.

Freude am Beruf
vermitteln die Ausbildungsleiter
der Gemeinschaftslehrwerkstatt:
Josef Hall von 1953 bis 1970;
Heinz Dahmen von 1970 bis 1985;
Udo Engels von 1985 bis 1988
und Winfried Leimgardt seit 1988

Zu den Entscheidungen im Vorfeld hatte schließlich die Ortswahl gehört. Die Planung für einen Neubau stieß auf erhebliche Schwierigkeiten; das Angebot der Firma Josua Corts, die Werkstatt in stillgelegten Teilen ihres Betriebsgeländes an der Ronsdorfer Straße unterzubringen, brachte eine praktikable Lösung.

Der Rechnungsabschluß, den die Geschäftsführer per 31. März 1953 über das erste Geschäftsjahr vorlegten, demonstriert anschaulich, nach welchen Schwerpunkten die Geschäftspolitik sich in den kommenden Jahren orientierte: Vom Gesamtvolumen in Höhe von 165 000 DM wurden 131 000 DM in Maschinen und andere Einrichtungsgegenstände investiert – die Portokosten schlugen mit 0,30 DM zu Buche. Für die Maschinenbeschaffung wurde ein einmaliger Zuschuß des Landes Nordrhein-Westfalen in Höhe von 50 000 DM und ein Darlehn der Kreditanstalt für Wiederaufbau in Anspruch genommen. Zur laufenden Finanzierung wurde von der Kammer eine Sonderumlage in Höhe von 3 Prozent des Gewerbesteuermeßbetrags erhoben; der Arbeitgeber-Verband beteiligte sich mit einem Zuschuß von 30 000 DM, für die Auszubildenden wurde von den Betrieben Lehrgeld gezahlt.

Anfangsschwierigkeiten ergaben sich bei der Finanzierung, als mehrere Betriebe Einspruch gegen die Erhebung der Sonderumlage erhoben, zum Teil, weil sie eigene Lehrwerkstätten unterhielten, zum Teil, weil sie nicht ausbildeten und deshalb kein Interesse an der Gemeinschaftslehrwerkstatt hatten. Die Gesellschafter beharrten zunächst darauf, daß alle Remscheider Betriebe an der Sicherung des Facharbeiter-Nachwuchses interessiert sein müßten, da die gesamte Industrie bei dem Facharbeitermangel Wert darauf legen müsse, den Nachwuchs „sowohl zahlenmäßig wie auch hinsichtlich der Güte der Ausbildung zu fördern" (Protokoll vom 4. Oktober 1955). Die Diskussion jedoch ging weiter; vom 1. April 1958 an wurde der Zahlungsmodus verändert: Die Kammer ermäßigte die Sonderumlage auf 2½ Prozent des Gewerbesteuermeßbetrages; der Arbeitgeber-Verband erhöhte seinen Zuschuß von 30 000 auf 50 000 DM; pro Lehrling wurde von den jeweiligen Firmen ein Unkostenbeitrag in Höhe von 40 DM monatlich erhoben.

Die Gemeinschaftslehrwerkstatt gewann schnell an Ansehen und Reputation. 89 Lehrlinge und Praktikanten nahmen am ersten Ausbildungsjahr teil, ebenso viele am folgenden; schon die Anmeldungen für das dritte Ausbildungsjahr überstiegen die Unterbringungsmöglichkeiten bei weitem; obwohl für 1955/56 die Zahl der Plätze auf 109 erhöht wurde, mußten viele Bewerber abgewiesen werden.

Der Trend hielt zunächst an, so daß der Jahresbericht für 1956 des Arbeitgeber-Verbandes bereits diskret auf mögliche Konsequenzen anspielt: „Sollten die von Jahr zu Jahr zunehmenden Anmeldungen weiter anhalten, wäre zu prüfen, ob und in welcher Weise eine Erweiterung der Ausbildungsstätte möglich ist."

Zu dem guten Ruf in der Öffentlichkeit trug nicht zuletzt eine intensive Öffentlichkeitsarbeit bei, von der die örtlichen Zeitungen ein anschauliches Bild geben. Allen voran der Remscheider Generalan-

Die von der IHK Remscheid nominierten Geschäftsführer der Gemeinschaftslehrwerkstatt Gerhard Müller von 1964 bis 1984; Klaus Strackbein seit 1984

zeiger und die Rheinische Post begleiten die Diskussion um die Lehrwerkstatt und bieten mit oft sehr ausführlichen Reportagen anschauliche Schilderungen des Lehrbetriebs. Dies war auch möglich, weil die Geschäftsführung auf Transparenz großen Wert legte; schon am Ende des ersten Ausbildungsjahres fand der inzwischen zur festen Tradition gewordene Tag der offenen Tür statt, mit einer Ausstellung der angefertigten Werkstücke und der schriftlichen Arbeiten der Lehrlinge.

Der Remscheider General-Anzeiger widmete dem Ereignis einen ausführlichen Bericht, der ein anschauliches Dokument für die Diskussionen 40 Jahre später darstellt. Die Zeitung zitiert den Ausbildungsleiter Hall ausführlich: „Etwa 30 der 48 Wochenstunden sind der praktischen Arbeit gewidmet, der Rest verbleibt für den theoretischen Unterricht. Hinzu kommen noch sechs Stunden in der Gewerbeschule. Die Voraussetzungen für diesen wie eigentlich für jeden Beruf sind solide Schulkenntnisse. Dazu kommen noch Sinn für Technik, Geschicklichkeit und ein waches Interesse. Wir bemühen uns, abseits von jeder stumpfsinnigen Büffelei dem jungen Facharbeiter die Freude an seinem Beruf zu vermitteln, ohne die jedes Schaffen letztlich sinnlos werden würde. Er soll nicht nur lernen, sondern mit- und weiterdenken, so daß seine Arbeit ihm nicht nur Erwerbsquelle, sondern Lebensaufgabe wird. Ist das erreicht, dann wird er in seinem Beruf immer Freude haben und wir brauchen keine Sorge um den Fortbestand des guten Rufes deutscher Wertarbeit zu haben."

Das eigene Haus

Die Grundlage war geschaffen, solide genug, um nicht nur aktuelle Schwierigkeiten zu überwinden, sondern den Blick für Erweiterungen, vor allem für ein eigenes Gebäude frei zu halten. Und das, obwohl die rückläufige Zahl der Schulabgänger Ende der fünfziger Jahre drastisch auf die Zahl der Auszubildenden in der Lehrwerkstatt durchschlug: 1959/60 sank die Zahl abrupt um mehr als ein Drittel auf 59, im folgenden Jahr sogar auf 38 Lehrlinge und fünf Praktikanten.

Just in dieser Zeit entschlossen sich die Gesellschafter zum Erwerb eines Grundstücks an der Wüstenhagener/Lenneper Straße. Am 5. März 1959 wurde der Kaufvertrag unterzeichnet, der Preis pro Quadratmeter lag bei 10 DM. Mit einer Fläche von 5600 Quadratmetern verfügte die Gemeinschaftslehrwerkstatt GmbH nunmehr über ein Grundstück, das Platz genug bot fürs eigene Haus und etwaige Erweiterungen.

Dazu sollte es schon bald kommen. Ende 1964 war erkennbar, daß die Entwicklung wieder aufwärtsging: Ein erheblicher Strom von auswärtigen Lehrlingen war für 1965 und die folgenden Jahre zu erwarten, da das Interesse der auswärtigen Firmen wuchs. Vor allem nahm insgesamt die Ausbildungsbereitschaft wesentlich zu: Immer mehr Jugendliche absolvierten eine Lehre in einem anerkannten Ausbildungsberuf.

Der Bau wurde nach Entwürfen der Architekten Korthaus und Kleinwort vom Ingenieur-Büro Rhein-Ruhr ausgeführt, zur Finanzierung waren 700 000 DM aus Eigenmitteln sowie 1,5 Millionen DM als Darlehen aus Mitteln des Leistungsförderungsgesetzes vorgesehen. Im Oktober 1966 wurde mit dem Bau begonnen, am 20. April 1967 war Richtfest, der Unterricht konnte am 1. Dezember 1967 aufgenommen werden; die offizielle Eröffnung fand nach Beendigung aller Restarbeiten am 2. April 1968 statt.

Das neue Gebäude umfaßte drei Komplexe: Zum einen die eigentliche Werkstatt. Sie wurde für 120 Ausbildungsplätze auf einer Fläche von 1260 qm angelegt. Zu ihr gehörten Dreherei, Hobelei, Fräserei, Schmiede und Härterei sowie die Ausbildung von Elektrikern. Der zweite Komplex war für den Unterricht bestimmt. Er umfaßte zwei Klassenräume, Speise- und Vortragssaal, Umkleide-, Wasch- und Duschräume, Vorbereitungsräume für den Leiter und die Ausbilder. Zum dritten Komplex gehörten eine Hausmeisterwohnung und Garagenplätze.

Der Schritt aus den gemieteten Räumen der Firma Josua Corts in das eigene Werkstattgebäude machte eindrucksvoll klar, wie sehr der Ausbildungsstandard bei den Betrieben und über den Remscheider Raum hinaus anerkannt war, so daß begründete Erwartungen für die weitere günstige Entwicklung bestanden. Der Einzug ins eigene Gebäude bewies aber auch den wirtschaftlichen Erfolg. Die Gemeinschaftslehrwerkstatt GmbH hatte mit Gewinn gearbeitet und war im 15. Jahr ihres Bestehens in der Lage, stattliches Eigenkapital für den Neubau einzusetzen.

Für den künftigen wirtschaftlichen Erfolg waren nun neue Rahmenbedingungen zu schaffen. Eine erste Wirtschaftlichkeitsberechnung kam auf ein Ausgabenvolumen von jährlich etwa 400 000 DM. Das Defizit, das zunächst zu erwarten war, übernahm der Arbeitgeber-Verband; um dieses Defizit „in Grenzen zu halten", beschloß der Aufsichtsrat im Juli 1967, die Gebühren zu erhöhen, die die Betriebe pro auszubildenden Lehrling zahlten. Diese Gebühren lagen seit 1954 unverändert bei 40 DM monatlich. Der Aufsichtsrat wog das Für und Wider einer Gebührenerhöhung ausführlich ab, verzichtete auf die vorgeschlagene Verdoppelung des Satzes und beschloß eine Erhöhung um 20 auf 60 DM; von Firmen, die sich nicht an der Kammerumlage beteiligen, sollte fortan der doppelte Satz erhoben werden. Diese Entscheidung hat sich als richtig erwiesen – die von nun an jährlich angehobenen Gebührensätze wurden von den Betrieben akzeptiert und taten der Ausbildungsbereitschaft keinen Abbruch.

Die Aufsichtsratsitzung vom 19. Juli 1967 erhält noch wegen eines anderen Tagesordnungspunktes eine besondere Bedeutung. Angesichts der Bemühungen der Arbeitsverwaltung, Umschulungskurse für Berufstätige und Arbeitslose aus Berufen mit wenig Zukunftschancen einzurichten, rückte ein neues Arbeitsfeld in den Vordergrund: Umschulungskurse, Sonderkurse für In- oder Ausländer, Fortbildungen unterschiedlichster Art sollten künftig zu einem immer wichtigeren Bestandteil der Arbeit werden.

Zunächst allerdings beurteilte der Aufsichtsrat diese Perspektive sehr nüchtern. Die Zustimmung zum ersten Umschulungskurs wurde abhängig gemacht von fünf Voraussetzungen:

1. genügend freie Ausbildungsplätze,

2. keine Bedenken wegen Jugendschutzbestimmungen,

3. getrennte Lehrkräfte für diesen Kursus,

4. Umschulungen nicht nur zum Dreherberuf, sondern auch zu den Berufen Fräser und Universalschleifer,

5. keine Steuerschädlichkeit für die Gemeinschaftslehrwerkstatt.

Die Bedenken des Jahres 1967 waren bald zerstreut; fünf Jahre später kann der Jahresbericht für 1972 als Tätigkeiten der Lehrwerkstatt festhalten: 122 Lehrlinge des ersten Ausbildungsjahres in den Berufen Maschinenschlosser, Betriebsschlosser, Werkzeugmacher, Dreher, Kraftfahrzeugschlosser, Teilezurichter, Fräser, Automateneinrichter, Modellschlosser, Werkstoffprüfer, Starkstromelektriker, Elektromechaniker, Elektromaschinenbauer, Technische Zeichner und Praktikanten.

Ferner: Ein berufsbegleitender Lehrgang für die Berufe Werkzeugmacher, Maschinenschlosser, Betriebsschlosser, Dreher, Universalfräser führte 32 Teilnehmer zur Facharbeiterprüfung; 6 Teilnehmer wurden in einer Tagesumschulung auf die Facharbeiterprüfung vorbereitet; berufsbegleitende Umschulung für 45 Teilnehmer, davon 22 ausländische Gastarbeiter; 12 Sonderschüler wurden in einem einjährigen Kurs zur Berufsreife geführt, davon konnten 4 die Lehre für einen Ausbildungsberuf, 7 für einen Anlernberuf aufnehmen.

Abschließend stellte dieser Jahresbericht mit Genugtuung fest: „Die gewerbliche Berufsausbildung wird immer mehr zum zentralen Thema der bildungspolitischen Diskussion und zum Mittelpunkt der Reformen im Bereich der Berufsausbildung. Der Verband kann für sich in Anspruch nehmen, mit der Gemeinschaftslehrwerkstatt, die eine der modernsten überbetrieblichen Lehrwerkstätten in der Bundesrepublik ist, einen wesentlichen Beitrag zu einer fortschrittlichen Berufsausbildung zu leisten."

Der Anbau

Investitionen, die sich auszahlten. Das gute wirtschaftliche Ergebnis des Geschäftsjahres 1973 – mit einem Gewinn von 115 000 DM – führt Assessor Gentges in der Aufsichtsratssitzung vom 11. Juni 1974 auch auf die intensive Ausnutzung der Werkstatt durch Kurse für Um- und Förderschüler zurück, die von der Arbeitsverwaltung finanziert wurden. Aber nicht genug damit: Zusätzlich zu der Ausbildung tagsüber wurden im Berichtsjahr 1973/74 circa 300 Veranstaltungen abgehalten, darunter Meisterkurse, Facharbeiterlehrgänge, Vorträge des VDI, REFA etc. Hierdurch sei die Kapazität des Schulungsgebäudes zeitweilig bis an die Grenze ausgelastet worden, vermerkt das Protokoll.

Erneut stellt sich die Frage nach Erweiterung der Ausbildungskapazität. Zunächst einmal im eigentlichen Bereich: Für das Ausbildungsjahr 74/75 melden die Betriebe erheblich mehr Lehrlinge an, als Ausbildungsplätze vorhanden sind. Trotz provisorischer Ausweitung der Kapazität auf 136 Plätze mußten auch Lehrlinge von Betrieben, die umlagepflichtig sind, abgewiesen werden.

Die Lösung der Kapazitätsprobleme jedoch ist nicht im Abbau von Kursen und in der Zurückweisung von Interessenten, sondern nur durch Schaffung neuer Ausbildungskapazitäten zu suchen –

Vom ungelernten Arbeiter
zum Facharbeiter in der Metallindustrie

**Facharbeiter mit einer abgeschlossenen
Facharbeiterprüfung werden überall
und immer gesucht. Sie sind krisenfest.**

Vorbereitung auf die Facharbeiterprüfung als Betriebsschlosser

Die Gemeinschaftslehrwerkstatt führt in Kürze einen berufsbegleitenden Lehrgang durch, in welchem Arbeiter der Metallindustrie, die noch keinen Berufsabschluß besitzen, den Facharbeiterbrief eines Betriebsschlossers durch Ablegung einer Prüfung vor der Industrie- und Handelskammer erwerben können.

Voraussetzung ist, daß die Teilnehmer bisher mindestens $3\frac{1}{2}$ Jahre einschlägig in der Metallindustrie tätig gewesen sind und somit praktische Erfahrungen mitbringen.

Der Lehrgang zur Vorbereitung auf die Facharbeiterprüfung zum Betriebsschlosser erstreckt sich über 18 Monate. Die wöchentliche Schulzeit beträgt 12 Stunden (7 Werkstattstunden und 5 Unterrichtsstunden) außerhalb der Arbeitszeit. Auf diese Weise braucht der bisherige Arbeitsplatz im Gegensatz zu den üblichen Tageslehrgängen nicht aufgegeben zu werden.

Die Gebühren für den Lehrgang, der sich über $1\frac{1}{2}$ Jahre erstreckt, trägt das Arbeitsamt. Ebenso werden die Lernmittel und gegebenenfalls die Fahrtkosten sowie die Arbeitsausrüstung unentgeltlich für den Lehrgang zur Verfügung gestellt.

Die Teilnehmer erleiden daher durch den Lehrgang finanziell keine Einbuße.

Auskunft erteilt die

**Gemeinschaftslehrwerkstatt der Remscheider
Eisen- und Metallindustrie GmbH**

563 Remscheid
Elberfelder Straße 77
Telefon 47281

Anmeldeformulare liegen dort zur Abholung bereit.

Anmeldeschluß: 1. April 1969

Die GLW engagiert sich schon 1969 für die Umschulung von Deutschen und Ausländern

diese Auffassung bestimmt die weitere Diskussion. Remscheid darf nicht und will nicht sein fortschrittliches Image in Sachen Berufsbildung aufs Spiel setzen.

Anderes kommt hinzu. Neue Anforderungen an die Ausbildung machen Erweiterungen notwendig; zunächst einmal sind die Bereiche Hydraulik, Pneumatik, Elektronik zu ergänzen. In den folgenden Jahren sollte die technische Entwicklung noch erhebliche weitgehendere Anforderungen an die Ausstattung stellen.

Bereits im Oktober 1974 wird der Entschluß gefaßt, durch einen Anbau an das erst sieben Jahre bestehende Gebäude die Gemeinschaftslehrwerkstatt um 45 Ausbildungsplätze zu erweitern. Die Baukosten belaufen sich auf 1,55 Millionen DM, die Kosten für die Einrichtung auf 750 000; an Eigenkapital wurden vom Arbeitgeber-Verband und der Gemeinschaftslehrwerkstatt ingesamt 570 000 DM eingesetzt. „Diese nicht geringen finanziellen Anstrengungen der hiesigen Industrie werden in Zukunft sich auch fortsetzen durch die naturgemäß höheren Unterhaltungskosten des vergrößerten Gebäudes", ergänzt der Aufsichtsratsvorsitzende Sieper beim Richtfest am 7. Januar 1976.

Die Eröffnung fand am 21. Mai statt. Zu besichtigen war die neue, mit modernsten Maschinen ausgerüstete Werkstatt beim Tag der offenen Tür am 29./30. Januar 1977, der ganz im Zeichen des 25jährigen Bestehens der Gemeinschaftslehrwerkstatt GmbH stand.

Diese 25 Jahre waren gekennzeichnet von einer konsequenten Berufsbildungspolitik, vom Engagement der Industrie des Remscheider Raums wie auch immer wieder vom persönlichen Engagement einzelner. Zwei Mitgliedern des Aufsichtsrates war es vergönnt, vom

Besuch des Landesarbeitsamtes und der Landesregierung von Nordrhein-Westfalen
in der Probierwerkstatt
von links nach rechts: Schulrat Gerd Kaimer Remscheid, Präsident Olaf Sund LAA Düsseldorf,
Staatsministerin Ilse Ridder-Melchers Landesregierung Düsseldorf, Klaus Strackbein,
Bertram Gentges, Irmgard Clemen Arbeitsamt Solingen –
im Vorder- und Hintergrund Probierschülerinnen und -schüler der Hauptschule Rosenhügel

Beginn an die 25jährige Entwicklung maßgeblich mitzugestalten: Hans Alfred Sieper, seit 1966 Vorsitzender des Aufsichtsrates, und Friedrich Wilhelm Daum.

Die Probierwerkstatt

Die Turbulenzen der ausgehenden siebziger und achtziger Jahre spiegeln sich auch in der Remscheider Berufsbildung wider. So gab es eine Reihe von Veränderungen der Rahmenbedingungen, mit denen sich die Betriebe auseinanderzusetzen hatten. Der Kultusminister des Landes Nordrhein-Westfalen führte zum Schuljahr 1977/78 das Berufsvorbereitungsjahr ein. Nach dieser „Verordnung für die Blockbeschulung für Jugendliche ohne Ausbildungsverhältnis" wird der Unterricht in der Berufsschule für Schüler, die keine berufliche Ausbildung begonnen haben, als Vollzeitunterricht im ersten Jahr der Berufsschulpflicht zusammengefaßt. Vor Einführung des 10. Pflichtschuljahres in Nordrhein-Westfalen zum Schuljahr 1980 setzte sich die Vertretung der Arbeitgeber nachdrücklich dafür ein, das kooperative Berufsgrundbildungsjahr als eine der berufsbildenden Alternativen anzuerkennen.

*Wandel in der Ausbildung:
Handwerkliches Können in den
sechziger Jahren . . .*

Auf die Verlängerung der Schulpflicht und Sorgen um die Belegzahlen folgte eine Phase der bislang höchsten Nachfrage nach Lehrstellen; unmittelbar darauf zwingt der drohende Facharbeitermangel zu ganz neuen Wegen, um für Berufe im Metallbereich zu werben.

Verantwortung gegenüber den Jugendlichen und Sorge um gut ausgebildeten Nachwuchs, der auch im Zeitalter der neuesten Techniken konkurrenzfähig ist, kennzeichnen diese Phase der Gemeinschaftslehrwerkstatt. Anschaulich dokumentiert eine Bilanz des Arbeitgeber-Verbandes die Schwierigkeiten der Ausbildungsplatzsituation 1984 und die Bemühungen um ihre Lösung: Die Mitgliedsfirmen steigerten in den gewerblich-technischen Industrieberufen die Zahl der Ausbildungsplätze um 7,8 Prozent, obwohl sie ihr Angebot ein Jahr zuvor bereits um 22 Prozent erhöht hatten; in den kaufmännischen Berufen lagen die Steigerungsraten 1984 bei 14,2 Prozent, 1983 bei 19,8 Prozent. Ergebnis 1984: 21 Plätze blieben unbesetzt, nur 10 Bewerber fanden keinen Ausbildungsplatz. Hier trat die Gemeinschaftslehr-

*. . . in den achtziger Jahren
tritt neben die Ausbildung
an der Werkbank der
Umgang mit der Mikroelektronik*

werkstatt in Aktion und fand auch für die letzten fünf Jugendlichen, die
tatsächlich noch eine Ausbildungsstelle suchten, aufgrund ihrer indivi-
duellen Schwierigkeiten aber noch nicht hatten vermittelt werden können, in Zusammenarbeit mit dem Arbeitsamt angemessene Lösungen.
Stolzes Remscheider Fazit in einer bundesweit kritischen Situation: „Es
konnte erreicht werden, daß auch im Jahre 1984 alle interessierten und
geeigneten Bewerber für gewerblich-technische Industrieberufe – wie
in den vergangenen Jahren – mit Ausbildungsmaßnahmen versorgt werden konnten."

Schon zwei Jahre später, im Mai 1986, hat sich die Lage
bereits wieder verändert: Die Gemeinschaftslehrwerkstatt lädt zum Pres-
segespräch ein. Das Thema: Drohender Facharbeitermangel und neue
Wege zur Image-Verbesserung der Metall- und Elektroberufe. Geschäftsführer Gentges erläutert wenige Tage später schriftlich der Stadt
Remscheid ein Vorhaben, das zum Novum in der Bundesrepublik werden sollte: die Einrichtung einer „Probierwerkstatt", die den Schülern

127

der Remscheider Schulen Gelegenheit geben soll, eine Woche lang durch praktische Tätigkeiten die Metall- und Elektroberufe kennenzulernen, die in der Remscheider Industrie angeboten werden. Ziel dieser Einrichtung ist es, ein wirksames Instrument zu schaffen, um „junge Menschen rechtzeitig bei der Berufswahl so zu informieren, daß sie die Chancen des Facharbeiterberufs in den gewerblich-technischen Industrieberufen erkennen". Dabei gilt es in besonderer Weise, auch die Mädchen an diese Berufe heranzuführen. Eine Aufgabe, die nicht nur im Interesse der Industrie, sondern der Gemeinschaft insgesamt liegt.

Beste Werbung für eine Ausbildung ist ihre Qualität. Die Ausbildung, soll sie sich an den Anforderungen der kommenden Jahre und Jahrzehnte eines Berufslebens messen lassen, muß auch die neuen Technologien und neuen Arbeitsbedingungen mit einbeziehen. Und das bringt, neben anderem, Anforderungen an mehr Raum. Die elektronisch gesteuerten Maschinen brauchen nicht nur angemessen eingerichtete Räume, sie brauchen vor allem auch wesentlich größere als die herkömmlichen Werkbänke. Zusammen mit der starken Nachfrage nach immer neuen Ausbildungsangeboten entstanden wieder Kapazitätsprobleme – die Einsicht, daß die Lehrwerkstatt mehr Raum und verbesserte technische Anlagen brauchte, reifte Mitte der achtziger Jahre.

Das Ausbildungszentrum der Industrie

Der bislang jüngste Abschnitt der Remscheider Berufsausbildung steht unter einem zusätzlichen Namen: Was nun geplant und in kurzer Bauzeit ausgeführt wurde, war nicht ein weiterer Anbau, sondern ein selbstbewußtes „Ausbildungszentrum der Industrie", ein städtebaulicher Akzent, den der Architekt, Professor Hartmann, setzte, mit verschieferten, zwei und drei Geschoß hohen Türmen, und einem eingeschossigen Hallentrakt dazwischen. Hier fand nun Platz, was die Zeit verlangte, Ausbildung, Qualifizierung auf allen Stufen und zu allen Tageszeiten. Berufliche Bildung der Jugendlichen, Umschulung, Förderkurse, „Schnupperlehre" für Schulklassen am Tage, Weiterbildung und Fortbildung, Vorträge am Abend und Wochenende. Die neuen Technologien im CNC- und in anderen verwandten Bereichen waren installiert, nicht zuletzt die Probierwerkstatt, mit der die Remscheider Industrie wieder einmal zum Vorreiter auf dem neuen Gebiet der Berufsinformation wurde.

Das Ausbildungszentrum wurde auf eigenem Grund und Boden errichtet; das Grundstück an der Wüstenhagener/Lenneper Straße, 17 Jahre zuvor erworben, bot Platz genug, um das harmonische Nebeneinander von Gemeinschaftslehrwerkstatt und Ausbildungszentrum zu ermöglichen. Die Baugeschichte ist kurz: Nachdem im März 1986 der Vorstand des Arbeitgeber-Verbandes seine Zustimmung ge-

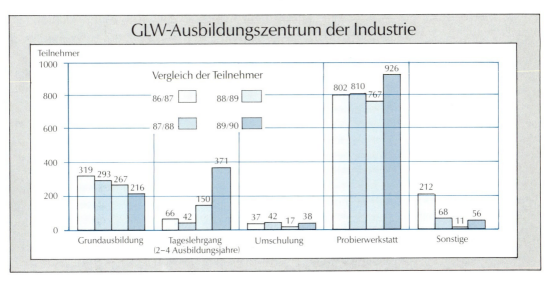

GLW-Ausbildungszentrum der Industrie

Vergleich der Teilnehmer

86/87 □ 88/89 □
87/88 □ 89/90 □

Zahlen sprechen für sich: Ausbildungsstunden in der Gemeinschaftslehrwerkstatt 1989/90 und wie sich die Gruppe der Teilnehmer seit 1986 entwickelt hat

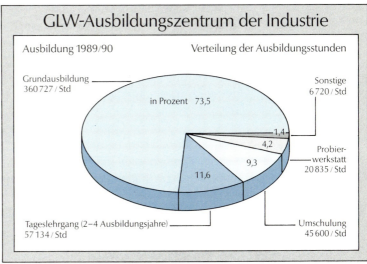

GLW-Ausbildungszentrum der Industrie

Ausbildung 1989/90   Verteilung der Ausbildungsstunden

Grundausbildung
360 727 / Std

Sonstige
6 720 / Std

in Prozent 73,5

1,4
4,2

Probier-
werkstatt
20 835 / Std

9,3

11,6

Umschulung
45 600 / Std

Tageslehrgang (2–4 Ausbildungsjahre)
57 134 / Std

geben hatte, konnte bereits im Oktober der Grundstein gelegt werden; am 1. September 1987 wurden die ersten bezugsfertigen Räume in Betrieb genommen; die offizielle Eröffnung fand am 1. Februar 1988 statt.

Die Kosten des Neubaus – einschließlich der Herrichtung des Grundstücks und der Parkplätze – beliefen sich auf circa 3,5 Millionen DM, die Kosten für die Einrichtung auf weitere 3,5 Millionen. Den Neubau finanzierte der Arbeitgeber-Verband aus Eigenmitteln; die Einrichtung wurde zu 15 Prozent aus Mitteln der Gemeinschaftslehrwerkstatt finanziert, 65 Prozent der Kosten übernahm das Bundesministerium für Bildung und Wissenschaft, 20 Prozent das Ministerium für Wirtschaft, Mittelstand und Technologie des Landes Nordrhein-Westfalen. Das Konzept, das zwei Jahre zuvor Assessor Gentges dem Vorstand des Arbeitgeber-Verbandes vorgeschlagen hatte, war Realität geworden.

Dr. Fricke, Vorsitzender des Arbeitgeber-Verbandes, konnte bei der Eröffnung vor den Vertretern von Bund, Land, Stadt und Wirtschaft feststellen: „Wenn alle Räume eingerichtet sind, werden wir den vielfachen Anforderungen einer modernen und zukunftsgerechten Ausbildung in den gewerblichen Metall- und Elektroberufen voll gerecht werden."

Pädagogischer Beirat

Ist die Einrichtung der „Probierwerkstatt" eine Remscheider Spezialität, um Jugendlichen sehr früh Gelegenheit zu geben, ihre praktischen Anlagen auszuprobieren, so war 1970 das Schülerpraktikum vom Kultusminister Nordrhein-Westfalens unter einem anderen Vorzeichen eingeführt worden: Im Praktikum werden Schülerinnen und Schüler in Betrieben am Ort unter Aufsicht des Lehrers über die jeweiligen Berufe und deren Anforderungen eingehend informiert. Die Schülerpraktika sind Bestandteil des Faches Arbeitslehre und somit schulische Veranstaltungen. Der Arbeitgeber-Verband begrüßte diese Initiative des Kultusministers nachdrücklich und warb bei seinen Mitgliedern für die Idee und für die Bereitstellung von Praktikumsplätzen.

Für die Organisation der anfänglich zweiwöchigen, inzwischen dreiwöchigen Betriebspraktika ist ein Pädagogischer Beirat zuständig, der sich auch um die zu vermittelnden Inhalte des Praktikums kümmert. Dem Pädagogischen Beirat gehören Pädagogen, Vertreter des Schulamts und der Gewerbeaufsicht, der Industrie- und Handelskammer und der Handwerkskammer sowie der Wirtschaftsverbände an. Der Arbeitgeber-Verband unterstützt seit Gründung des Beirats die Arbeit und ist durch den Geschäftsführer vertreten.

Die positiven Erfahrungen sicherten inzwischen die Bereitschaft der Betriebe, Praktikumsplätze für Schüler in ausreichender Zahl zur Verfügung zu stellen; aber auch in den Schulen ist das Interesse so groß, daß sich nunmehr der Kreis der Praktikanten aus Schülern aller Schularten, also auch des Gymnasiums, zusammensetzt. Dies stellt neue Aufgaben für den Pädagogischen Beirat.

Mit dem Schulpraktikum konnten die Beziehungen zwischen Schule und Wirtschaft vor Ort wirkungsvoll vertieft werden; gegenseitige Berührungsängste sind heute überwunden. Dies gilt nicht nur für die verordneten Betriebserkundungen der Schüler. Ein Pilotprojekt besonderer Art kam Anfang 1989 zustande, als eine Realschullehrerin ihrerseits ein Betriebspraktikum absolvierte, das ihr, wie die Bergische Morgenpost berichtet, „ganz neue Einblicke" in die Berufswelt der Remscheider Metallindustrie verschaffte.

Arbeitskreis Arbeitsmarktfragen

Der Mangel an qualifizierten Facharbeitern wirkt sich mittelbar auch auf viele Bereiche außerhalb der Betriebe aus. Für den Wirtschaftsstandort Remscheid hat sich deshalb auf Initiative des Rates der Stadt ein Arbeitskreis Arbeitsmarktfragen konstituiert. Ihm gehören Mitglieder des Ratsausschusses für Wirtschaft, Mitarbeiter des städtischen Amtes für Wirtschaftsfragen und des Arbeitsamtes, Vertreter der Industrie- und Handelskammer, des Arbeitgeber-Verbandes und der Gewerkschaften an. Gemeinsam werden hier arbeitsmarktpolitische Maßnahmen im kommunalen Bereich beraten, um die bestehenden Engpässe auf dem Arbeitsmarkt zu überwinden.

Dazu gehören gegenwärtig Bemühungen, bislang wenig oder ungenutzte Reserven für den Arbeitsmarkt zu aktivieren. So bestehen für Mädchen und junge Frauen gute berufliche Perspektiven in technisch-gewerblichen Berufen. Denn noch immer konzentrieren sich zu viele Berufswünsche der Mädchen auf wenige sogenannte „Frauenberufe", in denen die beruflichen Aussichten weniger günstig sind. Auch hat die Technisierung zahlreiche Tätigkeiten im technisch-gewerblichen Bereich für Frauen attraktiv gemacht.

Insgesamt kommt der Information über die beruflichen Möglichkeiten in der Metallindustrie eine große Bedeutung zu. Gelegenheit zu frühzeitigem Kennenlernen der Tätigkeiten und Ausprobieren der eigenen Fähigkeiten bietet die „Probierwerkstatt", die in Zusammenarbeit mit der Gemeinschaftslehrwerkstatt entwickelt worden ist.

Die „Tage der beruflichen Bildung" – eine weitere Informationsveranstaltung – haben sich als besonders publikumswirksam erwiesen. Auf diesem „Markt der beruflichen Möglichkeiten" bieten Ausstellung und Vortragsveranstaltungen Gelegenheit, sich über die Entwicklungen am Arbeitsplatz zu orientieren, die sich im Zusammenhang mit der zunehmenden Technisierung vollziehen.

Im Arbeitskreis Arbeitsmarktfragen wirkt der Arbeitgeber-Verband durch seinen Geschäftsführer mit.

BETRIEBSARZTZENTRUM

Auf Initiative des Arbeitgeber-Verbandes wurde Ende 1974 der Verein Betriebsarztzentrum von Remscheid und Umgebung gegründet, in dem sich zunächst 30 Mitgliedsfirmen zusammenschlossen, um gemeinsam ein Arztzentrum einzurichten und zu betreiben. Anlaß zu dieser Gründung gab das „Gesetz über Betriebsärzte, Sicherheitsingenieure und andere Fachkräfte für die Arbeitssicherheit", das am 1. Dezember 1974 in Kraft trat.

Danach mußten Betriebe mit mehr als 50 Beschäftigten eigene Betriebsärzte einstellen oder sich einer überbetrieblichen Versorgung anschließen. Seit 1. Oktober 1981 gilt die Bestimmung, daß bereits Betriebe mit mehr als 30 Mitarbeitern sich werksärztlich versorgen lassen müssen.

Das Gesetz, das schon von seiner Bestimmung her die betriebsärztliche Tätigkeit mit den Erfordernissen der Arbeitssicherheit in engen Zusammenhang stellt, verpflichtet die Arbeitgeber, Betriebsärzte zu bestellen, um alle Fragen des Gesundheitsschutzes und der Unfallverhütung im Betrieb gemeinsam mit Sicherheitsfachkräften zu bearbeiten. Die betriebsärztliche Betreuung erstreckt sich somit über die Betreuung des einzelnen Arbeitnehmers hinaus auch auf die Gestaltung des Arbeitsplatzes und auf Maßnahmen zur Vermeidung von gesundheitlichen Schädigungen im Betrieb.

Die Aufgabe ist nicht neu; Gesundheitsgefährdungen am Arbeitsplatz beschäftigen die Ärzte seit langem; bereits im 19. Jahrhundert wurden Ärzte im Bergbau und in der chemischen Industrie eingestellt. Aus der Entwicklung zum modernen Industriestaat zog der Bundestag die Konsequenz, entsprechend den Vorstellungen von Arbeitgebern und Arbeitnehmern die Tätigkeit des Betriebsarztes gesetzlich zu regeln.

133

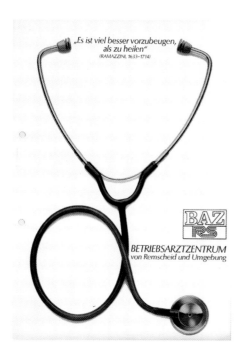

„Es ist viel besser vorzubeugen, als zu heilen"
(RAMAZZINI, 1633–1714)

BETRIEBSARZTZENTRUM
von Remscheid und Umgebung

Gesundheit für die Mitarbeiter:
Das Betriebsarztzentrum von
Remscheid und Umgebung

Die unmittelbare Betreuung der Mitarbeiter umfaßt folgende Aufgaben:

Einstellungsuntersuchungen im Hinblick auf die körperliche Kondition des Mitarbeiters für den vorgesehenen Arbeitsplatz,

Untersuchung gefährdeter Mitarbeiter in Problembereichen der Unternehmen wegen der Auswirkung von Lärm, Abgasen, Stäuben, Giften etc.,

Untersuchungen über die verminderte Leistungsfähigkeit aus medizinischen Gründen und die Notwendigkeit von Umsetzungen von Mitarbeitern (Absicherung älterer Mitarbeiter im Rahmen der tarifvertraglichen Vorschriften),

Schutzimpfungen: Grippe, Hepatitis (vor Auslandsaufenthalten) und ähnliches,

Kontaktaufnahme mit den behandelnden Hausärzten, da therapierende Maßnahmen durch den Betriebsarzt nicht vorgenommen werden.

Zu den allgemeinen Aufgaben der Beratung gehören:

Analysen von Arbeitsplätzen im Hinblick auf ergonomische und gesundheitliche Gesichtspunkte,

Beratung von Unternehmen in diesen Fragen bei der Gestaltung von neuen Arbeitsplätzen oder der Einrichtung mit neuen Maschinen und

Ausrüstungen, vor allem im Hinblick auf mögliche Gefahren durch chemische oder toxologische Stoffe,

Teilnahme an Sitzungen des Sicherheitsausschusses der Betriebe und Begehung der Betriebe und Besichtigung von Arbeitsplätzen.

Über den Umfang und die Vielfalt der Tätigkeiten innerhalb eines Jahres vermittelt die Übersicht über die Arbeit des Remscheider Betriebsarztzentrums vom 1. Mai 1989 bis 18. Mai 1990 einen anschaulichen Eindruck:

Einstellungen	1 584
Arbeitsplatzüberwachungen	82
Arbeitsmedizinische Vorsorgeuntersuchungen	1 757
Prüfung der Einsatzfähigkeit	223
Prüfung auf lärmbedingte Hörschäden	1 523
Röntgenaufnahmen	566
Betriebsbegehungen	64
Arbeitsausschußsitzungen	44
Arbeitsplatzbesichtigungen	129
Staubmessungen	2
Gasmessungen	6
Jugendschutz	25

Der Umfang der betriebsärztlichen Tätigkeit wird durch sogenannte Einsatzzeiten festgelegt, die die Berufsgenossenschaft für die jeweilige Branche und die jeweiligen Tätigkeiten abhängig von der Gefährlichkeit des Arbeitsplatzes festlegen. Bei circa 19 000 Mitarbeitern in den rund 100 Mitgliedsbetrieben des Betriebsarztzentrums von Remscheid und Umgebung e. V. sind hierfür vier Vollzeitarbeitsmediziner erforderlich.

Bei der Vielzahl der Remscheider Klein- und Mittelbetriebe hätte die betriebsärztliche Versorgung nur mit großen Schwierigkeiten durch niedergelassene Arbeitsmediziner erfüllt werden können. Mit seiner Initiative zur Errichtung des Betriebsarztzentrums schuf der Arbeitgeber-Verband die erforderliche organisatorische Voraussetzung, um so die Mitgliedsunternehmen durch geschulte Kräfte optimal arbeitsmedizinisch betreuen zu können.

Das Zentrum wurde in der Papenberger Straße in Remscheid errichtet und konnte im April 1976 seine Arbeit aufnehmen. 1979 wurde eine Außenstelle in Hückeswagen eröffnet, – 1983 konnte ein Erweiterungsbau des Remscheider Zentrums in Betrieb genommen werden.

Die laufenden Ausgaben werden durch eine jährliche Umlage finanziert, die so bemessen sein muß, daß lediglich die Kosten gedeckt werden. Dadurch ist sichergestellt, daß die Leistungen des Zentrums besonders preisgünstig sind. Die Leitung des Vereins wird ehrenamtlich übernommen; der Geschäftsführer des Arbeitgeber-Verbandes gehört dem Vorstand an.

INFORMATION

Die wachsende Verflechtung von technischen, rechtlichen, ökologischen und ökonomischen Entwicklungen in nahezu allen Lebensbereichen hat einen Bedarf an Informationen in einem bislang ungeahnten Ausmaß ausgelöst. Für den Arbeitgeber-Verband stellen sich vor diesem Hintergrund zwei Aufgaben:

Die Unterrichtung der Mitglieder über alle den Verband berührenden Entwicklungen und die Förderung des internen Erfahrungsaustausches, eine Öffentlichkeitsarbeit, die sich auf Vermittlung von Fakten konzentriert, die Position der Unternehmer und die Interessen des Verbandes nach außen hin begründet und verständlich macht und damit zur Versachlichung der aktuellen Diskussion beiträgt.

Unterrichtung der Mitglieder

Eine der Hauptaufgaben des Arbeitgeber-Verbandes ist es, neben der direkten Beratung in arbeitsrechtlichen und sozialpolitischen Fragen die Mitglieder umfassend und schnell über aktuelle Probleme im Zusammenhang mit neuen Tarifen, Gesetzesänderungen, Gerichtsentscheidungen etc. zu informieren. Diesem Zweck dienen die verschiedenen Rundschreibendienste.

Aktuell informieren die allgemeinen Rundschreiben sowie der sozialpolitische Nachrichtendienst; grundsätzliche Themen werden in verschiedenen Informationsrundschreiben erläutert; ferner erhalten die Mitglieder regelmäßig den Informationsdienst des Instituts der deutschen Wirtschaft, Köln, den iwd.

Einen umfassenden Überblick über die Aktivitäten des Verbandes und die Entwicklungen arbeitsrechtlicher, sozialpolitischer und interner Angelegenheiten bietet der Jahresbericht. Ihm wird seit 1970 ein allgemeiner Teil unter dem Titel „Kurs" beigefügt. Damit wird der Rückblick auf das jeweils abgelaufene Jahr mit einem Ausblick auf die weiteren Perspektiven verbunden: „Die Erfahrungen der vergangenen Jahre haben gezeigt", heißt es im Jahresbericht 1970, daß die wirtschaftliche Entwicklung „in immer stärkerem Maße von dem Gedanken an die Zukunft als von den Auswirkungen der Vergangenheit" bestimmt wird.

Innerhalb eines Jahres (1989) hat der Verband seinen Mitgliedern sowie bestimmten Verteilerkreisen folgende Informationsschriften zugestellt:

34 allgemeine Rundschreiben (an alle Mitglieder)

11 Sonder-Rundschreiben (nur an Metallfirmen):
* – Lohn-, Gehalts-, Arbeitszeiterhebungen und -auswertungen*
* – Informationen zum Monatslohn*
* – Einladungen zu Seminaren*

23 Broschüren, zusammen mit einem entsprechenden Rundschreiben (an alle Mitglieder):
* – Mini-Broschüren zur Tarifrunde,*
* – M+ E – Argumente*
* – M+ E – Intern*
* – M+ E – Magazin*
* – Broschüren zur Arbeitgestaltung (national und international)*
* – Broschüren zur Arbeitsplatzgestaltung und Beschäftigung von Frauen*

.. diverse Zeitungen und Plakate zur Tarifrunde als Rundschreibenbeilage (an alle Mitglieder)

12 Ausgaben „Sozialpolitischer Nachrichtendienst" (an alle Mitglieder)

3 Ausgaben „Internationale sozialpolitische Nachrichten" (an einen begrenzten Verteilerkreis)

2 Programmhefte des Bildungswerks der nordrhein-westfälischen Wirtschaft (an alle Mitglieder)

.. diverse Einladungen zu besonderen Veranstaltungen an bestimmte interessierte Kreise:
* – Steuerseminare*
* – Chefseminare*
* – Meisterkurse und andere Seminarhinweise des Hauses Friedrichsbad*

13 Rundschreiben an Hauptvorstandsmitglieder

11 Rundschreiben an Mitgliedsfirmen, die Heimarbeiter beschäftigen

6 Rundschreiben an Mitgliedsfirmen, die Montagearbeiter beschäftigen

7 Rundschreiben an Firmen, die einen Betriebsrat besitzen

3 Rundschreiben oder Schriften an REFA-Fachleute

2 ai – Ausbilderinformation an Ausbilder

3 Rundschreiben an Arbeitskreisteilnehmer

21 Rundschreiben oder Informationen an Firmen ab einer bestimmten Größe:
* – Argumente zu Unternehmerfragen*
* – informedia-informationen „aktiv"*
* – etc.*

1 × wöchentlich den „iwd" (an alle Mitglieder und an Meinungsbildner)

1 × alle 14 Tage „aktiv" Zeitschrift für Mitarbeiter – auch ausländische – unserer Mitgliedsunternehmen

1 × alle 14 Tage „Wirtschafts-Echo – Heim und Werk" (Beilage zum Lesezirkel)

1 × jährlich „Verbandsspektrum" mit Beiheft an alle Mitglieder, ohne Beiheft an Meinungsbildner.

Kontinuierliche Unterrichtung der Mitglieder: Eine wichtige Aufgabe des Arbeitgeber-Verbandes

Zu einem wichtigen Instrument des gegenseitigen Erfahrungsaustausches sowie der Diskussion grundlegender Fragen entwickelten sich die Arbeitskreise für aktuelle arbeitsrechtliche und sozialpolitische Tagesfragen, die im Winter 1958/59 entstanden. Sowohl der Arbeitskreis I mit Unternehmern und Führungskräften, vor allem auch der jüngeren Generation, wie der Arbeitskreis II mit Personalsachbearbeitern der Betriebe kommen seit über 30 Jahren regelmäßig ein- bis zweimonatlich zusammen, um intensiv zu diskutieren.

Die enge Fühlungnahme der Verantwortlichen aus den Betrieben untereinander wie auch mit der Geschäftsführung des Arbeitgeber-Verbandes hilft nicht nur, die täglichen Personalprobleme zu bewältigen, sondern erweitert den gegenseitigen Erfahrungsaustausch und gibt zugleich der Geschäftsführung des Verbandes aktuelle betriebliche Informationen.

Neben den regelmäßigen Veranstaltungen der Arbeitskreise bemüht sich der Verband, in Sonderveranstaltungen zu aktuellen Themen auch die Führungskräfte zu unterrichten, die nicht an den Arbeitskreisen regelmäßig teilnehmen. Die Themen reichen von neuen Gesetzen und Fragen der Tarifpolitik über den Datenschutz bis hin zu neuen Berufsbildern.

Erfahrungsaustausch und Information, aber auch grundsätzliche Orientierungen der Wirtschaftspolitik sind Gegenstand von Seminaren, Diskussionsrunden und Beratungen im Haus Friedrichsbad in Schwelm. Auf die Veranstaltungen dieses von der Vereinigung der Arbeitgeberverbände Nordrhein-Westfalen getragenen Bildungswerkes weist der Arbeitgeber-Verband regelmäßig hin.

Unterrichtung der Öffentlichkeit

Das Bild des Unternehmers und damit verbunden des wirtschaftlichen Geschehens ist in der öffentlichen Diskussion heftigen Schwankungen unterworfen. Die wirtschaftlichen Entwicklungen der vergangenen hundert Jahre wurden begleitet von wechselnden Stimmungen, Verunsicherungen und hochgespannten Erwartungen.

Standen sich am Ende des 19. Jahrhunderts Maschinenstürmerei und Fortschrittsgläubigkeit gegenüber, so haben sich nach ungeahnten Folgen und dramatischen Rückschlägen hundert Jahre später die Begriffe und viele Inhalte geändert, aber nicht die Gegensätze zwischen Skepsis und Zuversicht, Untergangs- und Aufbruchstimmungen. Um Untergang abzuwehren und Aufbruch zu ermöglichen, mußten die notwendigen Voraussetzungen für wirtschaftliche Erfolge und einen hohen

Leistungsstandard gegen erhebliche politische Widerstände durchgesetzt werden. Dabei wirken zwei Faktoren zusammen: Die Ideologie linker Gruppen, die je nach Wetterlage auf Planwirtschaft, Sozialisierung oder „Entmachtung" des Unternehmers zielt und sich seit dem Bankrott der osteuropäischen Planwirtschaften um ihre theoretischen Grundlagen sorgen muß. Und zum anderen die atemberaubende Dynamik, mit der sich die neuen Technologien durchsetzen. Damit verbunden ist nicht nur ein Qualifikationsproblem der Mitarbeiter; die wachsende Komplexität der Zusammenhänge macht es Außenstehenden immer schwieriger, Vorgänge zu durchschauen und Entwicklungen nachvollziehen zu können. Unsicherheiten über das, was wirklich geschieht, aber bieten wirkungsvolle Ansätze für Agitation und für Einflußnahme auf die öffentliche Meinung und die politischen Entscheidungen.

Vor diesem Hintergrund erhält die Öffentlichkeitsarbeit ihren besonderen Stellenwert. Dies wurde schon Anfang der fünfziger Jahre erkannt und beherzigt:

So heißt es im Jahresbericht 1951 „Das wissenschaftliche Institut der Gewerkschaften unter Führung von Dr. Viktor Agartz trat in den letzten beiden Jahren immer stärker in Erscheinung und entwickelte eine Tätigkeit, die sich durchweg gegen die Unternehmer richtete. Des öfteren wurde in geradezu unverantwortlicher Weise durch angeblich wissenschaftliche Beweisführung Front gegen die gesamte deutsche Wirtschaft genommen und die Öffentlichkeit entsprechend bearbeitet.

Diese Zustände veranlaßten die Unternehmer-Spitzenverbände (Bundesvereinigung der Deutschen Arbeitgeberverbände und Bundesverband der Deutschen Industrie), das Deutsche Industrie-Institut mit Sitz in Köln zu errichten, um von hier aus die Interessen der Unternehmer wahrzunehmen und die Presse wie auch die Unternehmer laufend zu unterrichten und schnellstens zu akuten Tagesfragen Stellung zu nehmen. Die sachliche Berichterstattung hat überall Anerkennung gefunden."

Deutlicher noch wird die Sprache im folgenden Jahr: „Die der Unternehmerschaft als Gegner gegenüberstehenden Parteien und Organisationen verfügen über ungewöhnlich hohe Mittel und verwenden diese in erster Linie für die Propaganda zur Durchsetzung ihrer politischen und wirtschaftlichen Forderungen mit dem Endziel der Machtergreifung und damit der Durchführung der Sozialisierung und der Planwirtschaft", heißt es im Jahresbericht 1952.

In den folgenden Jahren entstehen zahlreiche Themen und Wege zur Information sowohl der Mitarbeiter wie auch darüber hinaus der Öffentlichkeit. Zeitschriften wie „Heim und Werk" und „Hand in

Die Stimme der Unternehmer: Einige Beispiele für die Öffentlichkeitsarbeit

Hand" finden gute Resonanz und können ihre Auflagen erfreulich steigern. Dem Bedarf an sachlicher Berichterstattung kommen auch die Aktivitäten des Vereins zur Förderung der Sozialen Marktwirtschaft entgegen, mit dem der Remscheider Arbeitgeber-Verband eng zusammenarbeitet. Der spätere Bundestagsabgeordnete (ab 1953) P. Wilh. Brand ist in diesem Zusammenhang intensiv tätig.

Zu den wesentlichen Voraussetzungen einer wirksamen Öffentlichkeitsarbeit gehört Glaubwürdigkeit, die über den Tag hinaus Bestand hat. Diese Haltung bestätigt sich auch in der guten Zusammenarbeit des Arbeitgeber-Verbandes mit der örtlichen Presse. Darüber hinaus informiert der Verband gezielt Personenkreise wie Pfarrer, Juristen, Lehrer, Ärzte und Studenten durch Zusendung des Jahresberichts und anderer Materialien.

Zur Unterrichtung der Belegschafts-Angehörigen wurde 1971 als neues Kommunikationsmittel die Zeitung „aktiv" entwickelt. „Im modernen Boulevardstil werden außer Unterhaltungsthemen auch die harten Fakten der Sozial- und Wirtschaftspolitik behandelt. Ziel dieser Zeitung ist es, ein originäres, zitierfähiges und zitierwürdiges Blatt von Einfluß zu werden. Es werden keine kurzfristigen taktischen Ziele verfolgt", erläutert das AGV-Rundschreiben vom 3. Dezember 1971.

Nicht Taktik, sondern Argumente – damit wird eine Linie vorgegeben, die sich gerade im unmittelbaren regionalen und lokalen Umfeld auf die Dauer bewähren sollte. Als ein Beispiel von vielen sei hier auch auf jenen Bereich von Öffentlichkeitsarbeit verwiesen, den die Gemeinschaftslehrwerkstatt systematisch betrieb: Vom ersten Ausbildungsjahr an öffnet die Werkstatt einmal im Jahr ihre Tür der Öffentlichkeit zur Besichtigung von Arbeitsproben und Ausbildungsplätzen, zu Gesprächen mit den Ausbildern und damit zur Information über die Bedeutung von Können und Leistung als den Voraussetzungen für wirtschaftlichen Erfolg.

Mit der stürmischen Entwicklung der Informations- und Kommunikationstechniken verschoben sich auch Akzente der Öffentlichkeitsarbeit. Um die künftige Wirtschaftspolitik ging es in Wahlaufrufen: Zur ersten Bundestagswahl vom 14. August 1949 erklärte die Vereinigung Nordrhein-Westfälischer Arbeitgeberverbände, diese Wahl werde darüber entscheiden, „ob die seit der Währungsreform eingeleitete Entwicklung zu einer tatsächlichen wirtschaftlichen Gesundung führen wird oder ob unser deutsches Volk in chaotische Zustände wie vor der Währungsreform zurückfallen soll."

Auf die wirtschaftspolitischen Aspekte weist auch der Wahlaufruf des Arbeitgeberverbandes von Remscheid und Umgebung zur Wahl des Landtags von Nordrhein-Westfalen am 18. Juni 1950 hin:

Die Wahl werde von ausschlaggebender Bedeutung dafür sein, wie Sozialisierung und Mitbestimmung gesetzlich geregelt werden. „Vor uns steht die Pflicht, durch Einsatz aller moralischen, wirtschaftlichen und finanziellen Kräfte weiterhin am Wiederaufbau und an der Steigerung unserer wirtschaftlichen Leistung zu arbeiten", heißt es in dem Aufruf.

40 Jahre später steht die Einführung des Lokalfunks auf der Tagesordnung. Angesichts der Bedeutung der elektronischen Medien für Information und Desinformation der Bevölkerung sind die gesellschaftlichen Kräfte per Rundfunkgesetz von Nordrhein-Westfalen aufgerufen, an der Aufsicht über die lokalen Rundfunkanstalten mitzuwirken. Der Arbeitgeber-Verband hat sich dieser Aufgabe nicht verschlossen; dem Geschäftsführer fiel die Funktion des Vorsitzenden in der Veranstaltergemeinschaft für Lokalfunk in Remscheid und Solingen e. V. zu.

SOZIALE AKTIVITÄTEN

Über das unmittelbare betriebliche Geschehen hinaus hat der Arbeitgeber-Verband sich in vielen Bereichen seiner sozialen Verantwortung gestellt und sehr konkrete Hilfestellung geleistet. Aus der Remscheider Situation heraus ergaben sich Anlässe dazu vor allem durch die schwierige Wohnungssituation, in den Nachkriegsjahren aus der schlechten gesundheitlichen Verfassung der Kinder und Jugendlichen, später im Zusammenhang mit der Betreuung von Ausländern, um nur einige Stichworte zu nennen. Der Vorstand des Arbeitgeber-Verbandes hat sich bei seinen Initiativen jedoch stets vom akuten Bedarf leiten lassen und die Aktivitäten eingestellt, wenn kein Bedarf mehr dafür bestand.

Kindererholung und Kuren für Jugendliche

Bad Rothenfelde

Im Mai 1949 beschloß der Vorstand des Arbeitgeber-Verbandes, in einem Kinderheim in Bad Rothenfelde im Teutoburger Wald eine Anzahl von Plätzen fest zu belegen, um Kindern zwischen 6 und 13 Jahren dort eine sechswöchige Kur zu ermöglichen. Anlaß für diesen Beschluß war die Sorge, daß Kleinkinder und auch schulpflichtige Kinder durch die Belastungen der letzten Kriegsjahre und die schlechte Ernährung der Nachkriegszeit in der körperlichen Entwicklung beeinträchtigt waren und gesundheitliche Schäden erlitten hatten. Die Pflicht, der kommenden Generation diese Schäden überwinden zu helfen, könne nicht allein den Familien aufgebürdet werden, da die Allgemeinheit insgesamt an einer gesunden Jugend interessiert sein müsse, „die in einigen Jahren in unsere Fabriken, Büros, Behörden und Verwaltungen einzieht", heißt es im Rundschreiben 8 vom 16. Mai 1949.

145

Zur Kur in Bad Rothenfelde: Kinder vor dem Haus Teutoburg im Jahre 1953

Jährlich waren acht Kuren vertraglich vereinbart; einen Teil der Kosten für die Kinder von Arbeitnehmern aus den Mitgliedsbetrieben übernahm der Verband, darüber hinaus erhielt das Heim ein Darlehn von 30 000 DM zur Beseitigung von Kriegsschäden. Jeweils 40 bis 50 Kinder nahmen anfangs an diesen Kuren teil. Ende 1955 konnte die Aktion eingestellt werden. Insgesamt sind 2700 Kinder zwischen 1949 und 1955 jeweils sechs Wochen nach Bad Rothenfelde verschickt worden.

Kuren in Hörnum

Im Sommer 1951 begann der Arbeitgeber-Verband mit der Verschickung von Lehrlingen und Jugendlichen nach Hörnum auf Sylt. Zur Verfügung stand das Jugenderholungsheim Möwennest des Sozialen Gemeinschaftswerks der Bergischen Industrie, das als eines der schönsten Jugenderholungsheime des Bundesgebietes bezeichnet wurde. Die Aufenthalte dort fanden bei den Jugendlichen große Resonanz. Diese Aktion stieß jedoch anfangs auch auf Widerspruch. Die Industriegewerkschaft Metall, Ortsverwaltung Remscheid, nahm diese soziale Leistung der Arbeitgeber zum Anlaß für eine Polemik, die ein bezeichnendes Licht auf das Klima jener Jahre wirft. Im Rundschreiben vom 1. April 1952 an die Betriebsratsvorsitzenden und Betriebsobleute heißt es: „Was mit derartigen Lägern erreicht werden soll, liegt wohl klar auf der Hand. Dadurch, daß man die jungen Kollegen dem Einfluß der Gewerkschaften entzieht, will man eine Zersplitterung der gewerkschaftlichen Jugendarbeit herbeiführen."

Ein Trick das Ganze, und zwar ein übler: Die Aufenthaltskosten, die für zwei Wochen einschließlich Fahrt auch für damalige Verhältnisse mit 98 DM sehr niedrig lagen, würden, wie die Gewerkschaft fälschlich verallgemeinert, mit 20 DM vom Lehrling, mit 78 DM vom Betrieb getragen. „Diese 78 DM sind vorenthaltener Lohn, welcher im Unternehmerinteresse zur Zersplitterung der gewerkschaftlichen Jugendarbeit verwandt wird." Bei soviel Schaum vorm Mund konnte sich der Arbeitgeber-Verband mit einer ironischen Replik begnügen: Es müsse schlecht um die Überzeugungskraft der gewerkschaftlichen Schulung bestellt sein, wenn man befürchte, daß zwei Ferienwochen die Jugendlichen auf „unternehmerisches" Gedankengut bringen könne. Distanzierung gab es auch von den Christlichen Gewerkschaften, die dem DGB den „Geist des so beliebten Klassenkampfes" bescheinigten.

Außer den Sommer-Aufenthalten von anfangs zwei, später drei Wochen Dauer gab es „Winterkuren", die fünf oder sieben Wochen dauerten. Die Aufenthalte in Hörnum wurden lange Jahre stark nachgefragt, wozu neben dem gesundheitlichen Nutzen auch die gute Betreuung der Jugendlichen eine erhebliche Rolle spielte.

Prospekt
für das Haus Möwennest
aus der Zeit

Im Rahmen von Spendenaktionen konnten auch zahlreiche Jugendliche und Kinder aus Berlin zur Kur ins Möwennest geschickt werden.

Aufgrund der rückläufigen Nachfrage schieden Ende der fünfziger Jahre immer mehr Mitglieds-Verbände aus dem Gemeinschaftswerk aus. Der Arbeitgeber-Verband Remscheid beteiligte sich an den Bemühungen, das Heim fortzuführen, mit großen Anstrengungen. Dennoch ging das Interesse der Mitgliedsfirmen und die Spendenbereitschaft in einem Umfang zurück, daß der Vorstand sich entschloß, die weitere Beteiligung zum Jahresende 1963 einzustellen.

Im Herbst 1973 mußte das Möwennest geschlossen werden, das in den letzten Jahren weitgehend als Kindererholungsheim geführt worden war. Der Arbeitgeber-Verband Remscheid verzichtete – gemeinsam mit den anderen früheren Mitgliedsverbänden – auf die Rückzahlung eines Aufbaudarlehens von über 27 000 DM.

Jungarbeiter- und Lehrlingsheime

Zu Beginn der fünfziger Jahre förderte der Arbeitgeber-Verband die Einrichtung von Heimen für Lehrlinge, Jungarbeiter und ledige Arbeiter. Anlaß gab zum einen der Mangel an qualifizierten Nachwuchskräften, zum anderen die dramatische Wohnungsknappheit in Remscheid, die auswärtige Arbeitskräfte daran hinderte, hier eine Arbeit aufzunehmen. Hinzu kam gerade in den Nachkriegsjahren für die Wirtschaft die Aufgabe, einen Beitrag zur Integration der Flüchtlinge, vor allem der Flüchtlingskinder, zu leisten, denen mit einer soliden Facharbeiterausbildung in Remscheid gute berufliche Perspektiven eröffnet werden konnten.

Der Arbeitgeber-Verband wirkte teils unmittelbar, teils durch die Mitarbeit in den Aufsichtsgremien der Wohnheimträger an diesen Bemühungen um Neubauten, Unterhaltung und Aufsicht mit. Im Laufe der Jahre stellten sich hier sehr unterschiedliche Anforderungen durch Veränderungen der Konjunktur, rückläufige und wieder steigende Zahlen der Schulabgänger und bei der sozialen Integration der Ausländer.

1952 entstanden mit öffentlicher Förderung vier Lehrlingsheime; ein fünftes errichtete die Firma Bergische Stahl-Industrie mit eigenen Mitteln. Damit standen Unterkunftsmöglichkeiten für 260 Lehrlinge zur Verfügung. Bezeichnend für das große Engagement des Arbeitgeber-Verbandes war es, daß sich die Herren Gustav Albert Urbahn und Assessor Schulze im „Evangelischen Jugendwerk" mit großer Energie für die Fertigstellung des Hauses einsetzten, als dort erhebliche Schwierigkeiten auftraten. Auch konnte der Arbeitgeber-Verband gemeinsam mit dem Arbeitsamt und der Handelskammer erreichen, daß die nach Remscheid geholten Jugendlichen in erster Linie für „notleidende" Berufe Former, Maschinenbauer, Sägenarbeiter, Schmiede, Teilezurichter ausgewählt wurden.

Um ein Verbleiben der ausgebildeten auswärtigen Jugendlichen im Remscheider Raum zu erleichtern, wurden für junge Facharbeiter drei Jugendwohnheime mit 210 Plätzen errichtet, 1954 ein viertes, ferner ein Arbeiterwohnheim für ledige Mitarbeiter über 25 Jahre. Der Arbeitgeber-Verband wies schon frühzeitig darauf hin, daß Vorsorge geboten sei. Von 1956 an, so heißt es im Rundschreiben vom 6. Juli 1954, werde es ohne auswärtige Arbeitskräfte nicht mehr gehen. Und dafür brauche man Wohnraum.

Die Investitionen in Wohnraum sollten sich schon bald als richtig erweisen. Das sechste Lehrlingsheim, das 1954 in Radevormwald entstand, erhöhte die dringend benötigte Kapazität auf 320. Schon jetzt zeigte sich, daß sehr viele der ausgebildeten Lehrlinge weiter in der Remscheider Industrie tätig blieben.

Anders entwickelte sich die Situation bei den Lehrlingsheimen. Die rückläufige Zahl der Schulabgänger führte Ende der fünfziger Jahre zu einem spürbaren Rückgang der Lehrlingszahlen; dies gilt auch für den Zustrom aus den sogenannten Abgabegebieten Schleswig-Holstein, Bayern und Niedersachsen. Von 1959 an erhielten deshalb Jugendliche, die bereits die Lehre abgeschlossen hatten, die Möglichkeit, weiter in ihrem Lehrlingsheim zu wohnen. 1960 wurde ein Lehrlingsheim zum Jugendwohnheim umfunktioniert.

Vier Jahre später konnte eine Trendwende erreicht werden. Intensive Kleinarbeit war notwendig, wie die Jahresberichte des Arbeitgeber-Verbandes feststellten, damit die neuen Abgabegebiete – Eifel, Westerwald, Hunsrück, aber auch Schleswig-Holstein – verstärkt Lehrlinge zur Ausbildung nach Remscheid schickten. Gespräche mit Lehrern, Eltern, Berufsberatern, Vertretern der Kirchen, Informationsreisen nach Remscheid, um vor Ort Unterkünfte und Arbeitsstätten zu zeigen, trugen dazu bei, eine vertrauensvolle, für alle Beteiligten erwünschte Zusammenarbeit zu entwickeln. Ende der sechziger Jahre flaute die Nachfrage nach Wohnplätzen in den Jungarbeiter- und Ledigenwohnheimen ab. Nach und nach wurden die Lehrlingsheime und Jungarbeiterwohnheime anderen Zwecken zugeführt oder verkauft und die Grundstücke zum Bau von Wohnungen verwendet. 1990 existiert als Arbeiter- und Jugendwohnheim nur noch das Kolpinghaus in Remscheid. Dies war eine Folge der geburtenstarken Jahrgänge in den achtziger Jahren. Dadurch konnten die Betriebe im Verbandsbereich ausreichend Facharbeiternachwuchs anwerben und waren nicht mehr auf den überbezirklichen Ausgleich angewiesen. Die geburtenschwachen Jahrgänge, die in den neunziger Jahren in die Ausbildung kommen, deuten eine Trendwende an. Man denkt bereits über ein neues Heim nach.

Wohnungsbau

„Von den in Remscheid im Jahre 1939 vorhandenen 35 000 Wohnungen wurden durch den Krieg rund 30 000 teils total, teils schwer oder leicht beschädigt. Seit dem Jahre 1945 wurden 4600 Flüchtlinge aufgenommen." (Aus der Werbeschrift „Remscheid hilft sich selbst", November 1949)

„Die trostlosen Wohnverhältnisse" in Remscheid veranlaßten den Arbeitgeber-Verband mehrfach zu Hilfsaktionen. Im Winter 1948/49 ging es darum, ein Arbeiter-Wohnungsbauprogramm der Gemeinnützigen Wohnungs-AG (GEWAG) zu unterstützen. Für jeweils 5000 DM Baukostenzuschuß wurde den Mitgliedsfirmen das Wohnanrecht auf eine 2- bis 3-Zimmer-Wohnung in Aussicht gestellt.

Ein Jahr später zeigte eine Umfrage bei den Mitgliedern zur Beteiligung der Betriebe am Wohnungsbau, daß von Mai 1945 bis

Die Arbeitgeber halfen mit,
die Wohnungsnot in Remscheid
zu beseitigen
in einem Aufruf
in „Remscheid im Bild"
im November 1949

Ende 1948 insgeamt 607 Wohnungen mit über 3 Millionen RM und DM gefördert worden waren; weitere 371 Wohnungen wurden 1949/50 gefördert. Der Arbeitgeber-Verband wandte sich eindringlich an „diejenigen Betriebe, die noch mit Ertrag arbeiten", sich am Wohnungsbau, „einer der wichtigsten Aufgaben der Industrie", zu beteiligen.

Nachdrücklich unterstützt der Verband die Arbeit des Vereins „Remscheid hilft sich selbst". Ein anschauliches zeitgeschichtliches Dokument war der Werbeprospekt, mit dem diese Gemeinschaftsaktion Remscheider Bürger die Kräfte zu mobilisieren suchte; der Arbeitgeber-Verband arbeitete hier an führender Stelle mit. 1951 wandten die Mitgliedsfirmen knapp zwei Millionen DM für den sozialen Wohnungsbau auf, im folgenden Jahr knapp drei Millionen.

Zehn Jahre später stellen sich Wohnungsprobleme unter einem anderen Vorzeichen: Es geht um die Errichtung von Wohnraum für ausländische Arbeitnehmer. Die GEWAG plant den Bau von 50 bis 60 Wohnungen, die zunächst für ausländische Arbeitnehmer vorgesehen sind und später als Werkswohnungen den Firmen zur Verfügung gestellt werden sollen. Trotz mehrfacher Hinweise des Arbeitgeber-Verbandes, dieses gemeinsam mit der GEWAG initiierte Projekt zu nutzen, da die Zahl der offenen Arbeitsplätze in Remscheid weiter steige und nur mit ausländischen Arbeitern besetzt werden könne, scheitert das Vorhaben am Desinteresse der Firmen.

DAS INDUSTRIEHAUS REMSCHEID

Das gelbe Schlößchen

Es gehört zum festen Bestandteil des Remscheider Gemeinwesens, das „Industriehaus", das sich in stattlicher Ansehnlichkeit im Jubiläumsjahr 1990 an der Elberfelder Straße präsentiert. Nicht neumodisch, nicht als Glas- oder Betonbau, wie ihn eine auf Rationalität und Funktionalität getrimmte aktuelle Büroarchitektur serienweise hervorgebracht hat, sondern bodenständig und selbstbewußt, in traditionellerem Stil präsentiert es sich. Zwar hat das Industriehaus, wie es sich 1990 zeigt, nichts mehr mit seinem Vorgänger, der Halbachschen Villa des Jahres 1890, gemein, die 1943 einem Bombenangriff zum Opfer fiel, aber die Bestimmung für Grundstück und Haus von damals – „ein sichtbarer Mittelpunkt für die Industrie des Bergischen Landes" zu sein – ist durch gute und schwierige Zeiten geblieben; das Haus ist zu einem Remscheider Markenzeichen geworden.

Was im Volksmund 1890 „das gelbe Schlößchen" genannt wurde, war eine Villa, die dem Kaufmann George Halbach gehörte und ihren Beinamen dem glasierten Verblendstein verdankte, als „gelbes Schlößchen" oder Halbachsche Villa populär war. 1890 waren Haus und Grundstück – 640 Quadratruten groß, wie die Festschrift des Bergischen Fabrikanten-Vereins von 1915 anmerkt – mit „aufstehendem, herrschaftlich errichtetem massivem Wohnhaus", ferner einem kleinen Fachwerkhaus und einem Stallgebäude, zum „außerordentlich billigen Preis von 70 000 Mk" käuflich.

Dieses Anwesen erschien den Gründern des Bergischen Fabrikanten-Vereins genau das richtige, um sich nach außen hin angemessen zu präsentieren, „dem Verein sicheren Bestand zu gewährlei-

153

sten und das Interesse weitester Kreise zu gewinnen und zu erhalten", aber auch, um von der Außenwelt unabhängig zu sein. Schon die Gründungsversammlung konnte stilgerecht in eigenen Räumlichkeiten stattfinden.

Die Initiatoren hatten zielbewußt gehandelt. Der Kaufvertrag, aufgesetzt vom Notar Andreas Schäfer, war nur eine Woche alt – gekauft hatten das Grundstück Reinhard Kotthaus, Emil Spennemann und Moritz Böker auf eigene Rechnung, denn der neue, erst noch zu gründende Verein konnte Grundbesitz erst erwerben, wenn ihm die Eigenschaften einer juristischen Person zuerkannt worden waren. Das geschah 1898. Bis dahin waren Kotthaus, Spennemann und Böker Eigentümer – als Treuhänder, wie sie zu Protokoll gaben, damit der Bergische Fabrikanten-Verein dank dieser großzügigen Handlungsweise von Beginn an seine Wirksamkeit voll entfalten konnte.

Der Bergische Fabrikanten-Verein verfügte damit über genügend Raum für Vereins- und gesellschaftliche Zwecke. Das Haus bot aber auch die Möglichkeit zur Einrichtung einer Musterausstellung, die für die Information der Mitglieder untereinander ebenso erwünscht war wie auch, um Außenstehenden einen Eindruck von der guten Qualität der Remscheider Produkte zu vermitteln. Diese Ausstellung bestand von 1891 bis 1914: „Sie erfreute sich inbesondere in den ersten Jahren eines verhältnismäßig regen Besuches", notiert die Festschrift von 1915.

Die Erfahrungen des ersten Jahrzehnts zeigten, daß das Grundstück für die damaligen Aktivitäten zu groß war, zu hohe Mittel erforderte und daß man mit weniger Park und Garten die Vereinszwecke ebenso gut erfüllen könnte. Deshalb entschloß sich der Vorstand im Herbst 1899, das halbe Grundstück zu verkaufen. Zusammen mit dem Kauferlös und dem Ertrag einer Spendenaktion der Mitglieder konnten nun alle Hypotheken getilgt und die bisher erforderlichen Zinsen für andere Vereinszwecke verwendet werden.

Von Anfang an gab es auch eine wirtschaftliche Nutzung des Hauses; ein Teil wurde vermietet, und zwar an die V. Sektion der Maschinenbau- und Kleineisenindustrie-Berufsgenossenschaft.

Nachdem sich die finanzielle Situation des Vereins deutlich verbessert hatte, rückten Pläne zum Um- und Ausbau ins Blickfeld. Zum einen wurde ein geeigneterer Versammlungsraum gewünscht, zum anderen fehlte es an Geschäftsräumen für die Aktivitäten des inzwischen gegründeten Arbeitgeber-Verbandes und des Verbandes deutscher Fabrikanten von Eisen- und Metallwaren, Werkzeugen, Haus- und Küchengeräten, Kunst- und Luxuswaren. Die Hauptversammlung gab 1914 für die Erweiterung des Gebäudes grünes Licht; Architekt Fischer entwarf die Pläne. Bereits im folgenden Jahr, also im Kriegsjahr 1915, konnte die Festschrift mit Genugtuung feststellen: „Und so kann

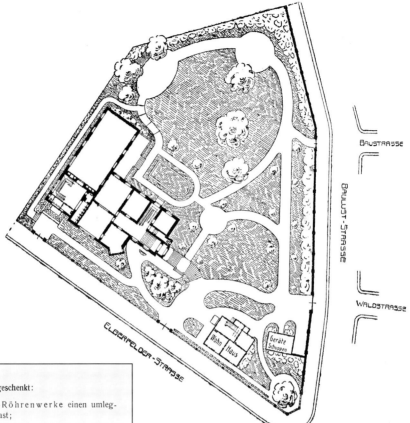

Vereinsgrundstück.

*Die Unternehmer und ihr Industriehaus:
Lageplan und Spenderliste aus der
Festschrift zum 25jährigen Bestehen
des Bergischen Fabrikanten-Vereins 1915*

der Verein nach 25 Jahren seines Bestehens sein erweitertes, ohne Prunk, aber gediegen ausgestattetes Heim in Benutzung nehmen."

Nunmehr war Raum geschaffen für die Geschäftsstelle des Arbeitgeber-Verbandes im Untergeschoß des bisherigen Gebäudes; der Verband deutscher Fabrikanten von Eisen- und Metallwaren, Werkzeugen, Haus und Küchengeräten, Kunst- und Luxuswaren, belegte das Erdgeschoß; im Obergeschoß war die Sektion V der Maschinenbau- und Kleineisenindustrie-Berufsgenossenschaft untergebracht, im Dachgeschoß die Wohnung für den Hausdiener. Der neue Trakt beherbergte den Saal und ein Sitzungszimmer im Erdgeschoß, darüber Lese- und Geschäftszimmer des Vereins und einen großen Raum, der zu Bürozwecken vermietet werden sollte.

Damit war das Industriehaus gerüstet für die folgenden bewegten Jahre. Nach dem Kriege trat der Arbeitgeber-Verband stärker in Erscheinung, da ihm nun auch eine aktive Rolle im hektischen Tarifgeschehen zufiel. Der Arbeitgeber-Verband übernahm von nun an die Rolle des Nutzen ziehenden und Lasten tragenden Besitzers, ohne daß dazu besondere Förmlichkeiten – etwa die Umschreibung des Grundstücks – vorgenommen wurden.

1920 hielt ein neuer Mieter Einzug im Industriehaus: der Gesamtverband der deutschen Werkzeugindustrie, der nach seiner Gründung in Remscheid seinen Sitz hatte.

Drohende Enteignung

Das Jahr 1933 brachte auch für das Industriehaus schwerwiegende Veränderungen. Die Enteignung des Gewerkschaftsbesitzes durch die neuen Machthaber und die sich anbahnende Auflösung der Arbeitgeberverbände stellte die Remscheider Unternehmer vor die schwierige Aufgabe, das Industriehaus unter den veränderten politischen Verhältnissen der Remscheider Industrie zu erhalten.

Diese Aufgabe beschäftigte die Remscheider Fabrikanten, Notare und zuständigen Amts-, Finanz- und anderen Gerichte nicht nur bis Kriegsende, sondern noch fünf Jahre darüber hinaus. Es entwickelte sich eine an Komplikationen und Verwicklungen kaum noch zu durchschauende Rechtssache, die mit Kaltblütigkeit und Weitsicht angezettelt wurde und schließlich zum Erfolg geführt werden konnte.

Bei der Beurteilung der Rechtslage spielte in späteren Jahren die Frage eine entscheidende Rolle, wer 1934 Eigentümer des Grundstücks war. Daß es in diesem Punkt zu Verwechslungen und Unklarheiten kam, lag vor allem daran, daß die gleichen Personen in unterschiedlichen Funktionen handelten – sowohl für den Arbeitgeber-Verband wie auch für den Fabrikanten-Verein, der allerdings weniger in Erscheinung getreten war. Dem Arbeitgeber-Verband von Remscheid und Umgebung oblag zwar die Verwaltung und Finanzierung des Anwesens, aber rechtmäßiger Eigentümer war 1934 der Bergische Fabrikanten-Verein von 1890.

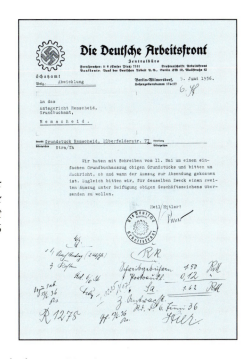

Die Arbeitsfront drängt:
Aus der Korrespondenz
mit dem Grundbuchamt
1936

So war es auch der „Führerkreis" des Fabrikanten-Vereins, der den Besitz 1934 an die Bergische Grundbesitz-Verwertungsgesellschaft verkaufte, eine Gesellschaft, die allein zu diesem Zweck gegründet war und deren Gesellschafter durchweg Vorstandsmitglieder des aufgelösten Arbeitgeber-Verbandes waren. Der Kaufpreis von 50 000 RM wurde nur zu einem Viertel eingezahlt, um laufende Verpflichtungen decken zu können. Damit war zunächst einmal der Zugriff der Deutschen Arbeitsfront abgeblockt, die bereits Ansprüche auf die Konkursmasse des Arbeitgeber-Verbandes angemeldet hatte.

Eine neue Konstellation ergab sich Ende 1937. Das „Gesetz über die Gewährung von Entschädigungen bei der Einziehung oder dem Übergang von Vermögen" vom 9. Dezember 1937 setzte die Deutsche Arbeitsfront als Treuhänderin in das Vermögen „der früheren Arbeitgeber- und Arbeitnehmervereinigungen einschließlich der Hilfs-

Zerstörung und Wiederaufbau:
Das Industriehaus als Ruine; Richtfest 1949;
der Vorsitzende Albert Honsberg im Gespräch
mit Bauarbeitern; das Industriehaus in heutiger Gestalt

und Ersatzorganisationen, Vermögensverwaltungen, Pensionskassen und sonstigen Sondervermögen" ein. Um den erneuten Ansprüchen der Arbeitsfront auch jetzt zu entgehen, trat man in Verhandlungen mit der „Wirtschaftsgruppe Eisen-, Stahl- und Blechwaren-Industrie", die 1939 den Besitz übernahm. Damit stand das „gelbe Schlößchen" während des Krieges unter dem Schutz einer offiziellen Wirtschaftsorganisation, der für die Kriegswirtschaft eine erhebliche Bedeutung zukam und die sich gegenüber den Forderungen der Arbeitsfront durchsetzte.

Vier Jahre später, in der Nacht vom 30. zum 31. Juli 1943, versank das „gelbe Schlößchen" in den Flammen eines Bombenangriffs, der es weitgehend zerstörte.

Mit dem Näherrücken der Front und dem absehbaren Zusammenbruch stellte sich für die verantwortungsbewußten Remscheider Fabrikanten das Problem, das Industriehaus rechtzeitig wieder aus dem Bereich der Wirtschaftsgruppe zu lösen, damit es nicht in der Konkursmasse des Dritten Reiches aufging. Am 9. April 1945 kam es zu einer ungewöhnlichen Kaufverhandlung.

Während die amerikanischen Truppen bereits vor den Toren Remscheids auffuhren, so die Schilderung der Szene, kaufte der Fabrikant Hermann Mühlhoff für 53 000 RM das Grundstück von der Wirtschaftsgruppe Eisen-, Stahl- und Blechwaren-Industrie auf seinen Namen. Mühlhoff gab unmittelbar danach die schriftliche Erklärung ab, auf diese Weise den Besitz treuhänderisch der Remscheider Industrie erhalten zu wollen. Damit wiederholte sich ein Vorgang, der unter ungleich friedlicheren Umständen der Gründung des Bergischen Fabrikanten-Vereins vorausgegangen war.

Die unter so ungewöhnlichen Umständen vollzogene Transaktion schildert Mühlhoff zwei Jahre später in der Gesellschafterversammlung der Werkzeugindustriehilfe GmbH am 15. Juli 1948:

„Als die Wirtschaftsgruppe seinerzeit die Grundstücke übernahm, war immer der Grundsatz der ganzen Sache, daß diese Grundstücke mal wieder in den Besitz der hiesigen Industrie gehen würden. Einige Wochen vor dem Zusammenbruch waren wir bei dem damaligen Leiter der Wirtschaftsgruppe zusammen, und zwar waren dort: Herr Gerhard Wolff, 1 Herr aus Solingen, 1 Herr aus Velbert, aus Wuppertal und Remscheid. In dieser Besprechung wurde einstimmig beschlossen, das Grundstück sofort zu übertragen, und man suchte irgendeinen Namen, auf den die Übertragung vorgenommen werden konnte. Auf Vorschlag von Herrn Wolff habe ich damals das Grundstück auf meinen Namen notariell übertragen lassen."

Mühlhoff betrachtete sich als Treuhänder, aber die Frage, wem nun eigentlich und rechtens der Besitz gehöre, ob ihm, der Wirtschaftsgruppe, dem wiedergegründeten Arbeitgeber-Verband oder wem sonst noch, diese Frage blieb zunächst strittig. Sie führte unter anderem zu dem Vorschlag, den Bergischen Fabrikanten-Verein allein zu dem Zweck neu zu gründen, um in dieser Sache Rückgabeansprüche anzumelden.

159

Die Anerkennung des Kaufvertrags vom April 1945 erfolgte nur schrittweise. Am 11. Januar 1947 erteilte die Stadt die erforderliche Zustimmung, daß etwaige Kriegsschädenansprüche auf den Käufer – Mühlhoff – übergingen; am 15. September 1947 erging die erforderliche Genehmigung entsprechend den Preisstoppvorschriften. Nach der Zustimmung der Militärregierung im folgenden Jahr konnte das am 9. April 1945 aufgelassene Grundstück am 2. Juni 1950 für Hermann Mühlhoff ins Grundbuch eingetragen werden.

Hermann Mühlhoff:
Der Vorsizende
des Fachverbandes
Werkzeugindustrie
von 1946 bis 1955

Den letzten Schritt dieser Transaktion hatte Mühlhoff bereits eingeleitet. Am 19. Mai 1950 war das Grundstück erneut aufgelassen, am 18. August 1950 wurde im Grundbuch die endgültige Eigentümerin eingetragen, die Werkzeugindustriehilfe GmbH, deren Aufgabe der Wiederaufbau des Industriehauses war und die bereits vor der Währungsreform mit den Vorbereitungen dazu begonnen hatte.

Ein letztes Nachgefecht in diesem an Transaktionen reichen Kapitel wurde mit der Finanzverwaltung ausgetragen. Sie bestand zweimal auf Zahlung der Grunderwerbssteuer für das Grundstück. Die subtile juristische Auseinandersetzung um eine Streitsumme von 3710 DM illustriert anschaulich, wie mühsam die Rückgabe von Eigentum an den Besitzer – oder dessen Nachfolger – in Deutschland ist.

Die Werkzeugindustriehilfe GmbH

Die Geschichte der Werkzeugindustriehilfe GmbH geht zurück auf ein Jahr, in dem Fliegeralarm und Bombenangriffe zum Alltag gehörten und der Krieg immer härter in das Wirtschaftsleben eingriff. Die Herrichtung und Instandsetzung von beschädigten oder zerstörten Produktionsräumen und -anlagen war zu einer ständigen Tagesaufgabe geworden. Vor diesem Hintergrund entstand der Plan zur Gründung einer Gesellschaft, die sich dieser aktuellen Aufgabe widmen sollte.

Eine erste Notiz vom 5. August 1944 gibt einen Eindruck von der nüchternen Einschätzung der Situation und der Entschlossenheit, damit fertig zu werden. Es geht um die Gründung einer GmbH, deren Zweck es sein soll, geschädigte oder zerstörte Werkzeugbetriebe beim Wiederaufbau und der Inbetriebnahme von wieder hergerichteten Fertigungsstätten zu unterstützen. An- und Verkauf von Baumaterialien, der Betrieb von Bau-Werkstätten, Einrichtung und Unterhalt von Sammelunterkünften werden als Aufgaben der Gesellschaft genannt. Das Gesellschafterkapital wurde auf 20 000 RM festgelegt; als Gesellschafter werden genannt die Herren Mühlhoff und Luther, die zugleich als Geschäftsführer fungieren, sowie die Herren Becker, Berlet und Zerver, die „eine dem Aufsichtsrat entsprechende Stellung" einnehmen.

Dies waren die Grundzüge jenes Gesellschaftervertrages, der am 16. August 1944 abgeschlossen wurde mit der Maßgabe, daß bereits am 1. Februar 1944 die „von den Gesellschaftern zum Zwecke des Wiederaufbaus der Werkzeugindustrie vorgenommenen Geschäfte" sowie der Betrieb einer Bau-Schreinerei auf Rechnung der neuen GmbH gehen. Damit war die „Werkzeugindustriehilfe GmbH" mit Sitz in Remscheid gegründet.

Näheres über den Anlaß zu dieser Gründung geht aus einem Schreiben vom 7. Januar 1946 an das Remscheider Finanzamt hervor: „Im Jahre 1944 liefen im Industriehaus zahlreiche Aufgaben, die den Wiederaufbau der zerstörten Werkzeugindustrie betrafen, zusammen, beispielsweise den Einsatz einer Baukompagnie, die Zusammenarbeit mit der O.T. (Organisation Todt), Beschaffung von Baumaterial aller Art, die Bearbeitung von Holz, die Einstellung von geeigneten sachverständigen Arbeitskräften und so weiter. Der büromäßige Apparat, der zur Erledigung dieser Aufgaben notwendig war, wurde größer und die Abrechnung schwieriger. Um eine geeignete Einrichtung für die Durchführung dieser Aufgabe zu schaffen, ist die oben genannte GmbH im August 1944 gegründet worden."

Der büromäßige Apparat wurde offensichtlich schon bald überflüssig, weil sich die Kriegslage „so zuspitzte, daß praktisch alle Wiederaufbauarbeiten eingestellt werden mußten". So kam es zu keinen Aktivitäten der eigens hierfür gegründeten GmbH, weder 1944 noch 1945. Die Gesellschafter überlegten daher, ob es nicht vernünftiger sei, das Unternehmen wieder aufzulösen, ohne daß es je tätig geworden war.

Zu einem solchen unrühmlichen Ende kam es jedoch nicht. Der Steuerberater Dr. Klaus Grass wies die Gesellschafter darauf hin, daß kein Anlaß zur Auflösung bestehe, daß aber andererseits unter den aktuellen Umständen wenig Chancen beständen, eine neue Firma zu gründen. Dazu würde die Zustimmung der Militärregierung nötig sein, die aber nur schwer zu bekommen war. Deshalb wäre es richtiger, die bestehende GmbH erst einmal zu erhalten, um sie je nach Bedarf später einmal für unvorhergesehene Zwecke nutzen zu können.

Dieser Empfehlung schlossen sich die Gesellschafter schließlich an. Und tatsächlich bot sich zwei Jahre später Gelegenheit, auf die Dienste der Werkzeugindustriehilfe GmbH zurückzugreifen. Die Aufgabe, die der Gesellschaft übertragen wurde, erstreckte sich nicht auf kurzfristige Hilfestellung beim Wiederaufbau einer größeren Anzahl von Werkzeugfabriken, sondern konzentrierte sich nun auf ein einziges Objekt, auf das Grundstück Elberfelder Straße 77 bis 79, genauer auf den Aufbau des Industriehauses und dessen Unterhaltung.

Zu diesem Zweck wurde die Basis der Gesellschaft wesentlich erweitert. Hatte bisher der Fachverband Werkzeugindustrie das Stammkapital und die treuhänderisch wirkenden Gesellschafter gestellt, so trat jetzt der Arbeitgeber-Verband in die Gesellschaft ein. Am 1. Juni 1948 wurde das Stammkapital um weitere 20 000 RM erhöht und die Gesellschafterversammlung erweitert. Gesellschafter waren nunmehr neben den Herren Mühlhoff, Luther, Becker, Berlet und Zerver die Herren Honsberg jr., Arnz, Haas und Gruner als Vertreter des Arbeitgeber-Verbandes.

Die Zeit drängte, teils, weil alles auf eine bevorstehende Währungsreform hindeutete, die tatsächlich am 20. Juni in Kraft trat; vor allem aber, weil im Vorgriff auf die nachträgliche Zustimmung der Gesellschafter bereits das Grundstück Elberfelder Straße 75 gekauft war, und auch, weil es den Arbeitgeber-Verband nicht länger in der Holzbaracke hielt.

Die Gesellschafter nahmen von allem zustimmend Kenntnis: von der Instandhaltung der provisorisch hergerichteten Räume und der Holzbaracke; vom Beginn der Abbrucharbeiten und besonders vom Erwerb des angrenzenden Grundstücks Elberfelder Straße 75, das von dem Kaufmann Heinrich Pass, den Herren Mülhoff und Luther vom Fachverband Werkzeugindustrie für die Werkzeugindustriehilfe gekauft worden war. Der Kaufpreis betrug 35 000 RM, wovon 10 000 RM sofort fällig waren; der Rest in Monatsraten, die – wie immer die Geldumstellung erfolgen würde – dem Wert von 250 RM entsprechen sollten.

Fakten waren geschaffen, ehe die Gesellschafter am 15. Juni 1948 zur förmlichen Billigung gelangten. Dazu gehörte auch der förmliche Beschluß, daß sowohl das von Herrn Mühlhoff treuhänderisch erworbene wie das Grundstück Pass auf die Werkzeugindustriehilfe eingetragen werden sollten.

Werkzeugindustriehilfe GmbH

1944 Das Stammkapital wird auf 20 000 RM festgesetzt (16. 8.). Als Gesellschafter treten auf: Karl Becker, Hans Berlet, Hans Luther, Hermann Mühlhoff, Alfred Zerver für den Fachverband Werkzeugindustrie.

1948 Der Arbeitgeber-Verband beschließt, der GmbH beizutreten. Das Stammkapital wird um weitere 20 000 RM auf 40 000 RM erhöht (1. 6.). Als weitere Gesellschafter treten für den Arbeitgeber-Verband bei: August Arnz, Ernst Gruner, Günther Haas, Albert Honsberg jr.

1950 Rückwirkend zur Währungsumstellung wird das Stammkapital auf 20 000 DM festgesetzt; Arbeitgeber-Verband und Fachverband Werkzeugindustrie bringen jeweils 10 000 DM ein (19. 12.). Als Gesellschafter treten für den Arbeitgeber-Verband auf: August Arnz, Albert Honsberg jr., Günther Haas, Ernst Gruner. Als Gesellschafter des Fachverbandes Werkzeugindustrie treten unverändert die Herren Karl Becker, Hans Berlet, Hans Luther, Hermann Mühlhoff und Alfred Zerver auf.

Wechsel bei den Gesellschaftern des Arbeitgeber-Verbandes:
Die Anteile von August Arnz gehen 1964 auf Alfred Arnz über, 1981 auf Dr. Dietrich Fricke;
die Anteile von Albert Honsberg jr. übernimmt 1975 Herbert Küpper und 1986 Joachim Ohler;
die Anteile von Günther Haas übernimmt 1961 Wolfgang Klingelnberg und 1969 Richard Felde, 1981 Dr. Hans Bötzow;
auf Ernst Gruner folgen Ehrenfried Schulze (1961) und Assessor Bertram Gentges (1971).

Wechsel bei den Gesellschaftern des Fachverbandes Werkzeugindustrie:
1961 übernimmt Oskar Ibach den Gesellschaftsanteil von Karl Becker, 1970 übernimmt ihn Karl Buchholz bis 1984;
1964 geht der Gesellschaftsanteil von Hermann Mühlhoff auf Ernst Ohler über, 1972 auf Kurt Halbach und 1981 auf Günter Becker;
1965 übernimmt Hermann Röntgen den Gesellschaftsanteil von Hans Berlet, 1973 übernimmt ihn Alfred Arnegger bis 1984;
1969 geht der Gesellschaftsanteil von Assessor Hans Luther auf Harald Knobloch über, den 1972 Hans Ulrich Rauhut, 1974 Dietrich Raddatz und 1981 Rechtsanwalt Frank-Rainer Billigmann übernimmt;
Alfred Zerver behält seinen Gesellschaftsanteil bis 1984.

1981 Das Stammkapital wird auf 50 000 DM erhöht. Als Gesellschafter für den Arbeitgeber-Verband treten auf: Dr. Hans Bötzow, Dr. Dietrich Fricke, Assessor Bertram Gentges und Herbert Küpper (ab 1986: Joachim Ohler).
Als Gesellschafter für den Fachverband Werkzeugindustrie treten zum gleichen Zeitpunkt Karl Buchholz, Alfred Arnegger, Alfred Zerver, Günter Becker und Rechtsanwalt Frank-Rainer Billigmann auf.

1984 gehen die Gesellschaftsanteile von Karl Buchholz, Alfred Arnegger und Alfred Zerver auf Wilhelm Arntz, Klaus Börsch und Klaus Dörken vom Fachverband Werkzeugindustrie über.

1987 Das Stammkapital wird auf 250 000 DM erhöht.

1990 Die Zahl der Gesellschafter wird auf jeweils drei Vertreter pro Verband begrenzt. Nach Übertragung der Anteile von Dr. Bötzow treten als Gesellschafter im Namen des Arbeitgeber-Verbandes auf: Dr. Fricke, Assessor Gentges und Herr Ohler. Nach Übertragung der Gesellschaftsanteile der Herren Wilhelm Arntz und Klaus Dörken treten als Gesellschafter im Namen des Fachverbandes Werkzeugindustrie die Herren Becker, Billigmann und Börsch auf.

Oskar Ibach   Ernst Ohler   Kurt Halbach   Günter Becker

Nach der Währungsreform wurde das Stammkapital auf 20 000 DM festgesetzt, jeweils zur Hälfte wurde es vom Fachverband und vom Arbeitgeber-Verband eingebracht. Das Grundstück Pass wurde am 2. Juli 1948, das übrige Grundstück schließlich am 18. August 1950 der Werkzeugindustriehilfe formal überschrieben.

Damit war die Rechtslage wieder klar, auch wenn noch am 23. November 1948 ein weiterer Kaufvertrag zwischen Herrn Pass für die Familie Pass und Herrn Gruner, handelnd für die Werkzeugindustriehilfe GmbH, geschlossen werden mußte. In diesem Kaufvertrag wird erwähnt, daß nach den Vorschriften der Währungsreform der frühere Kaufvertrag, der noch nicht voll erfüllt war, gekündigt worden sei und daß nunmehr das Eigentum an dem Grundstück endgültig auf die Werkzeugindustriehilfe GmbH übergehen sollte. Die Auflassung und Eintragung dieses Kaufs und des Übergangs des Besitzes werden auf den 23. November und den 25. März 1949 datiert.

Mit dem Wiederaufbau des Industriehauses wurde sogleich begonnen; zum Winter 1948 konnte der erste Bauabschnitt fertiggestellt werden, im Dezember 1949 waren die Bauarbeiten für das neue Industriehaus weitgehend abgeschlossen. Die erste und dringlichste Aufgabe der Werkzeugindustriehilfe GmbH war damit erfüllt.

Das Industriehaus nimmt seither als eine Einrichtung der Remscheider Industrie seinen bedeutenden Platz im Wirtschaftsleben der Stadt und der Region wieder ein. Die Träger sind ihrer Verpflichtung gegenüber dem Gemeinwohl und den Interessen der Remscheider Wirtschaft insgesamt in all den Jahrzehnten stets gefolgt. Die Gesellschafter, deren Zahl 1989 auf je drei Vertreter des Fachverbandes und des Arbeitgeber-Verbandes begrenzt wurde, haben ihre Anteile nicht für sich selbst übernommen, sondern treuhänderisch für die Verbände verwaltet. Förmlich bestätigt wird dies im Treuhandvertrag vom 14. August 1987. Der Vertrag erneuert die Treuhandvereinbarung von 1944, die im Krieg verlorenging, aber in all den Jahren gültig blieb.

Hans Luther   *Hans Ulrich Rauhut*   *Dietrich Raddatz*   *Frank-Rainer Billigmann*

Unverändert gilt auch die Aufgabe der Gesellschaft. Sie wurde in der Neufassung des Gesellschafts-Vertrags vom 14. August 1989 erneut bestätigt, in der Formulierung aber der seit vierzig Jahren ausgeübten Tätigkeit angepaßt: Zweck der Gesellschaft ist ausschließlich die Verwaltung, Unterhaltung und Zurverfügungstellung des Industriehauses an die dort ansässigen berufsständischen Verbände „Arbeitgeber-Verband von Remscheid und Umgebung e. V." und „Fachverband Werkzeugindustrie e. V.", die im Industriehaus ihre Geschäftsstellen unterhalten.

Das neue Industriehaus

Nach dem Luftangriff vom 30./31. Juli 1943 sollten sechseinhalb Jahre vergehen, bis Remscheid – und die Remscheider Industrie – wieder über einen „sichtbaren Mittelpunkt für die Industrie des Bergischen Landes" verfügte. Die Zeit des Provisoriums führte nicht nur den unmittelbar Betroffenen, den Beschäftigten, deutlich vor Augen, welche Bedeutung dieser Einrichtung für das wirtschaftliche Geschehen zukommt.

Das Provisorium unterschied sich nicht wesentlich von ähnlichen Notlösungen in vielen anderen Betrieben und Verwaltungen. Der Flügel des einstigen „Gelben Schlößchens", der den Saal beherbergt hatte, war notdürftig zu Bürozwecken hergerichtet; der eigentliche Betrieb aber konzentrierte sich auf eine Holzbaracke – 20 Meter lang und acht Meter breit – im Garten neben der Ruine.

Dies mochte – und mußte – genügen, solange der Krieg dauerte und auch in der ersten Nachkriegszeit, in der sich allenthalben der Alltag in Baracken und hinter geborstenen Fassaden abspielte. Für eine wiederauflebende, auf Export und weitläufige Verbindungen gestützte Industrie jedoch wurde diese Unterbringung bald zum Problem.

165

Nicht nur, daß es keinen eigenen, jederzeit verfügbaren Sitzungssaal gab, wird in den Protokollen beklagt, es fehlte auch an Raum für vertrauliche Gespräche, denn durch die dünnen Holzwände konnte jeder, der wollte, von nebenan alles mithören. Von angemessener Repräsentanz war eh nicht zu reden. Dies traf beide Bewohner, den Fachverband Werkzeugindustrie mit einer bundesweit ausgedehnten Mitgliederschaft ebenso wie den Arbeitgeber-Verband, der nach seiner Wiedergründung 1945 in der Holzbaracke Einzug gehalten hatte. Die förmlichen Beschlüsse zum Wiederaufbau faßten beide Vorstände 1947; die Entwicklung der Grundstücksfrage ließ 1948 an die Verwirklichung denken. Das Baubüro Johann Knebes wurde mit der Planung und Ausführung beauftragt. Hierzu machte Architekt Knebes vor dem Aufsichtsrat am 25. Juni 1948 nähere Erläuterungen. Dazu heißt es im Protokoll:

„Herr Knebes legte einen Bauplan vor, der den Ausbau des schon jetzt bewohnten Seitenflügels des ehemaligen Gebäudes Elberfelder Straße 77 so vorsah, daß auf dem jetzt bestehenden Stockwerk ein weiteres Stockwerk aufgebaut und ein ausgebautes Dachgeschoß eingerichtet wird. Herr Knebes schlägt weiter vor, auf dem erhaltenen Keller des Grundstückes Elberfelder Straße 77 einen Aufbau derart aufzurichten, daß in dem entstehenden Winkel zwischen dem jetzt bewohnten Seitenflügel und dem geplanten zurückliegenden Aufbau auf dem bestehenden Kellergeschoß der Treppenaufgang gelegt wird.

Der neu zu errichtende Aufbau soll in dem offenen Souterrain zur Elberfelder Straße hin mehrere Räume erhalten, in denen sowohl die Heizung nebst Kellern, aber auch brauchbare Büroräume zur Unterbringung von Schreibmaschinen-Zimmer beziehungsweise Registraturen untergebracht werden. Darüber soll ein Saal, der etwa 200 Personen umfaßt, entstehen. Dieser Saal soll durch eine verschiebbare Zwischenwand in zwei Sitzungszimmer umgewandelt werden können.

Ein oberflächlicher Vergleich ergab, daß mit dem Souterrain und dem Erdgeschoß raummäßig der Fachverband auskommen kann, falls der Arbeitgeber-Verband im ersten Geschoß ein Zimmer wenigstens vorübergehend dem Fachverband zur Verfügung stellt. Mit den verbleibenden Räumen des ersten Geschosses kommt der Arbeitgeber-Verband vorläufig aus. Das ausgebaute Dachgeschoß ergibt zwei Dreizimmer-Wohnungen, von denen eine für den Hausmeister vorgesehen ist. Für zusätzliche Bürozwecke steht außerdem die Baracke noch zur Verfügung." Der Aufsichtsrat stimmte dem vorgelegten Plan grundsätzlich zu. Die Bauarbeiten konnten planmäßig ausgeführt werden, so daß die Bergische Morgenpost am 13. Dezember 1949 ihren Lesern mitteilen konnte: „Noch im Laufe der nächsten Woche, also noch vor Weihnachten, werden der Arbeitgeber-Verband von Remscheid und Umgebung und der Fachverband Werkzeugindustrie der Bundesrepublik . . . ihr neues Heim beziehen. Damit werden diese beiden für die Remscheider Industrie und Wirtschaft wichtigen Organisationen auch die ihrer Bedeutung entsprechende Unterkunft wieder erhalten, die eine Repräsentation gegenüber den heute schon wieder zahlreichen ausländischen Besuchern ermöglicht."

Im Februar 1950, nach vollzogenem Einzug, lobt das Rhein-Echo: „Nun hat Remscheid das bis jetzt schönste und repräsentativste Gebäude erhalten, das in gediegener und geschmackvoller Arbeit erstellt ist. Das Gebäude wurde auf den übriggebliebenen Grundmauern aufgeführt und ist in erster Linie vom Gedanken der Zweckmäßigkeit getragen. Überall, im Eingang, im Treppenhaus und in den einzelnen Räumen erfreut die einfache, stilvolle Ausstattung, die jeden aufdringlichen Prunk ablehnt und die moderne, schlichte, aber gediegene Note bevorzugt."

Nicht nur das Gebäude konnte sich sehen lassen, sondern auch die Abrechnung. Die Gesamtkosten beliefen sich auf 345 000 DM; davon entfielen auf die reinen Baukosten 250 000 DM. Damit war der Voranschlag eingehalten worden.

Bei aller Genugtuung über den neuen Glanz wurde jedoch nicht vergessen, daß noch ein dritter Bauabschnitt vorgesehen war; er folgte 1955. Bis dahin wurde noch immer die Baracke aus dem Jahre 1943 mitbenutzt, die nun aber „dem Verfall entgegengehe", wie es im Protokoll der Gesellschafter-Versammlung vom 22. Juli 1954 heißt. Der Anbau 1955 kostete rund 160 000 DM. Damit war der Wiederaufbau des Industriehauses abgeschlossen.

Zu einer ersten größeren Renovierung kam es zwanzig Jahre später: Der Sitzungssaal wurde neueren Ansprüchen angepaßt. 1950 galt der Sitzungssaal als „Schmuckstück des Hauses", dem die Bergische Morgenpost damals bescheinigte: „Geschmackvollste Ausstattung gibt ihm das Gepräge: statt Nüchternheit strahlt er Wärme aus. Dazu tragen – aufeinander abgestimmt – rotes Gestühl, Plüschvorhänge von gleicher Farbe, Wandkandelaber und zwei große Kronleuchter bei." Seither war die Zeit weitergegangen, und als sich die Gesellschafter auf Anregung des Geschäftsführers Gentges am 20. Juni 1973 ihren Sitzungssaal an Ort und Stelle einmal genau ansahen, gaben sie sehr schnell ihre Zustimmung für eine Renovierung, die sich nicht mit einem neuen Anstrich und neuen Gardinen begnügen sollte und schließlich mit 120 000 DM zu Buche schlug.

AUSBLICK

Erwartungen und Hoffnungen auf kommende Entwicklungen unterliegen in Jubiläumsjahren ebenso den Stimmungen des Augenblicks wie in allen anderen Jahren. Gerade das Jahrhundert von 1890 bis 1990 hat gezeigt, wie kurzlebig Prognosen sein können, wie schnell und wie gründlich sich die Konstellationen ändern.

Das Jahrhundert hat aber auch gezeigt, welche Bedeutung der Kontinuität im Wechsel der Tagesereignisse zukommt. Fachliches Können und hohe Qualitätsmaßstäbe haben der Remscheider Industrie im vergangenen wie in früheren Jahrhunderten weltweite Anerkennung und wirtschaftlichen Erfolg gesichert.

Die in weit mehr als hundert Jahren gewachsene Tradition der heimischen Industrie bestimmt auch die Erwartungen an die weitere Entwicklung. Der Blick richtet sich in diesem Jahr auf das Nächstliegende, auf die aktuellen Aufgaben, deren dramatisches Ausmaß im Sommer 1990 noch nicht abzusehen ist: die Entwicklung eines Europäischen Binnenmarktes und die Lösung der Wirtschaftsprobleme in Osteuropa.

Die Dynamik, die sich aus dem Zusammenschluß der zwölf europäischen Staaten zur Europäischen Gemeinschaft ergeben hat, verändert tiefgreifend die Rahmenbedingungen des Wirtschaftsgeschehens. Mit dem Europäischen Binnenmarkt wird ein Wirtschaftsraum entstehen, der 320 Millionen Menschen umfaßt. Eine Vielfalt neuer Aktivitäten wird damit freigesetzt werden. Der Wegfall der Zollschranken zwingt die nationalen Unternehmen zu einem Wettbewerb unter völlig veränderten Rahmenbedingungen. Um sich behaupten zu können, werden hohe Qualifikation und die Bereitschaft, sich den neuen Bedingungen anzupassen, gefordert. Die Remscheider Industrie mit ihren traditionellen internationalen Verbindungen und langjährigen Erfahrungen geht in diesen Wettbewerb mit guten Voraussetzungen.

Neue Anforderungen ergeben sich damit auch für den Arbeitgeber-Verband. Europäische Kooperation der Arbeitgeber ist nicht nur eine Angelegenheit der Spitzenverbände, die nun auf europäischer Ebene die unterschiedlichen Interessen der Unternehmer wahrnehmen müssen. Die Praxis vor Ort wird zeigen, in welchem Ausmaß europäische Entscheidungen in die Tarifpolitik, ins Wettbewerbsrecht, in Ausbildungsbestimmungen und zahlreiche andere Bereiche eingreifen.

In den Europäischen Binnenmarkt tritt Deutschland als Ganzes ein. Die Vereinigung mit der DDR bringt eine Fülle von wirtschaftlichen Problemen, zu deren Lösung die Wirtschaft der Bundesrepublik in besonderer Weise herausgefordert wird.

Darüber hinaus stehen die Öffnung des osteuropäischen Raums und der Übergang zu neuen Wirtschaftsstrukturen zunächst noch unter erheblichem politischen Risiko. Die Erwartungen der osteuropäischen Staaten an enge wirtschaftliche Beziehungen zu den westeuropäischen Staaten sind hoch. Dies gilt gerade für die deutsche Wirtschaft. Welche Perspektiven sich mit dieser Entwicklung verbinden, ist noch ungewiß; gewiß ist nur, daß außerordentliche Anstrengungen notwendig sein werden, um marktwirtschaftliche Prinzipien an die Stelle der zentralistischen Staatsmonopole und ihrer Mißwirtschaft zu setzen.

Zum Ausblick im Sommer 1990 gehören ebenso die Auswirkungen der Arbeitszeitverkürzung, die mit dem Einstieg in die 35-Stunden-Woche einer lang gehegten gewerkschaftlichen Forderung entspricht. Auch hier sind die Konsequenzen im einzelnen noch nicht absehbar; daß damit ein neues Kapitel in der Tarifpolitik beginnt, darüber sind sich die Tarifpartner indessen einig.

Die Lösung der großen Aufgaben, die sich jetzt für die nahe Zukunft absehen lassen, kann jedoch nicht allein der Wirtschaft zugemutet werden. Auch die Politik steht in der Verantwortung. Sie muß vernünftige Rahmenbedingungen schaffen und dauerhaft sichern, die das wirtschaftliche Geschehen nicht gängeln, sondern sich an den Erfordernissen der Praxis orientieren. Der Bankrott der sozialistischen Planwirtschaft hat die Leistungsfähigkeit der Sozialen Marktwirtschaft weltweit eindrucksvoll bestätigt. Dies sollte bei der Diskussion über die Grundlagen der Wirtschaftsordnung im vereinten Deutschland und bei europäischen Regelungen beherzigt werden.

Der Arbeitgeber-Verband von Remscheid und Umgebung tritt in das zweite Jahrhundert seines Bestehens in der Verantwortung seiner satzungsmäßigen Bestimmung, die Interessen der Unternehmer zu wahren und zur Sicherung einer Wirtschaftsordnung beizutragen, die von den Grundsätzen des Wettbewerbs und der Leistungsfähigkeit einerseits und der sozialen Verantwortung andererseits bestimmt wird.

ANHANG

Inhalt

171

Chronologie in Stichworten

17. Juni 1890	Erwerb des Industriehauses
27. Juni 1890	Gründungsversammlung des „Bergischen Fabrikanten-Vereins" in Remscheid
27. August 1903	Auf Veranlassung des „Bergischen Fabrikanten-Vereins" wurde ein Arbeitgeber-Verband gegründet mit dem eingetragenen Namen „Verband von Arbeitgebern von Remscheid und Umgegend"
1915	Erster Umbau des Industriehauses
1934	Auflösung des Arbeitgeber-Verbandes der Eisen- und Metallindustrie von Remscheid und Umgegend (E. V.)
1936	Auflösung des „Bergischen Fabrikanten-Vereins"
1943	Zerstörung des Industriehauses
1944	Gründung der Werkzeugindustriehilfe GmbH, ab 1950 Eigentümerin des Industriehauses
26. Oktober 1945	Neugründung des Arbeitgeber-Verbandes von Remscheid und Umgebung e.V.
19. Mai 1950	Übergabe der Industriehausgrundstücke an die Werkzeugindustriehilfe GmbH
1950	Wiederaufbau des Industriehauses
1952	Gründung der Gemeinschaftslehrwerkstatt der Remscheider Eisen- und Metallindustrie GmbH, Ronsdorfer Straße
1956	Erweiterung des Industriehauses
1967	Einweihung des Neubaus der Gemeinschaftslehrwerkstatt der Remscheider Eisen- und Metallindustrie GmbH in der Wüstenhagener Straße
1973	Gründung eines Betriebsarztzentrums von Remscheid und Umgebung e. V., Papenberger Straße
1976	Erweiterung der Gemeinschaftslehrwerkstatt
1988	Eröffnung des AUSBILDUNGSZENTRUMS DER INDUSTRIE an der Gemeinschaftslehrwerkstatt

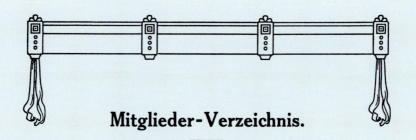

Mitglieder-Verzeichnis.

Ordentliche Mitglieder.

1	Richard Afflerbach	Remscheid
2	Alexanderwerk A. von der Nahmer A.-G.	„
3	Gottlieb Altena	R.-Hasten
4	Altena & Neukirchen	R.-Vieringhausen
5	Gebr. Arns	Remscheid
6	Joh. Gottl. Arns	„
7	Joh. Peter Arns	„
8	Joh. Wilh. Arntz	„
9	Friedr. Aug. Arnz	R.-Vieringhausen
10	Hermann Arnz	R.-Reinshagen
11	Lorenz Bardenheuer	Remscheid
12	Bêché & Grohs, G. m. b. H.	Hückeswagen
13	C. Ferd. Becker	Remscheid
14	Hermann Becker	„
15	Joh. Pet. Becker jr.	„
16	Ernst Benner	„
17	Bergische Maschinenmesserfabrik Picard & Zerver	R.-Vieringhausen
18	Bergische Stahlindustrie, G. m. b. H.	Remscheid
19	Berg. Stahl-, Walz- und Hammerwerke Julius Lindenberg	R.-Hasten
20	Berg. Werkzeugindustrie Walther Hentzen & Co.	Remscheid
21	Gebr. Bertram	R.-Vieringhausen
22	Gebr. Bickenbach	Remscheid
23	Blombach & Berghaus	„
24	Eduard & Adolf Böhm	„
25	Hermann Böker	R.-Vieringhausen
26	P. W. Brand	R.-Hasten
27	W. Breitscheid & Bunse	R.-Vieringhausen
28	C. Busch & Co.	Remscheid
29	Gebr. Busch	„
30	Jakob Busch	„
31	J. Clouth	Remscheid
32	Adolf Corts	„
33	Gottlieb Corts, G. m. b. H.	„
34	Friedr. Wilh. Daum	„
35	Deutsche Spiralbohrer und Werkzeugfabriken, G. m. b. H.	R.-Vieringhausen
36	Friedr. Dick	Esslingen a/Neckar
37	Peter Dienes	R.·Vieringhausen
38	J. A. Dörken	Cronenberg

39	J. W. Edelhoff & Co.	R.-Hasten
40	Ernst Ehlis	R.-Bliedinghausen
41	Ehles & Co.	Remscheid
42	Ed. Engels, Schlittschuhfabrik	"
43	Ed. Engels Söhne	"
44	Hermann Engels	"
45	Fr. Eduard Engels	R.-Vieringhausen
46	Julius Engels & Sohn	"
47	Friedr. Wilh. Erbschloe	Lüttringhausen
48	Erbschloe-Werke, G. m. b. H.	"
49	Erlenkötter & Voß	Remscheid
50	Eschbachtaler Feilenfabrik, I. W. Falkenrath & Co.	"
51	Richard Felde	R.-Hasten
52	G. Frowein & Co.	Bergerhof, Rhld.
53	Otto Gerlinghaus	Remscheid
54	Friedrich Götze	Burscheid
55	Carl Gommann	R.-Hasten
56	Gustav Graeff & Sohn	Remscheid
57	Greb & Co.	"
58	Gebr. Haack	Ronsdorf
59	C. W. Haas	Remscheid
60	Gebr. Hagedorn	"
61	Ferd. von Hagen Söhne & Koch	Vohwinkel
62	Ferdinand Halbach, G. m. b. H.	R. - Haddenbach
63	Hastener Werkzeugfabrik August Berger	R.-Hasten
64	Reinhard Heidfeld & Co.	Remscheid
65	F. W. Hens	R.-Hasten
66	Albert Herrmann	Remscheid
67	J. C. Hessenbruch	"
68	Hermann Hilbert	"
69	Gebr. Honsberg	R.-Hasten
70	Friedr. Hüppe & Co.	Remscheid
71	Fritz Hürxthal	"
72	Gebr. Kamm	"
73	Gustav Klauke	Remscheid
74	W. Ferd. Klingelnberg Söhne	"
75	Koch & Comp.	R.-Vieringhausen
76	Peter Kochenrath	R.-Bliedinghausen
77	Koll & Comp.	R.-Hasten
78	Kotthaus & Busch	Remscheid
79	Karl & Hermann Kotthaus	R.-Vieringhausen
80	David Kotthaus	Remscheid
81	Emaillierwerk Krumm, G. m. b. H.	R.-Vieringhausen
82	Krumm & Comp., G. m. b. H.	"
83	August Krumm Johann Krumm Sohn	Remscheid
84	Johann Krumm	"
85	Robert Krumm	"
86	Hermann Kuhler	R.-Haddenbach
87	Wilhelm Kuhler	Remscheid
88	Carl Friedr. von Kürten	"
89	Friedr. Wilh. von Kürten	"
90	Joh. Wilh. von Kürten Nachf.	"

91	Johann Lemp	R.-Bliedinghausen
92	Gustav Lennartz	Remscheid
93	Loos & Kinkel	R.-Hasten
94	Reinhard Lüdorf	Remscheid
95	A. Mannesmann	R.-Bliedinghausen
96	Mannesmannröhrenwerke	„
97	Julius Markus	„
98	Mesenhöller & Engels	R.-Hasten
99	Messerfabrik Reinshagen	R.-Reinshagen
100	Pet. Friedr. Mühlhoff	R.- Haddenbach
101	Carl Julius Müller & Co.	Remscheid
102	Heinrich Müller	„
103	J. Müller & Co.	R.-Hasten
104	Georg Niebch & Söhne	Burg a. d. Wupper
105	Carl Offermann	Lennep
106	Joh. Friedr. Onier	R.-Vieringhausen
107	Albert Osenberg Söhne	Remscheid
108	Gebr. Osenberg	„
109	Gustav Paffenhoff	„
110	Gebr. Paß	R.-Bliedinghausen
111	Hermann Paß & Co.	„
112	Albert Peiseler	Remscheid
113	Carl Peiseler & Co.	„
114	Gebrüder Peiseler	„
115	J. Gottl. Peiseler, G. m. b. H.	R.-Haddenbach
116	Rich. Peiseler	Remscheid
117	Pleiß & Co.	Remscheid
118	D. Pleiß Söhne	„
119	Heinrich Reinoldt	„
120	Remscheider Bohrerfabrik Friedr. Aug. Mühlhoff	„
121	Remscheider Zentralheizungs- und Badeapparate - Bauanstalt Joh. Vaillant G. m. b. H.	„
122	Remscheider Hobelmesserfabrik Josua Corts Sohn	„
123	Remscheider Stahlwerk Gust. & Carl Ibach	„
124	Remscheider Uhrmacherfeilen-, Nadelfeilen- und Werkzeugfabrik Albert Wüstermann	R.-Reinshagen
125	Remscheider Walz- und Hammerwerke Böllinghaus & Co.	Remscheid
126	Remscheider Werkzeugfabrik A. Ibach & Co.	R.-Vieringhausen
127	Remscheider Zangenwerk Richard Halscheid	Remscheid
128	Rheinische Werkzeugfabrik, G. m. b. H.	„
129	Albert Rittershaus	„
130	H. W. Rocholl	Radevormwald
131	Ludw. Rocholl & Co.	„
132	Hermann Röntgen	R.-Hasten
133	Robert Röntgen	Remscheid

134	F. W. Rosenbach	"
135	Robert Saltmann	R.-Vieringhausen
136	Ernst Scharwächter	R.-Hohenhagen
137	Ferdinand Schleutermann	R.-Hasten
138	Schlittschuh- und Baubeschlag-Industrie G. m. b. H.	Radevormwald
139	F. A. Schmidt	R.-Vieringhausen
140	Karl Ludwig Schmidt	Remscheid
141	Wilh. Schmitt & Co.	R.-Vieringhauscn
142	A. Schröder	Burg a. d. Wupper
143	Schumacher & Kißling	R.-Haddenbach
144	Eduard Selzer	R.-Hasten
145	C. G. Sieben & Co.	Remscheid
146	August Sieper	R.-Hasten
147	David Sieper Söhne	"
148	Stachelhauser Stahl- und Walzwerke Hessenbruch & Co.	Remscheid
149	Stahlwerke Rich. Lindenberg, A.-G.	R.-Hasten
150	C. Albert Steffens	R.-Reinshagen
151	A. Ludw. Steinmetz	Remscheid
152	L. & C. Steinmüller	Gummersbach
153	Albert Straßmann	R.-Bliedinghausen
154	Straßmann & Co., G. m. b. H.,	Remscheid
155	Schenck & Liebe Harkort, A.-G., Abt. Tillmanns	Düsseldorf
156	J. J. Tillmanns	Neu-Cronenberg
157	Alb. Urbahn & Co.	R.-Vieringhausen
158	Vereinigte Beckersche Werkzeugfabriken G. m. b. H.	"
159	Richard Vorberg	Remscheid
160	Viebahn & Arntz	"
161	Robert Weber	Wermelskirchen
162	Alex Welp	Remscheid
163	Hermann Wegerhoff, G. m. b. H.	"
164	Richard Wegerhoff	R.-Vieringhausen
165	Richard Weigand	"
166	Gustav Weißenfeld	"
167	Gebrüder Wellershaus	Preyersmühle bei Wermelskirchen
168	Carl Westerhoff	R.-Vieringhausen
169	H. Wilke & Co.	Remscheid
170	Gebrüder Wönkhaus	R.-Vieringhausen
171	Hermann Zerver	"
172	P. R. Zimmermann	Remscheid

Außerordentliche Mitglieder.

1	Julius Bertram	R.-Vieringhausen
2	Gust. Ferdinand Böker	Remscheid
3	Heinrich Böker	"
4	Otto Dreibholz	"
5	Artur Eckes	"
6	Ernst Frohn	"
7	Otto Führer	"
8	Hermann Günther	R.-Hasten
9	Adolf von Hagen	"
10	David Hasenclever	Remscheid
11	Gottl. Ernst Hasenclever	"
12	Kommerzienrat Hermann Hasenclever	R.-Ehringhausen
13	Hilger & Söhne	"
14	Gustav Klein	Remscheid
15	Korff & Honsberg	"
16	Hermann Krumm	"
17	Robert Neuhaus	"
18	Heinrich Paß sr.	Remscheid
19	C. Ripke sr.	"
20	Fritz Rocholl	"
21	C. Ed. Rüggeberg	"
22	Gebrüder Röchling	R.-Vieringhausen
23	Carl Schlieper	R.-Hasten
24	Dr. jur. Max Schmidt	Elberfeld
25	Emil Spennemann	Remscheid
26	C. W. Stolte	"
27	Albert Theill	"
28	Dr. Thilo	Lennep
29	J. C. Tillmans	Remscheid
30	Bergisch-Märkische Druckerei und Verlags-anstalt	"
31	Emil Vater	"
32	Schmidt & Ziegler	"
33	Ernst Ziegler	"
34	Dr. Franz Ziegler	"

2 [APR] 1922
Beantwortet
eingetr. fol.

Mitglieder-Verzeichnis
des
Arbeitgeber-Verbandes der Eisen- und Metall-Industrie von Remscheid und Umgegend (E. V.)

Name der Firma	Wohnort	Inhaber bezw. Direktoren oder Geschäftsführer	Gruppenzugehörigkeit
A			
Ackermann J. P.	Rd., Morsbach 26	Carl Ackermann Joh. Peter Ackermann	III
Ackermann Alb. J. P. Sohn	Rd., Stockderstr. 24	Fritz Ackermann	III
„Adlerwerk" Krumm & André	Rd., Kronprinzenstr. 34a	Carl André Ernst Ripke	III siehe auch unter K.
Afflerbach Richard	Rd., Neustr. 27a	Wwe Rich Afflerbach	VIII
Altena & Neukirchen	Rd., Vieringhausen 5a	Walter Neukirchen Frau Rob. Altena Frl. Hilde Altena	III
Altena Eduard	Rd., Büchel 62	Emil Altena	III
Altena Gottlieb (Steinbockwerk)	Rd., Königstr. 178a	Max Altena	III siehe auch unter St.
Altena Pet. Arn.	Rd., Hohenbirkerstr. 43	Arnold Altena jr.	III
Alexanderwerk A. von der Nahmer A.-G.	Rd., Kipdorfstr.	Generaldirektor Alb. von der Nahmer Direktor C. B. Luckhaus Direktor B. Schütz	V, IX, XI u. XII
Arns Gebr.	Rd., Industriestr. 23	Carl Arnold Arns	XIII
Arns Joh. Gottl.	Rd., Alleestr. 103	Wwe. Gottlieb Arns Gottlieb Arns Frl. Hermine Arns	III
Arns Joh. Peter	Rd., Hindenburgstr. 12	Joh. Peter Arns	I
Arnt Joh. Wilh.	Rd., Lenneperstr. 35	Wilhelm Arnt Alfred Arnt Oswald Arnt	II u. III
Arnz Friedr. Aug.	Rd., Vieringhausen 131	Ernst Arnz Aug. Arnz	VII
Arnz Hermann	Rd., Reinshagen 36	Oswald Arnz	VII
Altena Eugen	_Freiheitstr. 140_		_III_
Altos Eugen Werkzeugfabrik	_Rd. Hasten_		_III_
B			
Bardenheuer Lorenz	Rd., Lenneperstr. 12	Lorenz Bardenheuer	VIII
Becker C. Ferd.	Rd., Neuenkamperstr. 5/9	Arthur Becker	II
Becker Herm.	Rd., Hägenerstr. 19	Richard Becker Herm. Becker jr. Eugen Becker	X
Becker Joh. Pet. jun.	Rd., Neuenkamperstr. 1	Richard Becker	X
Becker Wilh.	Rd., Kronprinzenstr.	Fritz Becker Wilh. Becker	VII
Beitzel & Platte	R.-Hasten, Platz		XIII
Benner Ernst	Rd., Menninghauserstr. 19	Ernst Benner Fritz Benner	II
Benninghoven Hugo	Rd., Oberhölterfeldstr. 53a	Hugo Benninghoven	III
Benscheidt & vom Stein	Rd., Intzestr. 59	Ernst Benscheidt Rob. vom Stein	II
Berger Albert	Rd., Vieringhausen 37	Albert Berger	—
Berger August (Hastener Werkzeugfabr.)	Rd., Dreiangel	Emil Berger	VII siehe auch unter H.
Berger Eduard	Rd., Hastenerstr. 27/29	Walter Berger Hugo Berger Karl Berger	VII
Berger Gottlieb	Rd., Oberhützerstr. 13	Gottlieb Berger jr.	V
Berger Gustav & Abr.	R.-Hasten, Aue	Gustav Berger Abr. Berger	XVI
Berger Hugo	R.-Hasten, Cleffstr. 8	Frau Hugo Berger	III
~~Berger, Krutts & Schleutermann~~	~~Rd., Königstr. 172~~	Ernst Berger Adam Krutts Paul Schleutermann	VII Schrauben

179

Name der Firma	Wohnort	Inhaber bezw. Direktoren oder Geschäftsführer	Gruppenzugehörigkeit
Bergische Feilen= u. Werk= zeugfabrik Eugen Göbelsmann	Rd., Sternstr. 7a	Eugen Göbelsmann	II siehe auch unter G.
Bergische Maschinenmesser= fabrik Picard & Zerber	Rd., Wendung 7	David Picard Albert Zerber jr.	III siehe auch unter P.
Bergische Stahl-Industrie	Rd., Papenbergerstr.	Dir. Dr. ing. e. h. Böker Dir. Karl Hauck Dir. Alfred Hilger Dir. Ottomar Ruppert Dir. Karl Teichmann	V, XII u. XIII
Bergische Stahl=, Walz= u. Hammerwerke Julius Lindenberg	Remscheid=Hasten	Julius Lindenberg	XIII siehs auch unter L.
Bergische Werkz.=Industrie Walther Hentzen & Co.	Rd., Greulingstr. 31	Walther Hentzen Heinrich Hentzen	VII u. XII siehe auch unter H.
Bertram Gust.	Rd., Königstr. 165/67	Joh. Albert Bertram Gustav Bertram	III
Bertram Gustav Söhne	Rd., Luisenstr. 13/15	Robert Bertram Walter Bertram	I
Bickenbach Gebr.	Rd., Brüderstr. 30	Carl Bickenbach Walter Bickenbach	II
Birkenstock Herm.	Rd., Südstr. 18	Walter Birkenstock Arthur Birkenstock	VII
Blombach Hermann (fr. Blombach & Berghaus)	Rd., Wilhelmstr. 56	Hermann Blombach	VI u. VII
Böker Carl & Gustav	Rd., Adolfstr. 7	Carl Böker Gustav Böker	VIII
~~Bodmann Werkzeug-Com- pagnie, Kommanditgef.~~	Rd., U.=Hölterfelderstr. 40	Otto Bodmann Alois Bodmann Erich Erler	VI
Boehm Eduard & Adolf	Rd., Gewerbeschulstr. 6	Frau Ed. Boehm Ed. Boehm jr.	III u. XVI
Böker Hermann	Rd., Schüttendelle 32	Paul Böker Frau Ww. Herm. Böker	I u. II
Böllinghaus & Co.	Rd., Neuenkamperstr. 12/18	Alfred Härtel Erich Härtel	XIII siehe auch unter H.
Börner Friedr. Alb.	Lüttringhausen	Friedr. Alb. Börner	XV
Böttner Heinrich	Rd., Richardstr. 13	Heinrich Böttner	VII
Bojewerke Joh. Wilh. von Kürten	Rd., Nordstr. 77/79	Joh. Wilh. von Kürten	II u. VII siehe auch unter K.
Bracke Otto	Rd., Kronprinzenstr. 32	Otto Bracke	II
Brand P. W.	Rd., Oberhützerstr. 48	Ernst Gottschlak Wilhelm Kalkuhl	III
Breidenbach Hubert	Rd., Neuenkamperstr. 25b	Hubert Breidenbach jr.	—
Breitscheid & Bunse W.	Rd., Parkstr. 44	Emil Plies Heinr. Bunse	VI u. VII
Bremer C. Herm.	Rd., Salemstr. 29	Rob. Bremer	XV
Brucher Metallsägenfabrik Hesse & Welp	Rd., Freiheitstr. 161	Adolf Hesse J. Gottl. Welp	IV
Brüninghaus Gebr.	Lennep, Südstr. 5	Paul Brüninghaus	VI
Budde & Hein	Rd., Nordstr. 63	Hermann Budde August Hein	VII
Busch C. & Co.	Rd., Hochstr. 25	Rudolf Busch	I
Busch Gebr.	Rd., Blumenstr. 63	Walter Busch	I
Busch Jacob	Rd., Hochstr. 26/28	Jacob Busch Moritz Busch	I
Busatis Gebrüder	Lennep, Hochstr. 5	Hermann Busatis jr. Walter Frowein Paul Busatis Hermann Busatis jr.	III
Butschkau Julius	Rd., Königstr. 52	Julius Butschkau	VII
Biertz Hass	_„ Elberfelderstr. 7/9._		_II y IV_
Birger H. y W.	_„ Hackelhauser str. 9._		_VII_
Beckschulte &c	_„ Parallelstr 5_		_II._
Bertzel Gebr.	_„ Haddenbacherstr 15_		_VII_
Bachmann Gbd.	_„ Rheinfer…str 112_		_II_

180

Name der Firma	Wohnort	Inhaber bezw. Direktoren oder Geschäftsführer	Gruppenzugehörigkeit
C			
Clouth J.	Rd., Lenneperstr. 3/3a	Wilhelm Frik	III
Corts Adolf	Rd., Rath	Adolf Corts	VI u. VII
Corts Gottlieb Kommandit=Gesellschaft	Rd., Berghausen 1	Gottlieb Corts Alfred Corts Frau Gottlieb Corts Frau Hermann Corts	II
Corts Josua Sohn (Remsch. Hobelmesserfab.)	Rd., Ronsdorferstr.	Walter Corts Richard Corts	I u. III siehe auch unter R.
von der Crone P. A.	Rd., Hohenbirkerstr. 47	Rudolf Schlieper	III
Christians Rob.	*„ Christianstr. 3*		*VI.*
Casper Fil.	*„ Platz 1*		
D			
Deimel Carl	Rd., Parallelstr. 2	Carl Deimel Hugo Deimel Max Deimel	V u. VII
Deutsche Spiralbohrer= u. Werkzeugfabr. G. m. b. H.	Rd., Güldenwerth	Carl Willmeroth	VII
Deutsche Werkzeug= und Maschinenfabrik Kirchhoff & Co.	Rd., Flurstr. 6	Hermann Kirchhoff	VII siehe auch unter K.
Dienes Peter	Rd., Menninghausen	Friedr. Dienes Peter Gottl. Dienes	VII
Discher Ewald	Rd., Papenbergerstr. 56	Ewald Discher	XV
Discher Ernst C.	Rd., Ewaldstr. 5	Ernst C. Discher	XV
Dominicus Carl Eduard	Rd., Büchelstr. 25	Carl Eduard Dominicus Ferdinand Reh	III
Dominicus David & Co.	R.=Vieringhausen	David Dominicus Frau David Dominicus	III
Dominicus J. D. & Söhne G. m. b. H.	Rd., Fürberg 16	Geschäftsf.: A. Wagner	III
Drögemeyer Edmund	Rd., Rosenhügelerstr. 54	Edmund Drögemeyer	III u. VI
Daum Fr. Wilh.	*„ Kölnerstr. 34*		*VI.*
Dovidat Gebr.	*„ Erdeluerstr. 25*		*VI*
E			
Edelhoff J. W. & Co.	Rd., Bremerstr. 49	R. H. Edelhoff Max Hölterhoff	II u. III
Ehlis Ernst	Rd., Schlepenpohl	Walter Ehlis	II
Eles & Co.	Rd., Neuenkamperstr. 27a	Willy Schroeder	I u. II
Eisenacher F. W.	Rd., Burgstr. 150	F. W. Eisenacher	VI
Eisenhandlung Ibach	Rd., Kronprinzstr. 11	Gustav Ibach Carl Ibach	—
Emaillierwerk Krumm	Rd., Vieringhausen 110a	Emil Krumm Karl Krumm Gustav Krumm	XI siehe auch unter K.
Engels Eduard	Rd., Peterstr. 12a	Gustav Engels Max Engels Egon Engels	X
Engels Ed. Söhne	Rd., Wolfstr. 26	Gustav Engels	III
Engels Fr. Eduard & Co.	Rd., Vieringhausen 92	Emil Röhrig Carl Berendt	VII
Engels Gustav	Rd., Ober=Reinshagen 18	Walter Engels	VII
Engels Hermann	Rd., Ronsdorferstr. 7	Hermann Engels sr. Hermann Engels jr.	VI u. X
Engels Jul. & John	Rd., Vieringhausen 102	Julius Engels Hermann Engels	VI u. VIII
Erbschloe Friedr. Wilh.	Lüttringhausen=Halbach	Adolf Erbschloe jr. Wilhelm Erbschloe Adolf Erbschloe	II

Name der Firma	Wohnort	Inhaber bezw. Direktoren oder Geschäftsführer	Gruppenzugehörigkeit
Erbschloewerk	Lüttringhausen	August Erbschloe, Hermann Erbschloe, August v. Türckheim	II
Erlenkötter & Voß	Rd., Bergstr. 1	Gustav Erlenkötter, Gustav Voß	IV u. VI
Erlenkötter Julius	R.=Hasten, Grund 28	Julius Erlenkötter	III
Ernst=August=Werk Schweflinghaus & Beitzer	Remscheid=Hasten	E. Aug. Schweflinghaus jr., Ernst Beitzer	III u. IX siehe auch unter Sch.
Everts Hugo	Rd., Büchelstr. 26a	Max Everts, Walter Everts	XII
Ennepe Aug. Söhne	_Kräwinkler Brücke_		_XIII_
Erler & Co.	_Unterhölperfelderstr. 40a_		_VI_

F

Name der Firma	Wohnort	Inhaber bezw. Direktoren oder Geschäftsführer	Gruppenzugehörigkeit
Felde Richard	Rd., Hastenerstr. 12	Richard Felde sr., Max Felde, Hugo Felde, Heinrich Felde	III
Feldmann C.	Rd., Solingerstr. 35	Walter Feldmann, Ernst Düssel	III
Finkeldei Eduard	Rd., Vieringhausen 96	Eduard Finkeldei	VII
✗ ~~Fischbach Walter~~	~~R.=Hasten, Hütz 15~~	~~Walter Sohnius~~	III
Fleischmann Reinhard	Rd., Ober=Reinshagen 9a	Rudolf Fleischmann	II
Fürstenberg Albert	Rd., Neugasse 3	Ww. Albert Fürstenberg, Emil Fürstenberg	VI
Friedrich M. Sohn Platz			

G

Name der Firma	Wohnort	Inhaber bezw. Direktoren oder Geschäftsführer	Gruppenzugehörigkeit
Gerdes Friedr. Alfred	Rd., Ernststr. 22	Friedr. Alfred Gerdes	II
Gerhardts Adolf	Rd., Freiheitstr. 189	Adolf Gerhardts, Gustav Gerhardts	VI
Gesellschaft für Werkzeug=Industrie G. m. b. H.	R.=Haddenbach	Carl Faulenbach, Otto Möhle	VI
Glockenstahlwerke A.=G. vorm. Rich. Lindenberg	Remscheid=Hasten	Dir. Walter Eilender, Dir. Alfred Polscher	XIII
Göbelsmann Eugen Bergische Feilen= und Werkzeugfabrik	Rd., Sternstr. 7a	Eugen Göbelsmann	II siehe auch unter B.
Goldenberg Alfred & Co.	Rd., Hohenhagen 9	Alfred Goldenberg, Emil Ferne jr. u. jr.	VI
Gommann Carl	Rd., Dreiangelstr. 29	Alfred Gommann	III
Graeff Gustav & Sohn	Rd., Wolfstr. 16	Max Graeff, Caspar Wiebel	II
Greb & Co.	Rd., Lenneperstr. 35c	Adolf Arntz, Helmuth Arntz	II u. III
Grimm Gustav	Rd., Haddenbach 30	Gustav Grimm, Heinrich Grimm	XIII
Grisard Herm.	Rd., Ronsdorferstr. 20	Herm. Grisard	XV
Gutacker Reinh.	Rd., Erdelenerstr. 42	Reinh. Gutacker	II
Gutacker & Kottmann	Rd., Cleffstr. 8	Frau Rud. Gutacker, Paul Gutacker, Eduard Kottmann	II
Genuwerk Gm.b.H.	_Rd. am Krug 13_		_VI_

H

Name der Firma	Wohnort	Inhaber bezw. Direktoren oder Geschäftsführer	Gruppenzugehörigkeit
Haack Gebr.	Ronsdorf, Oelingrath 4	Fritz Haack, Ernst Haack, Robert Wüster	II
Haas C. W.	Rd., Südstr. 6	Joh. Wilh. Haas, C. Willy Haas	III
✗ ~~Hagedorn A. Gustav~~	~~Rd., Lobachstr. 13~~	~~A. Gustav Hagedorn~~	XII
✗ ~~Hagedorn Ernst~~	~~Rd., Sieperstr. 18~~	~~Ernst Hagedorn~~	VI
Halbach Ferdinand & Co.	R.=Goldenberg	Albert Halbach, Hermann Halbach, Arthur Gertenbach	VI u. VII

Name der Firma	Wohnort	Inhaber bezw. Direktoren oder Geschäftsführer	Gruppenzugehörigkeit
Halscheid Rich. (Remsch. Zangenwerk)	Rd., Ronsdorferstr. 8	Rich. Halscheid	VI siehe auch unter R.
Hardenbicker Peter Wilh.	Rd., Freiheitstr. 82	P. Wilh. Hardenbicker	V
Hasenclever Herm.	Rd., Heintjeshammer	Paul Hasenclever	VII u. XV
Hasenpflug Ernst	Rd., Winterstr. 20	Adolf Hasenpflug Wwe. Ernst Hasenpflug	XI Möbelbeschläge
Hastener Werkzeugfabrik August Berger	Rd., Dreiangel	Emil Berger	VII siehe auch unter B.
Haupt Theodor	Rd., Salemstr. 38	Theodor Haupt	VII
Heckmann Karl	Rd., Weststr. 37	Karl Heckmann Herm. Wingens	VIII
Heidmann Gustav	Rd., Unterhützerstr. 10/12	Wwe. Gust. Heidmann	III, IV u. XVI
Heidmann Pet. Gust.	Rd., Morsbach 14a	Gustav Heidmann Carl Heidmann	III
Hengsbach Wilhelm	R.-Haddenbach	Wilhelm Hengsbach	II
Hens F. W.	Rd., Hastenerstr. 54	Otto Peiseler sr. Prof.: Wilh. Peiseler Prof.: Otto Everts	X
Hentzen Walther & Co. (Berg. Werkz.-Industrie)	Rd., Greulingstr. 31	Walther Hentzen Heinrich Hentzen	VII u. XII siehe auch unter B.
Herberg Karl	Rd., Holz 41	Karl Herberg	VII
Herbertz August	Rd., Platz 13	Carl Herbertz Hermann Herbertz Paul Herbertz	III
Herrmann Albert	Rd., Freiheitstr. 165b	Karl Herrmann Albert Herrmann Gustav Herrmann	II
Hesse & Welp Brucher Metallsägenfab.	Rd., Freiheitstr. 161	Adolf Hesse J. Gottl. Welp	IV siehe auch unter B.
Hessenbruch & Comp.	Rd., Weststr. 22a	Eugen Hessenbruch Edmund T. Tesch	XII u. XIII siehe auch unter St.
Hessenbruch J. C.	Rd., Brüderstr. 14	Ernst Hessenbruch Moritz Ibach	III
Hessenbruch II J. C.	Rd., Baisieperstr. 142/44	Aug. Hessenbruch	II
von der Höh Rich. & Ernst	Rd., Lindenstr. 5	C. Rich. von der Höh Ernst von der Höh	II
Hönneknövel Carl	Rd., Sichelstr. 1	Carl Hönneknövel	XV
Hönneknövel F. Aug.	Rd., Kölnerstr. 65a	Richard Hönneknövel August Hönneknövel	XV
Hönneknövel Rob.	Rd., Sichelstr. 5	Emil Hönneknövel sr. Emil Hönneknövel jr.	VII u. XV
vom Hoff Fr. W.	Rd., Franzstr. 8	Fr. W. vom Hoff	V
Hollmann Aug. Herm.	R.-Vieringhausen	Aug Herm. Hollmann	III
Honsberg Gebrüder	R.-Hasten	Albert Honsberg Julius Mesenhöller jr.	III u. IV
Hüchelbach Carl Aug.	Rd., O.-Hölterfelderstr. 20	Carl Aug. Hüchelbach	III
Hüchelbach Friedr. Caspar Söhne	Rd., Holz 6	Friedr. Hüchelbach Franz Hüchelbach David Hüchelbach	III
Hückinghaus Wilhelm	Rd., Langestr. 38	Wilh. Hückinghaus	VI
Hüllstrung G. C.	Rd., Güldenwerth 52	Gustav Hüllstrung	VI
Hüppe Friedr. & Comp.	Rd., Papenbergerstr. 26	Eduard Meier Gerhard Hüppe	VIII
Hürzthal Fritz	Rd., Kirchhofstr. 32	Fritz Hürzthal Carl Hürzthal	V
Hütz Heinrich	Rd., Solingerstr. 25	Heinrich Hütz	VII
Hufschmidt Ewald	Rd., Nordstr. 170	Ewald Hufschmidt	VII
Hoffmann Walter	*Oberhützerstr. 44*		*VII*
Heynen E. & J.	*Güldenwerth*		*VI*
Hagedorn Fried. Wilh.	*Rd. [...]str. 32*		*VI*
Hahn Caspar	*Tannenstr. 13*		*V*
Hartkentrich & Sohn Ed.	*Rüggeberfeld 13*		*I*

Name der Firma	Wohnort	Inhaber bezw. Direktoren oder Geschäftsführer	Gruppenzugehörigkeit
Heilgeland Gebr.	*Ronsdorf*		*V*
Hasselkus Albert	*Ronsdorf*		*VII*

I

Name der Firma	Wohnort	Inhaber bezw. Direktoren oder Geschäftsführer	Gruppenzugehörigkeit
Ibach A. & Co.	Rd., Schüttendelle 51	Franz Ibach, Albert Ibach, Walter Ibach	III u. VII, siehe auch unter R.
Ibach Carl & Gustav	Rd., Alexanderstr. 43	Gustav Ibach, Carl Ibach	XIII, siehe auch unter R.
Ibach Max	Rd., Altefreiheitstr. 6	Max Ibach	VI u. VII

J

Name der Firma	Wohnort	Inhaber bezw. Direktoren oder Geschäftsführer	Gruppenzugehörigkeit
John August	Rd., Königstr. 87/89	Cuno John	III
Jung Ernst	Rd., Hastenerstr. 89	Ernst Jung	III
Junior-Metallsägenwerk Hans Engels & Co.	R.-Hasten	Hans Engels, Oscar Mesenhöller	IV

K

Name der Firma	Wohnort	Inhaber bezw. Direktoren oder Geschäftsführer	Gruppenzugehörigkeit
~~Kaltuhl Rob.~~ ✗	~~Rd., Brucherstr. 21~~	~~Rob. Kaltuhl~~	XV
Kalsbach J. Heinrich (Remscheider Winden- u. Hebezeugfabrik)	Rd., Solingerstr. 6	Heinrich Kalsbach	VIII, siehe auch unter R.
Kamm Gebr.	Rd., Lenneperstr. 132/34	Max Kamm	VI u. VII
Kiel J. C.	Rd., Südstr. 18a	Walter Kiel, Gustav Kiel	VIII
Kiel J. Carl jr.	Rd., Kremenhollerstr. 91	J. Carl Kiel jr.	VIII
Kipphen F. Alb.	Rd., Friedhofstr. 6	F. Alb. Kipphen	III
Kirchhoff & Co. (Deutsche Werkzeug- u. Maschinenfabrik)	Rd., Flurstr. 6	Hermann Kirchhoff	VII, siehe auch unter D.
Klapp Heinrich	Rd., Hohenhagenerstr. 4	Heinrich Klapp	VI
Klauke Adolf	Rd., Neuenkamperstr. 28	Adolf Klauke	VI
Klauke Gustav	Rd., Adlerstr.	Gustav Klauke sen., Gustav Klauke jr., Paul Klauke, Max Klauke	VI
Klein A.	R.-Hasten	A. Klein	VII
Klein Ernst Aug.	Rd., Steinbergerstr. 24	Adolf Klein, Emil Klein	VII
Kleuser Carl	Rd., Nüdelshalbach 41	Carl Kleuser, Emil Kleuser	VI
Klingelnberg W. Ferd. Söhne	Rd., Berghauserstr. 62	G. Adolf Klingelnberg, Walter Fr. Klingelnberg	III
Klingelhöfer & Loos	Rd., Königstr. 67	Peter Klingelhöfer, Paul Loos	VII
Koch J. G.	Rd., Büchel 59	Gust. Koch, Karl Koch, Adolf Koch	III
Koch & Cie.	Rd., Losenbüchelerstr. 40	Adolf Koch	V
Koch & Stock	Rd., Grünstr. 8	Walter Koch, Hugo Stock	IX
Kochenrath Peter	Rd., Kölnerstr. 62	Aug. Kochenrath	II
Koll & Co.	Rd., Hohenbirkerstr. 8	Paul Hustadt, Karl Hustadt	III
Kotthaus David	Rd., Neustr. 23	Albert Kotthaus, David Kotthaus	VI
Kotthaus Carl & Herm.	Rd., Schüttendelle 40	Herm. Kotthaus jr., Paul Kotthaus	VII
Kotthaus Joh. Peter	Rd., Sieperstr. 1	Gustav Kotthaus	VII
Kotthaus & Busch G. m. b. H.	Rd., Pastoratstr. 6	Geschäftsf.: H. Kotthaus, „ Carl Otto Schmidt, Prok.: Alfr. R. Kotthaus	VI
~~König Johann~~ ✗	~~Rd., Hastenerstr. 87~~	~~Johann König~~	III
Kottmann Ewald	Rd., Büchel 2	Alb. Kolthaus	III

Name der Firma	Wohnort	Inhaber bezw. Direktoren oder Geschäftsführer	Gruppenzugehörigkeit
Krumm, Aug. Joh. Krumm Sohn	Rd., Am Bruch 21	Ernst Krumm Ewald Krumm Eugen Krumm	III
Krumm & André „Adlerwerk"	Rd., Kronprinzenstr. 34a	Carl André Ernst Ripke	III siehe auch unter A.
Krumm & Co.	Rd., Langestr. 7a	Gottlieb Krumm Max Krumm Alfred Krumm	II, III u. VI
Krumm Emaillierwerk	Rd., Vieringhausen 110a	Emil Krumm Karl Krumm Gustav Krumm	XI siehe auch unter E.
Krumm Johann	Rd., Freiheitstr. 195	Johann Krumm jr. Bernhard Krumm	III
Krumm Robert	Rd., Freiheitstr. 205	Robert Krumm	III
Küpper & Sohnius	Rd., Eichenstr. 6	Rudolf Sohnius Ernst Küpper	IX
von Kürten Carl Fr.	Rd., Salemstr. 7	Ww. Carl Fr. von Kürten Carl von Kürten	II
von Kürten Friedr. Wilh.	Rd., Salemstr. 21	Friedr. Wilh. von Kürten Reinhard von Kürten	II
von Kürten Joh. Wilh. (Bojewerke)	Rd., Nordstr. 77/79	Joh. Wilh. von Kürten	II u. VII siehe auch unter B.
Kettler & Petralla	*. Büchel 6*		*VI*
Kuehler Wilhelm	*. Ronsdorferstr. 79*		*III*
Keiper Fritz	*Rd. Hästen*		
Kiehl Richard	*„ Hästenort. 96*		*VII*

L

Lari=Werk Lambeck & Ringel	Rd., U.=Hölterfelderstr. 12a	Ewald Lambeck Wilhelm Ringel	III
Lemp G. A.	Rd., Hohenhagenerstr. 6	Gustav Adolf Lemp	III
Lemp Johann	Rd., Lempstr. 32	Albert Lemp Rudolf Lemp	II u. XI
Lennartz Gustav	Rd., Am Bruch 12	Gustav Lennartz sen. Gustav Lennartz ju.	III
Liesenfeld Pet.	R.=Menninghausen	Emil Liesenfeld Wilh. Liesenfeld	VI
Lihn Gottlieb Söhne	Rd., Reinshagenerstr. 34	Moritz Lihn Paul Lihn	XI
Lindenberg Julius Bergische Stahl=, Walz= und Hammerwerke	R.=Hästen	Julius Lindenberg	XIII siehe auch unter B.
Loos & Kinkel	Rd., Königstr. 78/80, 80a	Emil Loos Heinrich Kinkel	IV u. VII
Lüdorf Reinhard	Rd., Brucherstr. 20	Gustav Lüdorf sen. Reinh. Lüdorf Ernst Lüdorf Herm. Lüdorf Gust. Lüdorf Paul Lüdorf	VI
Lüttgen Carl	Rd., Sieperstr. 36	Walter Lüttgen Paul Lüttgen	III, VI u. XVII
Lumbeck & Wolter	Lüttringhausen, Linde 59	Otto Lumbeck Karl Wolter	IX
Lang & Co.	*Hohenhagenerstr. 8*		
Lennartz C. Aug.	*Pfiedinghauserstr.*		

M

Mannesmann A.	Rd., Bliedinghauserstr. 27	Arnold Mannesmann Rudolf Mannesmann Dr. Fritz Mannesmann	II u. V
Mannesmann=Motoren= Werke m. b. H.	Rd., Lempstr. 24	Geschäftsf.: Franz Forsch	V, VII u. XII

Name der Firma	Wohnort	Inhaber bezw. Direktoren oder Geschäftsführer	Gruppenzugehörigkeit
Mannesmannröhrenwerke Abtlg. Remscheid	Rd., Bliedinghauserstr. 21	Direktor der Werksabt. Remscheid: Franz Albert Vertr.: Bürochef Fritz Wold.	XIV
Marcus Albert	Rd., Burgerstr. 66	Wwe. Albert Marcus	VIII
Marcus Julius	Rd., Bliedinghauserstr. 16	Carl Marcus	VIII
Maschinenfabrik Herm. Peters Söhne	Rd., Bismarckstr. 13	Herm. Peters Max Peters Paul Peters	V siehe auch unter P.
Mellewigt Gebr. & Comp G. m. b. H.	Rd., Industriestr. 25	Gustav Mellewigt Walter Mellewigt	VI u. VIII
Mellewigt Wilh. & Fritz	Rd., Schützenstr. 48c	Wilh. Mellewigt Fritz Mellewigt	VI u. VIII
Menn Carl	Rd., Ehringhausen 101	Carl Menn	XIII
Mesenhöller Aug. & Cie.	Rd., Büchelstr. 8	August Mesenhöller Arthur Tesche Fritz Löwenthal	VII
Mesenhöller Carl	Rd., Volkeshaus 6	Reinhard Mesenhöller Fritz Mesenhöller Walter Mesenhöller	VI
Mesenhöller Julius	Rd., O.=Hölterfelderstr.13	Julius Mesenhöller jr. Wwe. Mesenhöller	VI
Mesenhöller Richard	Rd., Wilhelmstr. 60	Frau Rich. Mesenhöller	III
Messerfabrik Reinshagen	Rd.,Reinshagenerstr.35/37	Carl Bitter	III
Metall=Schmidt & Cie.	Rd., Dorfmühle	Joh. Pet. Schmidt sr. Joh. Pet. Schmidt jr.	XI
Millesanwerk Müller & Stahlmann	Rd., Königstr. 172a	Max Müller Richard Stahlmann Karl Haber	III, V u. VI
Mücher Gebrüder	Rd., Ratherstr. 20	Hugo Mücher Peter Mücher Wilh. Mücher Paul Mücher	III
Mühlhoff Friedr. Aug. Remscheider Bohrerfabr.	Rd., Ratherstr. 29/31	Richard Mühlhoff Adolf Mühlhoff Walter Mühlhoff	VII siehe auch unter R.
Mühlhoff Peter Friedr.	Rd., Rath 3	Pet. Friedr. Mühlhoff sr. Eduard Mühlhoff Hermann Mühlhoff	VII
Müller Alex.	Rd., Büchelstr. 38b	Alex Müller	III
Müller Carl Abr. Sohn G. m. b. H. Stürmerwerk	Rd., Bremerstr. 60	Alex. Jasky G. Ad. Berger	VI u. X siehe auch unter St.
Müller Carl Jul. & Co.	Rd., Eberhardstr. 55	Carl Vollmer Carl Rob. Müller	VI
Müller Heinr.	Rd., Kippdorfstr. 3	Ewald Müller Ernst Müller	I
Müller Karl R.	Rd., Altestr. 14	C. G. Müller	III
Müller Hugo	Rd., Am Bruch 6	Hugo Müller	IX
Müller & Cie.	Rd., Scheiderstr. 7/9	Karl Müller Herm. Müller	XII
Müller & Thienes	Rd Industr.87		VI
Müller Rich. jr	„ Altestr. 12		III.
N			
Niebch Carl	Rd.=Ehringhausen	Carl Niebch Georg Niebch	II
Niebch & Wirminghaus	Rd., Brüderstr. 53	Robert Wirminghaus	II
Noll Friedr.	Rd., Solingerstr. 66	Friedr. Noll	VII
Nusch Ewald	Rd., Oberhützerstr. 20	Ewald Nusch	III
O			
Oberberg. Hammerwerk	Rd., O.=Hützerstr. 33	Ludwig Jenewein	XIII
Oesterheld Franz	Rd., Hohenhagen 27	Franz Oesterheld	VI
Offermann Carl	Lennep, Ringstr. 3	Adolf Offermann Max Offermann Carl Offermann	II
Ohler Joh. Friedrich	Rd., Parkstr. 41	Ernst Ohler Karl Ohler	III

Name der Firma	Wohnort	Inhaber bezw. Direktoren oder Geschäftsführer	Gruppenzugehörigkeit
Ortlinghaus & Söhne Otto	Rd., Honsbergerstr. 77	Otto Ortlinghaus	III u. V
Osenberg Söhne Albert	Rd., Vereinsstr. 8	Alb. Osenberg jr. Alb. Osenberg jr. Aug. Ernst Osenberg Max Osenberg	II
Osenberg Gebrüder	Rd., Vereinsstr. 7	Ernst Osenberg Hugo Osenberg	II
Odenthal & C° Hackerstr. 45			*VI*

P

Name der Firma	Wohnort	Inhaber bezw. Direktoren oder Geschäftsführer	Gruppenzugehörigkeit
Padberg & Co. W.	Rd., Kremenhollerstr. 75	Wilh. Padberg jr. Walter Padberg Heinrich Kaiser	III
Paffenhoff Gust.	Rd., Freiheitstr. 166	Karl Paffenhoff Gust. Müller	V
Paß Gebrüder	Rd., Burgerstr. 5	Wilhelm Paß Fritz Paß Richard Paß jr.	II
Paß & Co., Herm.	Rd., Burgerstr. 63	Carl Paß Rudolf Paß Herm. Paß	II
Pflanz & Co. August	Rd., Steinbergerstr. 35	August Pflanz jr.	VI
Peiseler Carl Max	Rd., Kronprinzenstr. 25	Carl Max Peiseler	II
Peiseler & Comp. Carl	Rd., Blumenstr. 46	Frau Carl Hugo Peiseler C. H. Werner Peiseler	II
Peiseler Gebrüder	Rd., Brüderstr. 28	Paul Peiseler	II
Peiseler J. Gottlieb	Rd.-Haddenbach	Ewald Peiseler Paul Wolf, Prokurist	II, III u. V
Peiseler Rich. (Rhein. Werkzeugfabrik)	Rd., Kremenhollerstr. 14	Wwe. Edmund Peiseler Ernst Koch Richard Peiseler	II u. VI siehe auch unter R.
Petermann & Hammer	Remscheid Büro: Kremenhollerstr. 19 Betrieb: Blumenstr. 45a	Ewald Petermann jr.	VI u. VII
Peters Herm. Söhne Maschinenfabrik	Rd., Bismarckstr. 13	Herm. Peters Max Peters Paul Peters	V siehe auch unter M.
Picard C. August	Rd., Hastenerstr. 73	C. Aug. Picard	XVI
Picard C. August	Rd.-Hasteraue	Walter Picard Frau Carl Aug. Picard	XVI
Picard & Zerver Berg. Maschinenmesserfabrik	Rd., Wendung 7	David Picard Albert Zerver jr.	III siehe auch unter Z.
Platte Ed. Söhne	Langenhaus	Ewald Platte Eduard Platte Reinhard Platte	II u. III
Pleiß D. Söhne	Rd., Wernerstr. 3	Alfred Pleiß *Karl Unger*	II u. III
Pleiß Pet. Gottfr. Remsch. Feilenfabrik	Rd., Freiheitstr. 193	Max Pleiß jr. Peter Gottfr. Pleiß Rudi Pleiß	II siehe auch unter R.
Pletsch Karl	Rd., Morsbach 8	Franz Pletsch Carl Heinrichs	III
Pott Wilh.	Rd., Fürberg 9	Albert Pott August Disteler	III
Putsch Albert	Rd., Büchelstr. 37	Albert Putsch Erich Putsch	III
Putsch Rob. Nachf.	Rd., Kratzbergerstr. 10	Otto Vogelsang Julius Vogelsang	III
Putsch Wilh.	Rd., Büchelstr. 53a	Peter Putsch Wilh. Putsch Carl Putsch	III

R

Name der Firma	Wohnort	Inhaber bezw. Direktoren oder Geschäftsführer	Gruppenzugehörigkeit
Rauhaus Hermann	Rd., Heidhof 11	Herm. Rauhaus	VIII
Rehbein Gebr.	Rd., Lenneperstr. 28	Emil Rehbein Paul Rehbein	VI
Reinoldt Heinrich	Rd., Blumentalstr. 2—10	Heinrich Reinoldt Karl Reinoldt	VIII
Remscheider Bohrerfabrik Friedr. Aug. Mühlhoff	Rd., Natherstr. 29/31	Richard Mühlhoff Adolf Mühlhoff Walter Mühlhoff	VII siehe auch unter M.
Remscheider Zentralheiz- u. Badeapparate-Bauanst. Joh. Vaillant K. G	Rd., Berghauserstr. 40a	Franz Vaillant Karl Vaillant	XI siehe auch unter V.

Name der Firma	Wohnort	Inhaber bezw. Direktoren oder Geschäftsführer	Gruppenzugehörigkeit
Remscheider Eisenhütte u. Werkzeugfabr. G. m. b. H.	Rd., Industriestr. 25	Walter Wessel Peter Wette	XII
Remscheider Feilenfabrik Peter Gottfr. Pleiß	Rd., Freiheitstr. 193	Max Pleiß jr. Peter Gottfr. Pleiß Rudi Pleiß	II siehe auch unter P.
Remscheider Hobelmesser-fabrik Josua Corts Sohn	Rd., Ronsdorferstr.	Walter Corts Richard Corts	I u. III siehe auch unter C.
Remsch. Metallsägenfabrik Ferd. Schleutermann	Rd., O.-Hölterfelderstr. 30	Ferd. Schleutermann	IV siehe auch unter S.
Remscheider Stahlwerk Gustav & Carl Ibach	Rd., Alexanderstr. 43	Gustav Ibach Carl Ibach	XIII siehe auch unter J.
Remscheider Stanz- und Emaillierwerke Windgassen & Hindrichs	Rd.-Bieringhausen	Ewald Hindrichs Alfred Hindrichs Erwin Hindrichs	XI siehe auch unter W.
Remsch. Uhrmacherfeilen-, Nadelfeilen- u. Werkzeug-fabrik Alb. Wüstermann	Rd., U.-Reinshagen 18	Albert Wüstermann Eugen Wüstermann	II siehe auch unter W.
Remscheider Walz- und Hammerwerke Böllinghaus & Co.	Rd., Neuenkamperstr. 12/18	Alfred Härtel Erich Härtel	XIII siehe auch unter B.
Remscheid. Werkzeugfabrik A. Ibach & Co.	Rd., Schüttendelle 51	Franz Ibach Albert Ibach Walter Ibach	III u. VII siehe auch unter J.
Remscheider Winden- und Hebezeugfabrik J. Heinrich Kalsbach	Rd., Solingerstr. 6	Heinrich Kalsbach	VIII siehe auch unter K.
Rheinische Werkzeugfabrik Richard Peiseler	Rd., Kremenhollerstr. 14	Wwe. Edmund Peiseler Ernst Koch Richard Peiseler	II u. VI siehe auch unter P.
Remscheider Zangenwerk Rich. Halscheid	Rd., Ronsdorferstr. 8	Rich. Halscheid	II siehe auch unter H.
Rittershaus Albert	Rd., Neustr. 20	Eugen Paß	VII
Rittershaus Eduard	Rd., Johannesstr. 3	Wwe. Ed. Rittershaus Paul Ed. Rittershaus	VII
Rittershaus Gustav	Rd., Neustr. 19	Rudolf Rittershaus	VII
Röllinghoff Gebr.	Rd.-Gaten	Fritz Röllinghoff Wwe. Carl Röllinghoff	III
Röntgen Hermann	Rd., Hammesbergstr. 17/23	Johann Carl Röntgen Walter Röntgen	III
Röntgen Robert	Rd., Freiheitstr. 172	Robert Röntgen Hermann Röntgen	IV
Ronsdorfer Eisengießerei W. Thöing	Ronsdorf	Wilhelm Thöing jr. Wilhelm Thöing jr.	XII siehe auch unter T.
Rosenbach F. W.	Rd., Lenneperstr. 62	Hugo vom Stein	III u. VI
Raab & Schäfer	*„ Elberfelderstr. 83*		*VI*
Raspey Walter	*„ Stockderoth 57*		*V & VII*
Reppel & Voß	*„ Friedrichstr. 3*		*V*
S			
Saltmann Robert	Rd., Solingerstr. 7	Gustav Saltmann Ernst Saltmann Emil Saltmann	VIII
Salz & Comp.	Rd., Kippdorfstr. 16	Walter Peiseler Emil Peiseler Otto Peiseler	II
Sauerbrei W. & Co.	Rd., Bieringhausen 117/123	Wilhelm Sauerbrei Alexander Sauerbrei	VI u. VIII
Seifert Aug.	Rd., Haddenbocherstr. 52	Hugo Mäuler	XV
Selzer Ed.	Rd., Holz 38	Herm. Kronenberg Eduard Selzer	III
Sichelschmidt Hermann	Rd., Reinshagenerstr. 98	Wwe. Herm. Sichelschmidt Erich Sichelschmidt	II
Sieben C. G. & Co.	Rd., Freiheitstr. 65	Wwe. Gustav Sieben Karl Schürmann	VI
Sieper David Söhne	Rd., Hastenerstr. 76/78	Gustav Sieper Julius Sieper	X
Sülberg Carl	Rd., Küppelsteinerstr. 44a	Carl Sülberg jr. Wwe. Herm. Sülberg Ferdinand Sülberg	VI
Schalthöfer Carl	Rd., Nordstr. 8	Carl Schalthöfer	VIII

Name der Firma	Wohnort	Inhaber bezw. Direktoren oder Geschäftsführer	Gruppenzugehörigkeit
Scharwächter Ernst	Rd., Fichtenstr.	Walter Scharwächter, Gust. Ad. Scharwächter	VI
✗ Scheerer Herm. & Wilh.	~~Wermelskirchen, U. Remscheiderstr.~~ 36	~~Herm. Scheerer~~, ~~Wilh. Scheerer~~	VIII
Schilken Eduard Söhne	Rd., Langestr. 10	Ed. Schilken jr.	VII.
Schleutermann Ferdinand Remscheider Metall- sägenfabrik	Rd., O.-Hölterfelderstr. 60	Ferd. Schleutermann	IV. unter R.
Schleutermann Gustav	Rd.-Hasten	Gust. Schleutermann jr., Gust. Schleutermann jr.	III
Schmidt Ed. Walter	Rd., Brückenstr. 2	Ed. Walter Schmidt, Ferdinand Schmidt, Albert Schmidt	VII
Schmidt F. A.	Rd., Morsbach 29a	Gustav Schmidt	III u. XVI
Schmidt Justus	Rd., Schillerstr. 11 u. 11a	Ewald Schmidt, Walter Schmidt	VI
Schmit Joh. Pet. Söhne	Rd., Königstr. 135	Albrecht Schmit, Adolf Schmit	VII
Schmitt Wilh. & Co.	Rd., Königstr. 59	Ernst Schmitt jr., Ernst Schmitt jr., Fritz Schmitt	I
✗ Schneider & Trompeter	Rd., Haddenbacherstr. 32	~~Ernst Schneider~~, ~~Ewald Trompeter~~	III
Schoppmann F. W.	Rd., Baumschulenweg 11	Fr. Wilh. Schoppmann, Ernst Schoppmann	II
Schröder August	Rd., Heidhof 13	August Schröder	V
Schürmann & Kippe	Lennep, Poststr.	Friedr. Schürmann	II
Schumacher Gottl.	Rd., Kratzbergerstr. 10a	Hugo Schumacher	III
Schumacher & Kißling	Rd.-Haddenbach	Heinrich Kißling, Hermann Imhoff, Ernst Röder jr.	VI
Stabstahlverb. Remscheid, G. m. b. H.	Rd.-Johannesstr. 5	Gustav Krenzer	—
Stachelhauser Stahl- u. Walzwerk Hessenbruch & Co.	Rd., Weststr. 22a	Eugen Hessenbruch, Edmund T. Tesch	XII u. XIII siehe auch unter H.
Stahlwerk Carl Urbach & Co.	Kräwinklerbrücke	Otto Urbach, Ernst Urbach	XIII siehe auch unter U.
Stahlwerk Hones, G.m.b.H.	Rd.-Haddenbach	Ernst G. Hones, Werner Carp	XIII
Stamm Carl, G. m. b. H.	Rd.-Hasten	Carl Stamm	III
Steinbockwerk Gottl. Altena	Rd., Königstr. 178a	Max Altena	III
Steinmetz A. Ludwig, A.-G.	Rd., Berghauserstr. 12a	Dir. Eugen Engels	VII
von den Steinen, Ernst	Rd., U.-Hölterfelderstr. 58	Ernst von den Steinen	III
Stipp Otto	Rd., Altestr. 7	Otto Stipp jr.	V
Stoßberg Fr. Wilh. Erben	Rd., Johannesstr. 5	Fritz Biertz, Curt Biertz, Rudolf Evertzbusch	III
Strasmann Albert	Rd., Ehringhausen 81	Walter Strasmann, Peter Strasmann, Albert Strasmann	VII
Stursberg J. Jac.	Rd., Sieperstr. 35	Ww. J. Jac. Stursberg	VIII
Stursberg & Mahenborn	Rd., Wolfstr. 24	Carl Stursberg, Walter Mahenborn	III
Stürmerwerk Carl Müller Abr. Sohn, G. m. b. H.	Rd., Bremerstr. 60	Alex. Jaskh, G. Ad. Verger	VI u. X siehe auch unter M.
Schenk u. Liebe-Harkort A. G.	_Haddenbacher str. 6._		_V X XI_ / _IV_
Schröder A.	_Burg_		_IV_
Stahlwerk Becker	_Parkstr. 23_		_Stahllager_
Tessens Ernst Kl.	_Burg_		_III_
Selzer Max	_Ahornstr. 8_		
Sauer A. & O.	_Schulstr. 15_		_III_

189

Name der Firma	Wohnort	Inhaber bezw. Direktoren oder Geschäftsführer	Gruppenzugehörigkeit
Schlöter & Merken	*Burgstr. 44*		*VII*
Schumacher Walter	*Westhauserstr. 63*		*XV*
T			
Temsfeld E. Nachfolger	Lennep	Arnold Temsfeld Karl Arnds	XII
Tesche C. Guft. & Söhne	Rd., Fürbergerstr. 9	C. Guft. Tesche sr. Guft. Tesche jr. Herm. Tesche Carl Tesche	III u. VIII
× Tesche C. W.	~~Cronenberg, Sudberg~~ 17	~~C. W. Tesche~~ ~~E. P. Tesche~~ ~~C. H. Tesche~~	XVI
Tesche Hermann	Rd., U.-Hützerstr. 22	Friedrich Schmidt	XVI
Thöing W., Ronsdorfer Eisengießere	Ronsdorf	Wilhelm Thöing sr. Wilhelm Thöing jr.	XII siehe auch unter R.
Tschoepe Clemens	Rd., Büchelstr. 42	Otto Tschoepe Ernst Tschoepe	III u. VIII
U			
Urbach Carl & Co., Stahlwerk	Kräwinklerbrücke	Otto Urbach Ernst Urbach	XIII siehe auch unter St.
Urbahn Alb. & Comp.	Rd.-Güldenwerth 26	Alb. Urbahn sr. Rudolf Urbahn Otto Urbahn ~~Walter Urbahn~~ Alb. Urbahn jr.	VII
V			
Vaillant Joh., Remsch. Centralheizungs- u. Badeapparate-Bau- anstalt, A.-G.	Rd., Berghauserstr. 40a	Franz Vaillant Karl Vaillant	XI siehe auch unter R.
Vereinigte Beckersche Werk- zeugfabriken, Abt. Vieringhausen und Abt. Nordstraße	Rd., Langestr. 44 Rd., Nordstr.	Aug. Alb. Becker Aug.-Becker Fritz Becker Karl Becker Reinh. Aug. Becker	VI VI u. IX
Viebahn & Arntz	Rd., Steinberg 9a	Otto Viebahn Bruno Arntz	VI
Vierkötter Otto	Rd., Sternstr. 4	Otto Vierkötter	II
Vorberg Richard	Rd., Lenneperstr. 82/84	Richard Vorberg	II
Volberg Ernst.	*Ehringhausen 67*		*XIII*
W			
Wagner F. Herm.	Rd.-Haften	F. Herm. Wagner	III
Walter J. G.	Rd., Stockderstr. 57	Johann Gustav Walter Paul Walter	VI
Wegerhoff Hermann	Rd., Parkstr. 34	Wwe. Max Wegerhoff Karl Kotthaus	VI
Wegerhoff Rich., G.m.b.H.	Rd., Rosenstr. 21	Rich. Wegerhoff Carl W. Wegerhoff Ernst Emde	VI u. VII
Weigand Richard	Rd., Königstr. 95	Karl Weigand	X
Weißenfeld Gustav	Rd., Königstr. 61	Gustav Weißenfeld jr. Robert Weißenfeld	VI
Wellershaus Gebrüder	Wermelskirchen- Dreyersmühle	Robert Wellershaus Frau Eug. Wellershaus Herm. Wellershaus jr.	II
Welp Alex.	Rd., Freiheitstr. 83	Paul Welp	VI
Werkzeugfabrik Heidfeld, G. m. b. H. & Co.	Rd., Ratherstr. 7	Hermann Wolff Adolf Duisberg	VI
Wessel Walter	Rd., Industriestr. 25a	Walter Wessel	V
Westerhoff Carl	Rd., Langestr. 45	Carl Westerhoff	IV
Wieber Adolf & Sohn	Rd., Langestr. 10	Adolf Wieber Paul Wieber	VII

190

Name der Firma	Wohnort	Inhaber bezw. Direktoren oder Geschäftsführer	Gruppenzugehörigkeit
Wieber Peter & Söhne	Rd., Langestr. 7b	Peter Wieber jr. Peter Wieber jr. Paul Wieber	VI u. VII
Wiedenhoff Ludwig jun.	Rd.-Reinshagen	Walter Wiedenhoff	VII
Wilke H. & Co.	Rd., Bismarckstr. 107	Fr. Walter Fuchs Friedr. Wilh. Brüning	VI u. IX
Wilke Friedrich	Rd., Ronsdorferstr. 59	Friedr. Wilke jr.	VIII
Wilms Gebrüder	Wermelskirchen	Ernst Wilms August Wilms Robert Wilms	II
Wilms Gottl. Ernst	Rd., Westhauserstr. 1	Gottl. Ernst Wilms Ernst Wilms Max Wilms	XII
Windgassen & Hindrichs, Remscheider Stanz- u. Emaillierwerke	Rd.-Vieringhausen	Ewald Hindrichs Alfred Hindrichs Erwin Hindrichs	XI siehe auch unter R.
Winterhagen Aug.	Rd., Königstr. 12	Aug. Winterhagen jr. Paul Winterhagen	VI
Winterhoff C. H.	Rd., Hermannstr. 4	Carl Winterhoff	II
Winterhoff Ernst	Rd., Berghauserstr. 9	Ernst Winterhoff	II
Winterhoff Robert	Rd., Ehringhausen 41	Rob. Winterhoff jr. Rob. Winterhoff jr.	II
Wönkhaus Gebrüder	Rd., Rosenstr. 17	Carl Wönkhaus Gustav Wönkhaus Hugo Wönkhaus	IV.
Wolff Gebr.	Rd., Haddenbach 18	Friedr. Wolff Hugo Wolff Ewald Wolff	II
Wolff H.	Lennep, Ringstr. 29	Heinr. Wolff	XII
Wortmann & Paas	Rd., O.-Hützerstr. 25a	Karl Paas Gustav Wortmann	XII
Wurm Gustav	Rd., Hohenbirkerstr. 1	Gustav Wurm Paul Wurm	III
Wüstermann Albert	Rd.,-U.-Reinshagen 18	Albert Wüstermann Eugen Wüstermann	II siehe auch unter R.
Werkzeugfabrik von Kürten A.G.	*Nordstr. 77*		*VI VII*
Wiedenhöfer Ernst	*Reinshagenerstr. 230*		*IV*
Werkzeugfabrik Scherka G.m.b.H.	*Barmen*		*VIII*
Wirker Ed.	*Köringstr. 32*		*II*
Wehner Alb. Alfr.	*Rd. Wermelskircherstr. 34*		*VI*

Z

Name der Firma	Wohnort	Inhaber bezw. Direktoren oder Geschäftsführer	Gruppenzugehörigkeit
Zenses J. C. & Alb.	Rd., Düppelstr. 52	J. C. Zenses J. Alb. Zenses	II u. IV
Zerber, Hermann	Rd., Vieringhausen 87	Ernst Zerber David Zerber	VI
Zerber Richard	Rd.-Reinshagen	Richard Zerber	VI
Zimmermann Carl Aug	Rd., Kölnerstr. 75/77	Carl Aug. Zimmermann Jacob Becker	VI
Zimmermann & Co.	Lüttringhausen	G. Alb. Zimmermann Otto Zimmermann	IX
Zimmermann P. R.	Rd., Berghausen 10	Willy Busch Paul Unger	II

Vorstandsmitglieder des Bergischen Fabrikanten-Vereins (BFV) von 1890–1936

Becker, jr., Joh. Peter	24. 6. 1890 bis 14. 9. 1890 Vorstandsmitglied
Becker, Karl	bis 26. 5. 1933 Vorstandsmitglied, Mitglied des Führerkreises bis 17. 10. 1939 Leiter der Wirtschaftsgruppe Eisen-, Stahl- und Blechwaren-industrie, Berlin, Spitzenorganisation der Fachgruppe Werkzeugindustrie
Becker, Richard	1904 bis 1915 Vorstandsmitglied
Böker, Geheimer Kommerzienrat, Dr. Ing. e. h., Moritz	Mitbegründer des Bergischen Fabrikanten-Vereins, 24. 6. 1890 bis 14. 5. 1891 stellvertretender Vorsitzender 14. 5. 1891 bis 1905 Vorsitzender 1890 bis 1915 Vorstandsmitglied
Corts, Alfred	bis 26. 5. 1933 Vorstandsmitglied
Engels, Gustav	1896 bis 1903 Vorstandsmitglied
Felde, Richard	1915 Kassierer, 1901 bis 1915 Vorstandsmitglied
Hager, Paul	bis 26. 5. 1933 Vorsitzender, Mitglied des Führerkreises
Hentzen, Walther	stellvertretender Vorsitzender 1914 Vorsitzender, seit 1909 Vorstandsmitglied
Hessenbruch, Oskar	24. 6. 1890 bis 1896 Vorstandsmitglied
Hilger, Konsul, Alfred	bis 26. 5. 1933 – Mitglied des Führerkreises und Kassenwart
Honsberg, jr., Albert	1890 bis 1900 Vorstandsmitglied
Hürxthal, Fritz	24. 6. 1890 bis 1908 Vorstandsmitglied
Ibach, sen., Albert	seit 23. 12. 1898 stellvertretender Vorsitzender 1890 bis 1905 Vorstandsmitglied, alternierender Hauswart
Ibach, Franz Albert	seit 1906 Vorstandsmitglied, 1910 bis 1914 Vorsitzender
Köbcke, Direktor	seit 1905 Vorstandsmitglied
Kotthaus, Emil	Kassierer, 1892 bis 1909 Vorstandsmitglied
Kotthaus, Reinhard	Mitbegründer des Bergischen Fabrikanten-Vereins, 24. 6. 1890 bis 14. 5. 1891 Vorsitzender
Krumm, Ewald	seit 1904 bis 1915 Vorstandsmitglied
Lantz, Direktor, A.	seit 1897 bis 1915 Vorstandsmitglied
Mannesmann, Arnold	1905 bis 1910 Vorsitzender seit 1890 Vorstandsmitglied
Mühe, Direktor, Richard	1901 bis 1904 Vorstandsmitglied
von der Nahmer, Adolf	seit 1910 Vorstandsmitglied
von der Nahmer, Wilhelm	1890 bis 1909 Vorstandsmitglied
Osenberg, Albert	seit 1897 Vorstandsmitglied
Peiseler, Gottlieb	1890 bis 1895 Vorstandsmitglied
Röntgen, Hermann	bis 26. 5. 1933 Vorstandsmitglied
Schleutermann, Ferd.	bis 26. 5. 1933 Vorstandsmitglied
Schürmann, Karl	bis 26. 5. 1933 Vorstandsmitglied, Mitglied des Führerkreises
Spennemann, Emil	Mitbegründer des Bergischen Fabrikanten-Vereins seit 14. 5. 1891 stellvertretender Vorsitzender und alternierender Hauswart
Tesche, Robert	1894 bis 1903 Vorstandsmitglied
Vaillant, Franz	bis 26. 5. 1933 Vorstandsmitglied
Wegerhoff, Hermann	1890 bis 1896 Vorstandsmitglied
Willmeroth, Karl	bis 26. 5. 1933 Vorstandsmitglied

Die ersten Geschäftsführer des BFV waren:

Lüdecke, Robert

bis 31. 12. 1909 Sekretär des Bergischen Fabrikanten-Vereins, *zugleich* Sekretär des Arbeitgeber-Verbandes von Remscheid und Umgegend e. V. vom 27. 8. 1903 bis 31. 12. 1903, Geschäftsführer des Arbeitgeber-Verbandes von Remscheid und Umgegend e. V. vom 1. 1. 1904 bis 31. 12. 1909 – in Personalunion –. Nach dem Ausscheiden aus dem BFV hauptamtlich Geschäftsführer des Arbeitgeber-Verbandes von Remscheid und Umgegend e. V. vom 1. 1. 1910 bis August 1919.

Zacharias, Th.

24. 6. 1890 bis zu seinem Tod im Ersten Weltkrieg Geschäftsführer des Bergischen Fabrikanten-Vereins *zugleich* Geschäftsführer und Technischer Aufsichtsbeamter der Sektion V der Maschinenbau- und Kleineisenindustrie-Berufsgenossenschaft, die schon vor Gründung des BFV bestand, *und zugleich* vom 27. 8. 1903 bis 31. 12. 1903 Geschäftsführer des Arbeitgeber-Verbandes von Remscheid und Umgegend e. V. – in Personalunion –.

Vorstandsmitglieder des Arbeitgeber-Verbandes von Remscheid und Umgegend (AGV) von 1903–1934

Albert, Direktor
1928 Vorstandsmitglied

Arns, Peter
1928 Vorstandsmitglied

Arntz, Oswald
1928 Vorstandsmitglied

Arnz, Ernst
1903 bis 1905 Vorstandsmitglied

Bardach, Dr.
1928 Vorstandsmitglied

Becker, Aug. Albert
1903 bis 1905 Vorstandsmitglied

Becker, Eugen
1928 Vorstandsmitglied

Becker, Karl
1928 bis zur Auflösung des AGV 29. 6. 1934 Vorstandsmitglied
1928 2. Vorsitzender, Mitglied im Vorstands-Ausschuß

Benner, Fritz
1928 Vorstandsmitglied

Birkenstock, Walter
1928 Vorstandsmitglied

Böker, Dr.-Ing. e. h., H. G.
1928 Vorstandsmitglied, Mitglied im Vorstands-Ausschuß

Böllinghaus, H. W.
1928 Vorstandsmitglied

Böttcher, Direktor, Max
Vorstandsmitglied
1920 1. Vorsitzender

Brüning, F. W.
1928 Vorstandsmitglied

Busch, Willi
1920 bis 1928 Vorstandsmitglied

Corts, Walter
1903 bis 1930 Vorstandsmitglied
1909 bis 1928 Kassenwart
1928 Mitglied im Vorstands-Ausschuß

Ehlis, Walter
1920 bis 1928 Vorstandsmitglied
1928 Mitglied im Vorstands-Ausschuß

Eilender, Prof. Dr. Ing. e. h., Walter
seit 1911 bis 1920 Vorstandsmitglied
1914 und 1917 bis 1920 1. Vorsitzender
seit 1924 Ehrenvorsitzender

Engels, (jr.), Gustav
bis 1919 Vorstandsmitglied
1903 2. Vorsitzender
1904 bis 1910 und 1914/1915 1. Vorsitzender

Felde, Heinrich	1928 Vorstandsmitglied
Frowein, Walter	1928 Vorstandsmitglied
Gerharz, Josef	1912 Vorstandsmitglied
Haas, Hermann	1928 Vorstandsmitglied
Haas, Willi	1928 Vorstandsmitglied
Hager, Paul	1928 Vorstandsmitglied
Halbach, Richard	1911 Vorstandsmitglied
Heinrichs, Josef	1912 Vorstandsmitglied
Hentzen, Heinrich	1928 Vorstandsmitglied
Hentzen, Walter	1911 Vorstandsmitglied
Hessenbruch, Paul	1906 bis 1911 Vorstandsmitglied
Hilger, Konsul, Alfred	1928 Vorstandsmitglied
Hönneknövel, Emil	1928 Vorstandsmitglied
Hürxthal, Carl	1928 Vorstandsmitglied
Ibach, Gustav	1928 Vorstandsmitglied
Jacobi, Bruno	1912 Vorstandsmitglied
Klingelnberg, G. Adolf	1928 Vorstandsmitglied
Koepke, August	1911 Vorstandsmitglied
Krumm, Bernhard	1911 Vorstandsmitglied
Krumm, Eugen	1928 Vorstandsmitglied
Krumm, Ewald	1903 bis 1906 Vorstandsmitglied, Kassenführer
Lemp, Hans	1928 Vorstandsmitglied
Lindenberg, Richard	1911 Vorstandsmitglied
Lingnau, Bernhard	1912 Vorstandsmitglied
Lüttgen, Walter	1921 bis zur Auflösung des AGV 1934 Vorstandsmitglied 1928 3. Vorsitzender 1928 Mitglied im Vorstands-Ausschuß
Mesenhöller, Julius	1928 Vorstandsmitglied
Mühe, Direktor, Richard	1903 bis 1905 Vorstandsmitglied 1903 bis 1904 1. Vorsitzender
Müller, Gustav	1912 Vorstandsmitglied
Müller, Heinrich	1903 bis 1906 Vorstandsmitglied
von der Nahmer, General-Direktor, Adolf	1905 bis 1928 Vorstandsmitglied 1928 Mitglied im Vorstands-Ausschuß
Offermann, Adolf	1928 Vorstandsmitglied
Paffenhoff, Gustav	1903 Vorstandsmitglied
Peiseler, Ewald	1903 bis 1905 Vorstandsmitglied
Peiseler, F. W.	1928 Vorstandsmitglied
Pütz, Dr.	1928 Vorstandsmitglied
Schleutermann, Ferd.	1928 Vorstandsmitglied
Schlieper, Rudolf	1928 Vorstandsmitglied
Schmitt, Ernst	1928 Vorstandsmitglied
Schürmann, Karl	1921 bis zur Auflösung des AGV 1934 Vorstandsmitglied seit Ende 1920 1. Vorsitzender 1928 Mitglied im Vorstandsausschuß „Der Verein ist durch Beschluß der Mitgliederversammlung vom 29. 6. 1933 aufgelöst. Zum Liquidator ist das bisherige Vorstandsmitglied Karl Schürmann bestellt."

Sohnius, Rudolf	1928 Vorstandsmitglied
Tschoepe, Otto	1928 Vorstandsmitglied
Urbahn, Rudolf	1928 Vorstandsmitglied
Vaillant, Franz	1928 Vorstandsmitglied
Vaillant, Karl	1911 bis 1915 Vorstandsmitglied 1914/1915 2. Vorsitzender
Vogelsang, Otto	1928 Vorstandsmitglied
Wellershaus, Gottlieb	1907 bis 1915 Vorstandsmitglied 1911 bis 1913 1. Vorsitzender
Zerver, David	1928 Vorstandsmitglied

Geschäftsführer des AGV von 1903 bis 1934

27. 8. 1903 bis 31. 12. 1903	Zacharias, Th., Geschäftsführer des AGV und zugleich: Geschäftsführer des BFV
27. 8. 1903 bis 31. 12. 1903	Lüdecke, Robert, Sekretär des AGV und zugleich: Sekretär des BFV
1. 1. 1904 bis 31. 12. 1909	Geschäftsführer des AGV und zugleich: Sekretär des BFV
1. 1. 1910 bis August 1919	hauptamtlich Geschäftsführer des AGV
August 1919 bis Oktober 1919	Meyer, Dr., P., Geschäftsführer des AGV und zugleich: Syndikus des Vereins deutscher Fabrikanten und Exporteure für den Handel mit Russland E. V., Sitz Remscheid, vorm. Villenstraße
November 1919 bis 29. 6. 1934 (bis zur Auflösung des AGV)	Legers, Dr., Paul, Geschäftsführer des AGV und zugleich: Geschäftsführer des Gesamtverbandes der deutschen Werkzeugindustrie bis zu seiner zwangsweisen Auflösung 1934. Später Geschäftsführer der „Fachgruppe Blechwarenindustrie" in Berlin bis zu seinem Tod im April 1943.
2. 1. 1919 bis 29. 6. 1934	Gruner, Ernst, Sekretär des AGV 1934 bis 1945 Wahrnehmung der Arbeitgeber-Interessen in der Fachgruppe Werkzeugindustrie.

Arbeitgeberverband
von Remscheid und Umgebung.

Remscheid, den 30. November 1945
Elberfelderstraße 77
Fernsprecher: 4 44 01, 4 55 62

BETREFF: **Bildung von Hauptgruppen und Unterabteilungen.**

Zur Vereinfachung der Durchführung der Verbands-Aufgaben und um die Belange der verschiedenen Industriezweige zu sichern, soll der Arbeitgeber-Verband zunächst in 4 Hauptgruppen und diese wieder in Unterabteilungen aufgegliedert werden.

Als Hauptgruppen kommen in Frage:

Hauptgruppe 1: Eisen-, Metall- und Elektroindustrie,
      „   2: Textil-Industrie,
      „   3: Schuh-Industrie,
      „   4: Verschiedene Industrien.

Während über die Notwendigkeit der Schaffung von Unterabteilungen für die Hauptgruppen 2—4 mit den beteiligten Firmen noch Rücksprache genommen werden soll, ist für die Hauptgruppe 1; Eisen-, Metall- und Elektroindustrie, eine Aufteilung in Unterabteilungen nicht nur aufgrund der Vielzahl der Mitgliedsfirmen, sondern auch mit Rücksicht auf die verschiedenartige Produktion erforderlich. Für diese Hauptgruppe sind die nachstehenden Unterabteilungen vorgesehen:

Unterabteilung 1: Stahl-, Walz- und Hammerwerke
     „   2: Eisen- und Metallgießereien und Metallwaren
     „   3: Maschinenbau, Maschinenteile, Armaturen, Apparate, Vorrichtungen und Gesenke
     „   4: Landmaschinenteile
     „   5: Maschinenmesser, Messer und Scheiben
     „   6: Spiralbohrer, Fräser, Reibahlen und Gewindeschneidwerkzeuge
     „   7: Bohrer und Spezialwerkzeuge für Holz- und Steinbearbeitung
     „   8: Sägen für die Metallbearbeitung
     „   9: Sägen für Holz- und Steinbearbeitung einschließlich Zubehör
     „   10: Feilen und Raspeln
     „   11: Beitel, Hobeleisen, Kellen und Spachteln usw.
     „   12: Schraubenschlüssel aller Art
     „   13: Zangen und grobe Scheren
     „   14: Rohr-, Installations- und Telegrafenbauwerkzeuge
     „   15: Hämmer, Winden, Schraubstöcke, Feilkloben, Federn
     „   16: Blech- und Emaillierwerke
     „   17: Schloß- und Beschlagindustrie
     „   18: Schlittschuhe und Rollschuhe
     „   19: Elektroindustrie
     „   20: Großindustrie.

Wir haben Ihre Firma aufgrund der von Ihnen hergestellten Erzeugnisse, soweit sie uns bekannt sind, in die
Unterabteilungen:
eingegliedert.

Wir bitten Sie um Überprüfung, ob diese von uns vorgenommene Eingruppierung richtig ist. Sollte sie unrichtig oder unvollständig sein, bitten wir um Ihre Berichtigung spätestens bis zum 10. Dezember 1945.

Arbeitgeberverband
von Remscheid und Umgebung

gez. Alb. Honsberg jr.   gez. Ernst Gruner.

Hauptvorstand des Arbeitgeber-Verbandes von Remscheid und Umgebung e. V. (AGV)

von 1946–1990

Unterabteilungen:

Unterabteilung 1: **Stahl-, Walz- und Hammerwerke**

Unterabteilung 2: **Eisen- und Metallgießereien, Metallwaren**

Unterabteilung 3: **Maschinen, Maschinenteile, Bearbeitungswerkstätten, Armaturen, Apparate, Vorrichtungen und Gesenke**

Unterabteilung 4: **Landmaschinenteile**

Unterabteilung 5: **Maschinenmesser, Messer und Scheiben**

Unterabteilung 6: **Spiralbohrer, Fräser, Reibahlen, Gewindeschneidwerkzeuge und sonstige Spezialwerkzeuge für die Metallbearbeitung**

Unterabteilung 7: **Bohrer und Spezialwerkzeuge für Holz- und Steinbearbeitung**

Unterabteilung 8: **Sägen für die Metallbearbeitung**

Unterabteilung 9: **Sägen für die Holz- und Steinbearbeitung einschließlich Zubehör**

Unterabteilung 10: **Feilen und Raspeln**

Unterabteilung 11: **Beitel, Hobeleisen, Kellen und Spachteln**

Unterabteilung 12: **Schraubenschlüssel aller Art**

Unterabteilung 13: **Zangen und grobe Scheren**

Unterabteilung 14: **Rohr-, Installations- und Telegrafenbauwerkzeuge**

Unterabteilung 15: **Hämmer, Winden, Schraubstöcke, Feilkloben**

Unterabteilung 16: **Blech- und Emaillierwerke**

Unterabteilung 17: **Schloß- und Beschlagindustrie**

Unterabteilung 18: **Schlittschuhe und Rollschuhe**

Unterabteilung 19: **Elektroindustrie**

Unterabteilung 20: **Kunststoffverarbeitende Industrie**

Unterabteilung   **„Außerordentliche Mitglieder"**

(In der Klammer die Unterabteilung, von der die Mitglieder gewählt wurden)

Mitglieder: / Wahl und Wiederwahl:

Mitglieder:	Wahl und Wiederwahl:
Rich. Ambrock (12)	1946 / 1950 / 1954
Joh. Peter Arns (11)	1946 / 1950 / 1954 / 1957 / 1960 / 1966 / 1971
Dipl.-Kfm. Alfred Arnz (Vorstand)	1966 / 1971 / 1976
August Arnz (Vorstand)	1946 / 1950 / 1954 / 1957 / 1960 / 1966
Dr. Hans-Egon Arntz (8)	1986
Inge Arntz-Wider (5)	1966 / 1971
Wilh. Arntz (8)	1946 / 1950 / 1954
Dipl.-Wirtsch.-Ing. Wilhelm Arntz (8)	1976 / 1981 / 1986
Direktor Herbert Baer	1971
Eugen Becker (13)	1946 / 1950 / 1954 / 1957 / 1960
Günter Becker (12 + Vorstand)	1976 / 1981 / 1986
Heinz-Hermann Becker (17)	1986
Dipl.-Ing. Hermann Becker (13)	1966 / 1971 / 1976 / 1981

197

Ernst Benner (3)	1981
Direktor Max Benscheid (2)	1946 / 1950 / 1954 / 1957 / 1960 / 1966 / 1971 / 1976
Hans Berlet	1960
Ernst Bisterfeld (20)	1946 / 1950 / 1954 / 1957
Dipl.-Ing. Wolfram Blachetta (3)	1986
Klaus Börsch (5 + 12)	1976 / 1981 / 1986
Dr. Hans Bötzow (13 + Vorstand)	1966 / 1971 / 1976 / 1981 / 1986
P. Wilh. Brand (6)	1946 / 1950
Herm. Bremicker (10)	1946 / 1950
Ing. Karl Brüning (12)	1966 / 1971 / 1976 / 1981
Dipl.-Ing. Karl Buchholz (5)	1976 / 1981
Paul Busatis (4)	1946
Ernst Busch (11)	1986
Dr. Wolfgang Busch (Vorstand + 3)	1946 / 1950 / 1954 / 1957 / 1960 / 1966 / 1971 / 1976
Günther Claas (6)	1960
Karl Diederichs (1)	1976
Dr. Manfred Diederichs (1)	1981 / 1986
Max Dominicus (9)	1946 / 1950 / 1954 / 1957 / 1960 / 1966 / 1971
Helmut Dorfmüller (13)	1957 / 1960
Hugo Dornseif (18)	1946
Karl Dowidat (12)	1976
Otto Dowidat (12)	1966 / 1971
Dr. Herbert Dullien (3)	1957 / 1960 / 1966
Erich Engels (15)	1946 / 1950 / 1954
Adolf Erbschloe (9)	1954
Dipl.-Ing. Jörg Felde (9)	1986
Richard Felde (9)	1946 / 1950 / 1954 / 1957
Richard Felde jr. (9 + Vorstand)	1960 / 1966 / 1971 / 1976 / 1981 / 1986
Karl Heinz Feldhoff (10)	1981 / 1986
Adolf Flöring (Außerordentliches Mitglied)	1946
Dr. Dietrich Fricke (Vorstand + 2)	1966 / 1971 / 1976 / 1981 / 1986
Dipl.-Kfm. Alois Gerlach (6)	1976 / 1981
Dipl.-Kfm. Heinz Giersiepen (20)	1966 / 1971 / 1976 / 1981 / 1986
Dr. Bernhard Goppel (2)	1976 / 1981
Karl-Heinz Gorgas (17)	1981
Fritz Grass (9)	1950 / 1954 / 1957
Karl Horst Grimm (1)	1976 / 1981
Dipl.-Ing. Wilh. Grimm (1)	1957 / 1960 / 1966 / 1971
Dipl.-Ing. Wolf Grimm (1)	1986
Direktor Wolfgang Dieter Großmann (2)	1971
Carl Wilhelm Haas (4)	1960 / 1966 / 1971 / 1976 / 1981 / 1986
Günther Haas (3)	1946 / 1950 / 1954 / 1957
Richard Hammerschmidt (16)	1966 / 1971
Detmar Hardt (Außerordentliches Mitglied)	1946 / 1950 / 1954

Hermann Hardt (Außerordentliches Mitglied)	1986
Wilh. Hardt (Außerordentliches Mitglied)	1957 / 1960 / 1966 / 1971 / 1976
Ernst Heidmann (8)	1946 / 1950 / 1954 / 1957
Direktor Heiss (3)	1946 / 1950 / 1954
Direktor Dipl.-Kfm. Günter Heppel (Vorstand)	1976
Dr. Arnulf Hilke (3)	1981
Dipl.-Wirtsch.-Ing. Eckhard Hirschfeld (2)	1981 / 1986
Tech. Dipl.-Kfm. Klaus Hönscheid (15)	1976 / 1981 / 1986
Albert Honsberg jr. (Vorstand)	1946 / 1950 / 1954 / 1957 / 1960 / 1966 / 1971
Carl Hürxthal (3)	1946 / 1950 / 1954 / 1957 / 1960
Bernhard Ibach (1)	1966 / 1971
Heinz Ibach (1)	1946
Dipl. rer. pol. Klaus Ibach (1)	1976
Oskar Ibach (14 + 12)	1946 / 1950 / 1954 / 1956 / 1960 / 1966 / 1971
Dipl.-Ing. Peter Ibach (3)	1986
Gustav Jaeger (6)	1946 / 1950 / 1954
Dipl.-Ing. Röttger Jansen-Herfeld (9)	1976 / 1981 / 1986
Ing. (grad.) Gerhard Janzik (12)	1976
Heinrich Kissling (12)	1946 / 1950
Max Kissling (12)	1954 / 1957 / 1960
Dr. Ulrich Klein (1)	1981
Dipl.-Wirtsch.-Ing. Diether Klingelnberg (3)	1976 / 1981 / 1986
Günter Klingelnberg (5)	1946 / 1950 / 1954
Dipl.-Ing. Wolfgang Klingelnberg (3)	1960 / 1966
Klaus Knierim (16)	1981 / 1986
Dipl.-Kfm. Walter Köhler (3)	1971 / 1976 / 1981 / 1986
Egon Kretzer (12)	1966 / 1971
Günter Krölls (2)	1976
Erhard Krumm (1)	1976 / 1981 / 1986
Direktor Herbert Küpper (1 + Vorstand)	1966 / 1971 / 1976 / 1981 / 1986
Kurt-Jürgen Lauwe (17)	1986
Jürgen Lemp (3)	1981 / 1986
Dipl.-Ing. Rolf Löher (6)	1966 / 1971 / 1976 / 1981 / 1986
Heinrich Lorenz (10)	1946 / 1950 / 1954 / 1957 / 1960
Dipl.-Ing. Carlheinz Luhn (1)	1950 / 1954 / 1957 / 1960 / 1966 / 1971 / 1976
Volker Meissner (3)	1981 / 1986
Walter Mellewigt (15)	1957 / 1960 / 1966 / 1971
Otto Möhle sen. (13)	1954
Dieter Mühlhoff (7)	1966 / 1971 / 1976 / 1981
Hermann Mühlhoff (7)	1946 / 1950 / 1954 / 1957 / 1960
Dipl.-Kfm. Jochen Mühlhoff (7)	1986
Prokurist Müllen (3)	1946 / 1950 / 1954
Franz Müller (2)	1946 / 1950 / 1954
Dipl.-Ing. Rolf Müller (Außerordentliches Mitglied)	1986
Heinrich Mundorf (Vorstand)	1946 / 1950 / 1954
Otto Neuroth (6)	1946 / 1950 / 1954 / 1957 / 1960 / 1966 / 1971
Otto Neuroth jun. (6)	1976

Fritz Neveling (14)	1976 / 1981 / 1986
Paul Neveling (4)	1950 / 1954 / 1957 / 1960 / 1966 / 1971
Paul Neveling (12)	1946
Dr. Georg Niebch (10)	1954 / 1957 / 1960 / 1966 / 1971
Dr. Otto Niederhoff (1)	1950 / 1954 / 1957 / 1960
Curt Niggeloh (2)	1946 / 1950
Dipl.-Betriebswirt Wilfried Nöll (5)	1986
Dr. Adolf Offermann (10)	1946 / 1950 / 1954 / 1957 / 1960
Ernst Ohler jr. (8)	1946 / 1950 / 1954 / 1957 / 1960 / 1966 / 1971
Joachim Ohler (8 + Vorstand)	1976 / 1981 / 1986
Wilh. Pass (10)	1954 / 1957 / 1960 / 1966 / 1971 / 1976
Hans Paulig (2)	1950 / 1954 / 1957 / 1960
Alfred Peiseler (3)	1946 / 1950 / 1954 / 1957 / 1960 / 1966 / 1971
Fred Peiseler (3)	1976 / 1981 / 1986
Wolfgang Peiseler (3)	1966
Hermann Pipersberg (16)	1946
Kurt Pipersberg (16)	1950 / 1954 / 1957 / 1960
Friedrich Wilhelm Putsch (17)	1966 / 1971
Herbert Putsch (9)	1950 / 1954 / 1957 / 1960 / 1966 / 1971 / 1976 / 1981
Wilhelm Putsch (17)	1960
Erich Rauch (12)	1986
Alexander Rocholl jr. (17)	1946
Heinz Rocholl (17 + Vorstand)	1950 / 1954 / 1957 / 1960 / 1966
Hans Röntgen (9)	1950 / 1954
Hermann Röntgen (8)	1966 / 1971
Fritz Rösler (16)	1976
Direktor Friedrich Scheffler (19)	1976 / 1981 / 1986
Helga Schenck (3)	1981 / 1986
Dipl.-Ing. Wilhelm Schenck (3)	1966 / 1971 / 1976
Dipl.-Ökonom Udo Schmidt (2)	1986
Ernst Schmitt (11)	1976 / 1981 / 1986
Heinz Günter Schmitz (3)	1986
Karl Schürmann (Vorstand)	1946 / 1950 / 1954
Assessor Ehrenfried Schulze (Ehrenmitglied des Hauptvorstandes)	1976 / 1981
Günther Schumacher (6)	1954 / 1957 / 1960
Carl Schweingruber (9)	1960
Dipl.-Volksw. Herbert Semiller (3)	1981 / 1986
Prof. Dr.-Ing. Gerhard W. Seulen (19)	1966 / 1971 / 1977 / 1981
Hans Alfred Sieper (18)	1950 / 1954 / 1957 / 1960 / 1966 / 1971 / 1976 / 1981 / 1986
Julius Sieper (18)	1946
Klaus O. Stahmer-Wilhelms (12)	1981
Otto vom Stein (3)	1946
Albert Strasmann (6)	1966 / 1971 / 1976 / 1981 / 1986

Direktor Thamm (1)	1946
Elisabeth Tillmanns-Schmidt (2)	1954 / 1957 / 1960
Dipl.-Ing. Friedrich Toussaint (1)	1986
Egon Trant (4)	1976 / 1981 / 1986
G. Alb. Urbahn (19)	1946 / 1950 / 1954 / 1957 / 1960
Dipl.-Ing. Karl-Ernst Vaillant (16)	1976 / 1981 / 1986
Dr. Wolfgang Vaillant (16)	1946 / 1950 / 1954 / 1957 / 1960 / 1966 / 1971
Dr.-Ing. Otto Voigtländer (Außerordentliches Mitglied)	1966 / 1971
Walter Wagner (17)	1976 / 1981
Hermann Wegerhoff (14)	1946 / 1950 / 1954 / 1957 / 1960 / 1966 / 1971
Dipl.-Ing. Hermann Wegerhoff (14)	1976 / 1981 / 1986
Gustav Weissenfeld (13)	1946 / 1950
Karl Wellershaus (10)	1946 / 1950 / 1954 / 1957
Dr.-Ing. Eberhard Werth (Außerordentliches Mitglied)	1976 / 1981
Dr.-Ing. Peter Winterhager (2)	1981 / 1986
Dipl.-Volksw. Jürgen Witzel (5)	1976 / 1981
Chr. Heinr. Wolf (9)	1946 / 1960
Peter Wolf (9)	1966 / 1971 / 1976 / 1981 / 1986
Dipl.-Ing. Werner Wostbrock (3)	1966 / 1971 / 1976
Otto Zach (3)	1957 / 1960 / 1966 / 1971
Dr. Gerhard Zapf (2)	1966 / 1971
Karl Zenses (10)	1966 / 1971
Alfred Zerver (12)	1946 / 1950 / 1954 / 1957 / 1960 / 1966 / 1971 / 1976
Werner Zimmermann (10)	1946 / 1950 / 1954

Der Vorstand des AGV seit Wiedergründung des Verbandes 1945

26. 10. 1945 Gründungsversammlung

Albert Honsberg jr. 1. Vorsitzender
Karl Schürmann stellvertretender Vorsitzender
Dr. Wolfgang Busch 2. Vorsitzender
Heinrich Mundorf 3. Vorsitzender
August Arnz Kassenführer

Es handelt sich um einen „vorläufigen Vorstand".

Die Herren: **Albert Honsberg jr., Karl Schürmann, Dr. Wolfgang Busch** haben bereits dem Arbeitsausschuß für arbeitsrechtliche Fragen angehört, der von Mai bis Oktober 1945 amtierte.

11. 4. 1946 Mitgliederversammlung

Wegen der erforderlichen Genehmigung der endgültigen Verbandssatzung muß in dieser Sitzung der endgültige Vorstand gewählt werden.

Der gesamte Vorstand wird in seiner bisherigen Zusammensetzung wiedergewählt.

20. 5. 1949 Mitgliederversammlung

Der gesamte Vorstand wird in seiner bisherigen Zusammensetzung wiedergewählt.

9. 6. 1952   Mitgliederversammlung

Der bisherige Vorstand wird wiedergewählt.

12. 5. 1955   Mitgliederversammlung

Satzungsänderung (§ 8, Abs. 1): „Der Vorstand besteht aus: dem 1. Vorsitzenden, dem 2. Vorsitzenden, dem 3. Vorsitzenden, dem Kassenführer."

Albert Honsberg jr. 1. Vorsitzender

Dr. Wolfgang Busch 2. Vorsitzender

Heinrich Mundorf 3. Vorsitzender

August Arnz Kassenführer

22. 5. 1958   Mitgliederversammlung

Albert Honsberg jr. 1. Vorsitzender

Dr. Wolfgang Busch 2. Vorsitzender

Dipl.-Ing. Carl-Heinz Rocholl 3. Vorsitzender

August Arnz Kassenführer

26. 5. 1961   Mitgliederversammlung

Albert Honsberg jr. 1. Vorsitzender

Dr. Wolfgang Busch 2. Vorsitzender

Dipl.-Ing. Carl-Heinz Rocholl 3. Vorsitzender

Dipl.-Kfm. Alfred Arnz Kassenführer

12. 6. 1964   Mitgliederversammlung

Dipl.-Kfm. Alfred Arnz 1. Vorsitzender

Dr. Dietrich Fricke 2. Vorsitzender

Dipl.-Ing. Carl-Heinz Rocholl 3. Vorsitzender

Richard Felde jun. Schatzmeister

Albert Honsberg Ehrenvorsitzender des Verbandes

19. 5. 1967   Mitgliederversammlung

Dipl.-Kfm. Alfred Arnz 1. Vorsitzender

Dr. Dietrich Fricke 2. Vorsitzender

Herbert Küpper 3. Vorsitzender

Richard Felde jr. Schatzmeister

22. 5. 1970   Mitgliederversammlung

Nach Änderung der Satzung in der Mitgliederversammlung vom 20. 6. 1969 besteht der Vorstand aus „dem Vorsitzenden, seinen beiden Stellvertretern und dem Schatzmeister."

Dipl.-Kfm. Alfred Arnz Vorsitzender

Dr. Dietrich Fricke stellvertretender Vorsitzender

Herbert Küpper stellvertretender Vorsitzender

Richard Felde Schatzmeister

11. 5. 1973   Mitgliederversammlung

Dipl.-Kfm. Alfred Arnz Vorsitzender

Herbert Küpper stellvertretender Vorsitzender

Dir. Dipl.-Kfm. Günter Heppel stellvertretender Vorsitzender

Richard Felde Schatzmeister

25. 12. 1974   Herr Albert Honsberg, Ehrenvorsitzender des Verbandes, verstorben.

4. 6. 1976   Mitgliederversammlung

Der Vorstand wird wiedergewählt.

1. 6. 1979   Mitgliederversammlung

Es wird eine Satzungsänderung beschlossen (§ 8 Abs. 1).
Die Neufassung lautet: „Der Vorstand besteht aus: dem Vorsitzenden und seinen drei Stellvertretern. Die Mitgliederversammlung wählt einen der Stellvertreter zum Schatzmeister."

Dipl.-Kfm. Alfred Arnz Vorsitzender

Herbert Küpper stellvertretender Vorsitzender

Dir. Dipl.-Kfm. Günter Heppel stellvertretender Vorsitzender und Schatzmeister

Günter Becker stellvertretender Vorsitzender

Richard Felde Ehrenmitglied des Hauptvorstandes

5. 6. 1981   Mitgliederversammlung

Es wird eine Satzungsänderung beschlossen (§ 8).
Die Neufassung lautet: „Der Vorstand besteht aus: dem Vorsitzenden und **bis zu vier** Stellvertretern. Die Mitgliederversammlung wählt einen der Stellvertreter zum Schatzmeister."

Dipl.-Kfm. Alfred Arnz Vorsitzender

Günter Becker stellvertretender Vorsitzender

Dr. Hans Bötzow stellvertretender Vorsitzender und Schatzmeister

Dr. Dietrich Fricke stellvertretender Vorsitzender

Herbert Küpper stellvertretender Vorsitzender

10. 6. 1981   Herr Dipl.-Kfm. Alfred Arnz, Vorsitzender, verstorben.

28. 5. 1982   Mitgliederversammlung

Dr. Dietrich Fricke Vorsitzender

Günter Becker stellvertretender Vorsitzender

Dr. Hans Bötzow stellvertretender Vorsitzender und Schatzmeister

Joachim Ohler stellvertretender Vorsitzender

Herbert Küpper Ehrenmitglied des Hauptvorstandes

24. 5. 1985   Mitgliederversammlung

Der gesamte Vorstand wird wiedergewählt.

20. 5. 1988   Mitgliederversammlung

Der Vorstand wird wiedergewählt.

Vorstand und Hauptvorstand im Jubiläumsjahr 1990

Vorstand

Dr. Dietrich Fricke
Vorsitzender

Firma TENTE-ROLLEN GmbH & Co., Wermelskirchen

Günter Becker
stellvertretender Vorsitzender

Firma VBW Vereinigte Beckersche Werkzeugfabriken GmbH & Co. KG, Remscheid

Joachim Ohler
stellvertretender Vorsitzender

Firma Joh. Friedrich Ohler GmbH & Co., Sägenfabrik, Remscheid

Dr. Hans Bötzow
stellvertretender Vorsitzender
und Schatzmeister

Firma DAKO Werkzeugfabriken, David Kotthaus GmbH & Co. KG, Remscheid

Hauptvorstand

Unterabteilung 1:
Stahl-, Walz- und Hammerwerke

Dr. Manfred Diederichs

Firma Karl Diederichs, Remscheid-Lüttringhausen

Dipl.-Ing. Wolf Grimm

Firma Gustav Grimm, Edelstahlwerk GmbH, Remscheid

Erhard Krumm

Firma Krumm GmbH & Co., Remscheid

Dipl.-Ing. Friedrich Toussaint

Firma Bergische Stahl-Industrie, Edelstahlwerk Lindenberg der Thyssen Industrie AG, Remscheid

Unterabteilung 2:
Eisen- und Metallgießereien, Metallwaren

Dr. Dietrich Fricke

Firma TENTE-ROLLEN GmbH & Co., Wermelskirchen

Dipl.-Wirtsch.-Ing.
Eckhard Hirschfeld

Firma Sintermetallwerk Krebsöge GmbH, Radevormwald

Dipl.-Ökonom Udo Schmidt

Firma Albert Schulte Söhne GmbH & Co., Wermelskirchen

Dr.-Ing. Peter Winterhager

Firma Alexanderwerk AG, Remscheid

Unterabteilung 3:
Maschinen, Maschinenteile, Bearbeitungswerkstätten, Armaturen, Apparate, Vorrichtungen und Gesenke

Dipl.-Ing. Wolfram Blachetta

Firma RHEWUM GmbH, Remscheid

Dipl.-Ing. Peter Ibach

Firma Remscheider Werkzeugfabrik A. Ibach & Co., Remscheid

Dipl.-Wirtsch.-Ing.
Diether Klingelnberg

Firma Klingelnberg Söhne Remscheid, Remscheid

Dipl.-Kfm. Walter Köhler

Firma BARMAG AG, Remscheid

Jürgen Lemp

Firma Ortlinghaus-Werke GmbH, Wermelskirchen

Volker Meissner

Firma Kotthaus & Busch GmbH & Co., Remscheid

Fred Peiseler

Firma J. Gottlieb Peiseler GmbH & Co. KG, Remscheid

Helga Schenck

Firma A. Mannesmann, Maschinenfabrik GmbH & Co. KG, Remscheid

Heinz Günter Schmitz

Firma SUPFINA Maschinenfabrik Hentzen GmbH & Co. KG, Remscheid

Unterabteilung 4:
Landmaschinenteile

Egon Trant

Firma Busatis-Werke GmbH & Co. KG, Hückeswagen

Unterabteilung 5:
Maschinenmesser, Messer und Scheiben

Dipl.-Betriebswirt Wilfried Nöll	Firma EDESSÖ-WERK, Ed. Engels Söhne GmbH & Co., Remscheid

Unterabteilung 6:
Spiralbohrer, Fräser, Reibahlen, Gewindeschneidwerkzeuge und sonstige Spezialwerkzeuge für die Metallbearbeitung

Dipl.-Ing. Rolf Löher	Firma Westdeutsche Präzisions-Werkzeugfabrik August Löher GmbH & Co., Remscheid
Albert Strasmann	Firma Albert Strasmann, Remscheid

Unterabteilung 7:
Bohrer und Spezialwerkzeuge für Holz- und Steinbearbeitung

Dipl.-Kfm. Jochen Mühlhoff	Firma FAMAG-Werkzeugfabrik, Friedr. Aug. Mühlhoff, Remscheid

Unterabteilung 8:
Sägen für die Metallbearbeitung

Dr. Hans-Egon Arntz	Firma Robert Röntgen GmbH & Co. KG, Remscheid
Dipl.-Wirtsch.-Ing. Wilhelm Arntz	Firma Joh. Wilh. Arntz, Remscheid
Joachim Ohler	Firma Joh. Friedrich Ohler GmbH & Co., Sägenfabrik, Remscheid

Unterabteilung 9:
Sägen für die Holz- und Steinbearbeitung einschließlich Zubehör

Dipl.-Ing. Jörg Felde	Firma Richard Felde GmbH & Co. KG, Remscheid-Hasten
Dipl.-Ing. Röttger Jansen-Herfeld	Firma Richard Jansen GmbH, Remscheid-Hasten
Peter Wolf	Firma Wolf & Bangert, Remscheid

Unterabteilung 10:
Feilen und Raspeln

Karl Heinz Feldhoff	Firma Frowein, Schulz & Braun GmbH, Radevormwald

Unterabteilung 11:
Beitel, Hobeleisen, Kellen und Spachteln

Ernst Busch	Firma Jacob Busch GmbH & Co. KG, Remscheid
Ernst Schmitt	Firma Wilh. Schmitt & Comp., Remscheid

Unterabteilung 12:
Schraubenschlüssel aller Art

Günter Becker	Firma VBW Vereinigte Beckersche Werkzeugfabriken GmbH & Co. KG, Remscheid
Klaus Börsch	Firma HAZET-WERK, Hermann Zerver GmbH & Co. KG, Remscheid
Erich Rauch	Firma ELORA-Werkzeugfabrik GmbH, Remscheid

Unterabteilung 13:
Zangen und grobe Scheren

Dr. Hans Bötzow	Firma DAKO Werkzeugfabriken, David Kotthaus GmbH & Co. KG, Remscheid

Unterabteilung 14:
Rohr-, Installations- und Telegrafenbauwerkzeuge

Fritz Neveling	Firma „Rhenus"-Telegrafenbau-Werkzeugfabrik, Walter Scharwächter KG, Remscheid
Dipl.-Ing. Hermann Wegerhoff	Firma Hermann Wegerhoff, ALARM-Werkzeugfabrik GmbH & Co. KG, Remscheid

Unterabteilung 15:
Hämmer, Winden, Schraubstöcke, Feilkloben

Techn. Dipl.-Kfm. Klaus Hönscheid	Firma Gebr. Hönscheid, Remscheid

Unterabteilung 16:
Blech- und Emaillierwerke

Klaus Knierim	Firma Windgassen & Hindrichs GmbH & Co. KG, Remscheid
Dipl.-Ing. Karl-Ernst Vaillant	Firma Joh. Vaillant GmbH & Co., Remscheid

Unterabteilung 17:
Schloß- und Beschlagindustrie

Heinz-Hermann Becker	Firma Heinr. Betz Söhne GmbH & Co. KG, Radevormwald
Kurt-Jürgen Lauwe	Firma KEIPER RECARO GmbH & Co., Remscheid

Unterabteilung 18:
Schlittschuhe und Rollschuhe

nicht vertreten

Unterabteilung 19:
Elektroindustrie

nicht vertreten

Unterabteilung 20:
Kunststoffverarbeitende Industrie

Dipl.-Kfm. Heinz Giersiepen	Firma GIRA Gustav Giersiepen GmbH & Co. KG, Radevormwald

Unterabteilung:
„Außerordentliche Mitglieder"

Hermann Hardt	Firma Johann Wülfing & Sohn, Kammgarnspinnerei, Remscheid
Dipl.-Ing. Rolf Müller	RWE Energie Aktiengesellschaft, Betriebsverwaltung Lennep, Remscheid

Mitgliederentwicklung von 1890–1990

Die Mitgliederzahl und die Zahl der bei den Mitgliedern beschäftigten Arbeitnehmer spiegeln die Struktur der bergischen Industrieunternehmen wider. Sie ist gekennzeichnet durch eine Fülle kleiner und mittlerer Betriebe, die sich Spezialgebieten der Herstellung von Werkzeugen und sonstigen Produkten der Metallindustrie widmen. Der Unternehmergeist der bergischen Menschen führte in den Gründerjahren zu einer Vielzahl von solchen mittelständischen Unternehmen. Dies wird deutlich in den Zahlen der folgenden Statistik (Die Zahlen enthalten sämtliche Mitglieder: ordentliche, außerordentliche und Gesamtmitglieder):

Jahr	Zahl der Mitgliedsunternehmen	Zahl der Beschäftigten
1890	32	2 500
1922	370	17 750
1946	605	17 600
1952	572	17 650
1956	477	25 480
1960	484	28 230
1970	404	31 100
1980	378	29 700
1990	326	31 377

Die rückläufige Entwicklung der Mitgliederzahlen verweist zugleich auf eine veränderte Struktur in den Industrieunternehmen des bergischen Raumes. Die Fülle der Klein- und Mittelbetriebe reduzierte sich durch Betriebsaufgaben, Betriebsübernahmen oder Liquidationen aus wirtschaftlichen Gründen um fast die Hälfte. Die dort beschäftigten Arbeitnehmer fanden überwiegend in den weiterexistierenden größeren Unternehmen Unterkunft, wie aus der konstanten Zahl der Beschäftigten in den Mitgliedsunternehmen ersichtlich ist.

Mitgliederversammlungen von 1890–1990

27. 6. 1890 Gründungsversammlung
des Bergischen Fabrikanten-Vereins
unter Übernahme des zunächst persönlich von den Herren
Moritz Böker, Reinhard Kotthaus, Emil Spennemann gekauften Vereinshauses (Besitz von Georg Halbach).
Tagungslokal: die erworbene Besitzung: Elberfelder Straße 77.
Teilnehmer: 24 Herren.
In Vertretung des durch Abwesenheit von Remscheid verhinderten Seniors der einladenden Fabrikanten, Herrn Reinhard Kotthaus, leitete Herr Emil Spennemann die Sitzung.

Im ersten Jahr war Reinhard Kotthaus Vorsitzender und Moritz Böker stellvertretender Vorsitzender.

Im Bergischen Fabrikanten-Verein wurden einzelne Fabrikationszweige in losen Gruppen zusammengefaßt, die aber nur Abreden über gleichartige Garantie-, Lieferungs- und Zahlungsbedingungen trafen und keine selbständigen Verbände darstellten. Eine Einmütigkeit dieser Gruppen gegenüber den Arbeitnehmern war schwer zu erzielen, da sie satzungsgemäß nicht gebunden waren.

Auf eine Hochkonjunktur und Zeit industriellen Aufschwungs folgte eine wirtschaftliche Krise, die in den Jahren 1889/90 ihren Höhepunkt erreichte. Die sozialpolitische Gesetzgebung machte einen engeren Zusammenhalt unter den Fabrikanten wünschenswert. Die Gleichgültigkeit in Unternehmerkreisen gegen Fortschritte mußte bekämpft werden, um die Abwanderung von Industriezweigen zu verhüten und um die Güte der Waren zu heben. Das Verhältnis der Fabrikanten zu Kaufmann und Verleger bedurfte der Klärung. Dies waren die wesentlichen Gründe, die 1890 zur Gründung des Bergischen Fabrikanten-Vereins in Remscheid führten.

14. 9. 1890 2. Sitzung des Bergischen Fabrikanten-Vereins.
Tagesordnung:
Festlegung des Wortlauts der Satzungen.
Erste ordentliche Vorstandswahl. Danach 12 Vorstandsmitglieder,
Vorsitzender Herr R. Kotthaus,
sein Stellvertreter Herr Moritz Böker,
Kassierer Herr Oskar Hessenbruch,
Hauswart Herr Emil Spennemann,
Geschäftsführer Herr Th. Zacharias.
Beratung über das Arbeitsprogramm. (Vor allen Dingen den wirtschaftlichen und sozialpolitischen Fragen die größte Aufmerksamkeit zu widmen.)

Die Ziele des Vereins waren: Hebung der Bergischen Industrie, – in Sonderheit der Stahl- und Eisenwarenerzeugung – sowie die Förderung der wirtschaftlichen Interessen der Fabrikanten.

Der Verein war mithin vorwiegend wirtschaftlich orientiert. Er behandelte aber zunächst auch allgemeine Arbeiterfragen, die freilich bei der verhältnismäßig ruhigen sozialpolitischen Lage nur einen beschränkten Raum in den Erörterungen einnahmen.

Dies änderte sich, als das Vorgehen der Gewerkschaften und ein Streik im Jahre 1903 die Arbeitgeber aus ihrer Zurückhaltung herauslockten.

20. 9. 1899 Hauptversammlung.
Beschlossen wurde, einen Teil des Vereinsgrundstückes, und zwar den nach der Sandkuhlstraße gelegenen, in Größe von etwa der Hälfte der gesamten Grundfläche, zu verkaufen. („Dank der Opferwilligkeit einer Reihe von Mitgliedern, die gemeinsam diesen Teil ankauften, konnte die ganze auf dem Grundbesitz lastende Hypothek getilgt und die für deren Verzinsung erforderlichen Mittel für andere Vereinszwecke verfügbar gemacht werden.")

„Mittlerweile war es auch möglich geworden, die nicht zu Versammlungen nötigen Räume im Vereinshaus zweckmäßig zu vermieten, so daß sich die geldliche Lage des Vereins trotz der erheblichen Ausgaben für Herstellung des Bürgersteiges an den großen Straßenfluchten und die umfangreiche Kanalanlage ständig besserte und es ermöglichte, den lange gehegten Plan, einen geeigneteren Versammlungsraum als den bisherigen zu schaffen und allen Mitgliedern für die erforderlichen Zusammenkünfte der verschiedensten Art ein angenehmes Heim zu bieten, zur Ausführung bringen."
(Aus der Festschrift von 1915)

7. 5. 1914
und
21. 12. 1914 Hauptversammlungen.
Zustimmung zu dem obenerwähnten Bauantrag des Vorstandes und Bereitstellung des veranschlagten Betrages.

27. 8. 1903 Gründungsversammlung:
Sie gründeten – auf Veranlassung des Bergischen Fabrikanten-Vereins – einen Arbeitgeberverband: „Verband von Arbeitgebern von Remscheid und Umgegend", später: „Arbeitgeberverband der Eisen- und Metallindustrie von Remscheid und Umgegend (e. V.).
Nun sah sich die Arbeiterschaft bei Erhebung ihrer Forderungen auf höheren Lohn oder verkürzte Arbeitszeit einer geschlossenen Meinung der Arbeitgeber gegenüber.
Tagungslokal: Hotel „Zum Reichshof".
Tagesordnung:
„Besprechung der Gründung eines Arbeitgeberverbandes"
Beschluß der Gründung.
Aufstellung einer Satzung.
Den Vorsitz übernahm Herr Direktor Mühe von den Mannesmannröhren-Werken. In den ersten Monaten leitete die Geschäfte Herr Zacharias, der Geschäftsführer des Bergischen Fabrikanten-Vereins und übergab sie im Januar 1904 dem Sekretär dieses Vereins, Herrn Lüdecke. Die Personalunion der beiden Vereinigungen bestand bis zum 31. 12. 1909, als Herr Lüdecke aus dem Fabrikanten-Verein ausschied. Er behielt von nun an hauptamtlich bis zum August 1919 die Geschäftsführung.

208

Der vornehmliche Zweck des Verbandes sollte es sein, das gute Verhältnis mit den Arbeitnehmern zu pflegen und die gemeinsamen Belange der Arbeitgeber zu berücksichtigen. Er beschränkte sich hierbei, soweit es sich aus den vorhandenen schriftlichen Unterlagen ersehen läßt, in der Hauptsache auf eine beratende Tätigkeit gegenüber seinen Mitgliedern und ihre Unterstützung bei Arbeitskämpfen. Der Verband steckte seinen Aufgabenkreis damals nicht weiter, weil die in der Nachkriegszeit hereinbrechende Flut von Gesetzen, die ihn zu intensivster Verbands-Tätigkeit geradezu zwingt, bislang fehlte. Die Leiter der Betriebe, besonders der wenigen Großbetriebe, fanden noch die Zeit, selbst an einer besseren Regelung der Arbeitsbedingungen für die eigenen Unternehmen und an einer Förderung sowie Verbesserung der Lebensbedingungen ihrer Belegschaft zu arbeiten.

Eine geschlossene Arbeitgeberfront, die eine Schädigung der Wirtschaft bei übertriebenen Forderungen der Arbeiter hätte verhindern können, hatte bis dahin gefehlt. Die Unternehmer konnten sich auch solange mit einzelnen Arbeitskämpfen abfinden, bis in diesen allmählich jenes gewerkschaftliche System erkennbar wurde und eine Gegenwirkung geboten erschien. Der geeignete Weg mußte die Gründung eines besonderen Verbandes sein, der kraft seiner ausschließlichen Zweckbestimmung zu dieser Arbeit berufen war. Der Bergische Fabrikanten-Verein erkannte klar die Sachlage und veranlaßte, als erneut ein Streik ausbrach (bei der Firma Carl Offermann), gemeinsame Beratungen mit den anderen Organisationen, die sich bereits gelegentlich mit ähnlichen Erwägungen getragen hatten, dem „Gewerbeverein" (entstanden im Jahre 1845, er diente vornehmlich den Interessen des Kleingewerbes) und dem „Feilen-Fabrikanten-Verein" (es entsprach seinem schon erwähnten Zweck, daß sich dieser Verein 1903 nach der Gründung des Arbeitgeberverbandes auflöste und in ihm aufging).

28. 3. 1905   Hauptversammlung.
Tagesordnung: Satzungsänderung.

20. 3. 1919   Generalversammlung.
Tagesordnung: Änderung der Satzung (§§ 1, 8, 13a, 14, 23, 24).

13. 10. 1919   Generalversammlung.
Änderung der Satzung (§ 4).

18. 5. 1921   Außerordentliche Mitgliederversammlung.
Tagesordnung: Satzungsänderung.

11. 4. 1927   Ordentliche Mitgliederversammlung.
Tagesordnung: Satzungsänderung.

29. 6. 1933   Mitgliederversammlung.
„Der Verein ist durch Beschluß der Mitgliederversammlung vom 29. Juni 1933 aufgelöst. Zum Liquidator ist das bisherige Vorstandsmitglied Karl Schürmann bestellt."
(Eingetragen am 29. Juni 1934 nach dem alten Vereinsregister des Amtsgerichts Reg.-Nr. 15.)
Nach Auskunft des Vereinsregisters wird von diesem Zeitpunkt der Verein als nicht mehr existent aus der Sicht des Vereinsregisters angesehen (Aktennotiz vom 22. Oktober 1969/Ass. B. Gentges).

9. 11. 1934   Mitgliederversammlung des Bergischen Fabrikanten-Vereins.
„Vor dem unterzeichneten Justizrat Doktor juris Max Nastelski, Preußischer Notar für den Oberlandesgerichtsbezirk Düsseldorf, mit dem Amtssitz zu Remscheid, erschienen:
I. Als Verkäufer: Konsul Alfred Hilger, Karl Schürmann, Karl Becker
handelnd für den Bergischen Fabrikanten-Verein Remscheid als seine rechtmäßigen Vertreter und der als bestellter Führerkreis zur Ausübung aller Rechte und Pflichten des Vorstandes und der Mitgliederversammlung gemäß Beschluß der Mitglieder- und Vorstandsversammlung vom 9. November 1934, was der fungierende Notar als richtig bestätigt, daß weitere Personen dem Führerkreis nicht angehören."
Aus: Kaufvertrag über Grund und Gebäude vom 11. Dezember 1934.
„Die Herren Konsul Hilger, Schürmann und Becker, handelnd wie besagt, verkaufen und übertragen hiermit volleigentümlich der Gesellschaft ‚Bergische Grundbesitz-Verwertungs-Gesellschaft mit beschränkter Haftung', für welche Herr Osenberg dieses annimmt, die in der Gemeinde Remscheid gelegenen, im Grundbuch dieser Gemeinde Band 32 Blatt 1278 eingetragenen Grundstücke: Flur 4 Nr. 6313/69, 6314/73, 6315/73 und 6318/73 mit allen aufstehenden Gebäuden."

26. 10. 1945 Gründungsversammlung
des Arbeitgeber-Verbandes von Remscheid und Umgebung e. V.
im Werksheim der Firma Fritz Keiper, Remscheid-Hasten.
Tagesordnung:
1. Bericht über Zweck und Aufgaben des wieder zu errichtenden Arbeitgeber-Verbandes
2. Wahl des vorläufigen Vorstandes
3. Genehmigung der vorläufigen Satzungen
4. Festsetzung des vorläufigen Beitrages
Einberufer: Alb. Honsberg jr., Karl Schürmann, Dr. Busch.

6. 11. 1945 Gründungsversammlung
des Arbeitgeberverbandes Radevormwald, Nebenstelle des Arbeitgeber-Verbandes von Remscheid und Umgebung e. V.
im Hotel Faßbender in Radevormwald.
Tagesordnung:
1. Bericht über Zweck und Aufgaben des wieder zu errichtenden Arbeitgeber-Verbandes
2. Wahl des vorläufigen Vorstandes
3. Genehmigung der vorläufigen Satzungen
4. Festsetzung des vorläufigen Beitrages
Einberufer: Alb. Honsberg jr., Karl Schürmann, Dr. Busch.

3. 4. 1946 Mitgliederversammlung
im Werksheim der Firma Fritz Keiper, Remscheid-Hasten.
Tagesordnung:
1. Bericht über die bisherige Tätigkeit des Verbandes und über Fragen des Arbeitsrechts
2. Genehmigung der endgültigen Verbandssatzung
3. Wahl des Vorstandes
Redner: Herr Dr. Ringel, Industrie- und Handelskammer, Remscheid
Thema: „Wirtschaftliche Angelegenheiten"

5. 4. 1946 Mitgliederversammlung
im Hotel Faßbender in Radevormwald
Tagesordnung: wie zuvor in Remscheid.

28. 3. 1947 Mitgliederversammlung
im Werksheim der Firma Fritz Keiper, Remscheid-Hasten.
Tagesordnung u. a.:
Aufgaben des Betriebsrates
Stand der Organisation der Arbeitgeber-Verbände.

29. 1. 1948 Mitgliederversammlung
im Werksheim der Firma Fritz Keiper, Remscheid-Hasten.
Redner: Herr Professor Linhardt
Thema: „Unternehmertum und Sozialpolitik"

20. 5. 1949 Mitgliederversammlung
in der Turnhalle des Remscheider Turnvereins, Remscheid.
Tagesordnung u. a.:
Entlastung des Vorstandes und der Geschäftsführung
Wahl des Vorstandes
Bericht über den Stand der Lohn-, Gehalts- und Urlaubsverhandlungen
Beteiligung des Arbeitgeber-Verbandes an einem Kinderheim in Bad Rothenfelde.

30. 6. 1950 Mitgliederversammlung
in der Turnhalle des Remscheider Turnvereins, Remscheid.
Tagesordnung u. a.:
Urlaubsabkommen für 1950
Bericht über die bisherigen Verhandlungen mit der Gewerkschaft über das Mitbestimmungsrecht
Gemeinschaftslehrwerkstätte in Remscheid.

23. 7. 1951 Mitgliederversammlung
in der Turnhalle des Remscheider Turnvereins, Remscheid.
Tagesordnung u. a.:
Bericht über die Lohn- und Gehaltsverhandlungen
Errichtung von Lehrlingsheimen
Redner: Herr Dr. Hellmuth Krengel, Vorsitzender des Presse-Ausschusses der Vereinigung nordrhein-
westfälischer Arbeitgeberverbände
Thema: „Brennende Gegenwartsfragen des Unternehmertums"

9. 6. 1952 Mitgliederversammlung
in der Aula des Ernst-Moritz-Arndt-Gymnasiums, Remscheid.
Tagesordnung u. a.:
Satzungsgemäße Neuwahl des engeren Vorstandes
Redner: Herr Dr. Fritz Hellwig, Deutsches Industrieinstitut
Thema: „Wirtschaftsdemokratie – Der Angriff auf den freien Unternehmer"
Redner: Herr Dr. Hans-Otto Wesemann vom Nordwestdeutschen Rundfunk
Thema: „Was keiner versteht – Grundsätze und Irrwege der Wirtschaftspolitik"

10. 7. 1953 Mitgliederversammlung
in der Aula des Ernst-Moritz-Arndt-Gymnasiums, Remscheid.
Redner: Herr Prof. Dr. Theodor Wessels
Thema: „Aktuelle Probleme unserer wirtschaftlichen Situation"

1. 6. 1954 Mitgliederversammlung
im Industriehaus Remscheid.
Tagesordnung u. a.:
Neuwahl der Vertreter der einzelnen Unterabteilungen im Hauptvorstand
Redner: Herr Dr. Hans Otto Wesemann vom Nordwestdeutschen Rundfunk
Thema: „Prinzipien und Praxis in der Wirtschaft"

12. 5. 1955 Mitgliederversammlung
im Industriehaus Remscheid.
Tagesordnung u. a.:
Satzungsänderung: Der Hauptvorstand beantragt, den § 8, Abs. 1, der Satzung wie folgt zu ändern:
„Der Vorstand besteht aus: dem 1. Vorsitzenden, dem 2. Vorsitzenden, dem 3. Vorsitzenden, dem
Kassenführer."
Neuwahl des Vorstandes
Redner: Herr Dr. Fritz Hellwig, Deutsches Industrieinstitut
Thema: „Staat und Verbände"

29. 5. 1956 Mitgliederversammlung
im Industriehaus Remscheid.
Redner: Herr Dr. Hans M. Müller, München
Thema: „Sozialpolitik gegen Wirtschaftspolitik"

24. 5. 1957 Mitgliederversammlung
im Industriehaus Remscheid.
Neuwahl der Mitglieder des Hauptvorstandes durch die einzelnen Unterabteilungen
Redner: Herr Max Lobeck, Hauptgeschäftsführer der Vereinigung der Arbeitgeberverbände Nord-
rhein-Westfalens
Thema: „Lohn – Eckpfeiler der Währung"

22. 5. 1958 Mitgliederversammlung
im Industriehaus Remscheid.
Neuwahl des geschäftsführenden Vorstandes für die nächsten 3 Jahre
Redner: Herr P. Wilh. Brand MdB, Remscheid
Thema: „Reiseeindrücke einer Studienfahrt durch Französisch West- und Äquatorial-Afrika"

25. 6. 1959 Mitgliederversammlung
im Industriehaus Remscheid.

8. 7. 1960   Mitgliederversammlung
              im Rittersaal auf Schloß Burg an der Wupper.
              Redner: Herr Dr. Ludwig Losacker, Direktor des Deutschen Industrieinstituts, Köln
              Thema: „Genug produziert – und zu wenig überzeugt"

26. 5. 1961   Mitgliederversammlung
              im Rittersaal auf Schloß Burg an der Wupper.
              Neuwahl des Vorstandes.

14. 6. 1961   Verabschiedung des Geschäftsführers Ernst Gruner in den Ruhestand und Einführung des neuen
              Geschäftsführers, Assessor Ehrenfried Schulze, in sein Amt
              im Rittersaal auf Schloß Burg an der Wupper.

8. 6. 1962   Mitgliederversammlung
              im Rittersaal auf Schloß Burg an der Wupper.

21. 6. 1963   Mitgliederversammlung
              im Rittersaal auf Schloß Burg an der Wupper.

12. 6. 1964   Mitgliederversammlung
              im Rittersaal auf Schloß Burg an der Wupper.
              Wahl des Vorstandes.

11. 6. 1965   Mitgliederversammlung
              im Rittersaal auf Schloß Burg an der Wupper.
              Satzungsänderung
              Redner: Herr Günter Triesch, Deutsches Industrieinstitut, Köln
              Thema: „Die Zukunft der Tarifpartnerbeziehungen"

13. 5. 1966   Mitgliederversammlung
              im Rittersaal auf Schloß Burg an der Wupper.
              Redner: Herr Dr. Fritz Hellwig
              Thema: „Die Lage der Europäischen Gemeinschaft nach der Krise"

19. 5. 1967   Mitgliederversammlung
              im Rittersaal auf Schloß Burg an der Wupper.
              Redner: Herr Josef Simon, Leiter der Abteilung für Öffentlichkeitsarbeit in der Landesvereinigung der
              industriellen Arbeitgeberverbände Nordrhein-Westfalens
              Thema: „Das verzeichnete Unternehmerbild – Seine Korrektur in Presse, Funk und Fernsehen"

15. 3. 1968   Mitgliederversammlung
              in der neuen Gemeinschaftslehrwerkstatt der Remscheider Eisen- und Metallindustrie, Remscheid,
              Wüstenhagener Straße 26.
              Im Anschluß an die Mitgliederversammlung: „Besichtigung der Gemeinschaftslehrwerkstatt"

20. 6. 1969   Mitgliederversammlung
              im Rittersaal auf Schloß Burg an der Wupper.
              Satzungsänderung
              Redner: Herr Dr. Hans Otto Wesemann, Köln
              Thema: „Zukünftige Chancen der mittelständischen Industrie? – Erfahrungen und Prognosen"

22. 5. 1970   Mitgliederversammlung
              im Industriehaus Remscheid.
              Neu- oder Wiederwahl des Vorstandes
              Redner: Herr Dr. Herbert Zigan, Hauptgeschäftsführer der Landesvereinigung der industriellen Arbeit-
              geberverbände Nordrhein-Westfalens
              Thema: „Aktuelle Fragen aus der Sozialpolitik"

14. 5. 1971   Mitgliederversammlung
im Rittersaal auf Schloß Burg an der Wupper.
Verabschiedung des Geschäftsführers Assessor Ehrenfried Schulze in den Ruhestand und Einführung des neuen Geschäftsführers, Assessor Bertram Gentges, in sein Amt.

14. 4. 1972   Mitgliederversammlung
im Rittersaal auf Schloß Burg an der Wupper.
Redner: Herr Dr. Horst Vogel, Rechtsanwalt und Steuerberater, Bonn
Thema: „Die Auswirkungen der Steuerreform auf die mittelständische Industrie"

11. 5. 1973   Mitgliederversammlung
im Rittersaal auf Schloß Burg an der Wupper.
Tagesordnung u. a.:
Wahl des Vorstandes
Satzungsänderung – Erhöhung der Mindestbeiträge
Redner: Herr Dr. Hans Hellmut Krause, Hauptgeschäftsführer der Landesvereinigung der industriellen Arbeitgeberverbände Nordrhein-Westfalens und des Verbandes metallindustrieller Arbeitgeberverbände Nordrhein-Westfalens
Thema: „Die Chancen der Unternehmerpolitik 1973 bis 1977"

31. 5. 1974   Mitgliederversammlung
im Rittersaal auf Schloß Burg an der Wupper.
Redner: Herr Dr. Manfred Wörner MdB
Thema: „Die militärpolitische Situation der Bundesrepublik"

16. 5. 1975   Mitgliederversammlung
im Rittersaal auf Schloß Burg an der Wupper.
Redner: Herr Prof. Dr. Hans K. Schneider, Direktor des energiewissenschaftlichen Instituts der Universität Köln
Thema: „Die Zukunft unserer Energiebasis"

4. 6. 1976   Mitgliederversammlung
im Rittersaal auf Schloß Burg an der Wupper.
Wahl des Vorstandes
Redner: Herr Prof. Dr. Kurt H. Biedenkopf, Generalsekretär der Christlich-Demokratischen Union Deutschlands
Thema: „Zukunftschancen des Mittelstandes"

27. 5. 1977   Mitgliederversammlung
im Rittersaal auf Schloß Burg an der Wupper.
Redner: Herr Prof. Dr. Helmut Schoeck, Ordinarius für Soziologie an der Universität Mainz
Thema: „Wieviel Neid erträgt eine Marktwirtschaft?"

12. 5. 1978   Mitgliederversammlung
im Rittersaal auf Schloß Burg an der Wupper.
Redner: Herr Prof. Dr. Heinrich Lützeler, Ordinarius für orientalische Kunstgeschichte der Universität Bonn
Thema „Die Geschichte ertragen mit Humor"

1. 6. 1979   Mitgliederversammlung
im Rittersaal auf Schloß Burg an der Wupper.
Tagesordnung u. a.:
Änderung der Satzung
Wahl des Vorstandes
Redner: Herr General a. D. Ulrich de Maizière, Generalinspekteur der Bundeswehr von 1966 bis 1972
Thema: „Verteidigung – Entspannung – Rüstungsbegrenzung. Gedanken zur Sicherheitspolitik"

23. 5. 1980 Mitgliederversammlung
im Rittersaal auf Schloß Burg an der Wupper.
Redner: Herr Gerhard Konzelmann, Leiter der Dokumentarabteilung Kultur und Gesellschaft beim
Süddeutschen Rundfunk Stuttgart
Thema: „Islam und Öl – Der Konflikt um den persisch/arabischen Golf"

5. 6. 1981 Mitgliederversammlung
im Rittersaal auf Schloß Burg an der Wupper.
Ergänzungswahl zum Vorstand
Redner: Herr Dr. Winfried Schlaffke, Institut der deutschen Wirtschaft, Köln
Thema: „Stehen wir vor einer neuen Jugendrevolte? – Die Einstellung der Jugend zur Wirtschafts- und
Gesellschaftsordnung"

28. 5. 1982 Mitgliederversammlung
im Rittersaal auf Schloß Burg an der Wupper.
Wahl des Vorstandes
Redner: Herr Prof. Dr. Reimut Jochimsen, Minister für Wirtschaft, Mittelstand und Verkehr des Landes
Nordrhein-Westfalen
Thema: „Die Bedeutung mittelständischer Unternehmen für die wirtschaftliche Entwicklung des Landes
Nordrhein-Westfalen"

20. 5. 1983 Mitgliederversammlung
im Rittersaal auf Schloß Burg an der Wupper.
Redner: Herr Professor Dr. Horst Albach, Direktor für Gesellschafts- und Wirtschaftswissenschaften an
der Rheinischen Friedrich-Wilhelms-Universität, Bonn, und von 1978 bis 1983 Mitglied im Sachverständigenrat der Bundesregierung
Thema: „Der Sachverständigenrat in der wirtschaftspolitischen Diskussion"

8. 6. 1984 Mitgliederversammlung
im Rittersaal auf Schloß Burg an der Wupper.
Redner: Frau Professor Dr. Ursula Lehr, Direktorin des Psychologischen Instituts der Universität Bonn
Thema: „Altern – Tatsachen und Perspektiven"

24. 5. 1985 Mitgliederversammlung
im Rittersaal auf Schloß Burg an der Wupper.
Wahl des Vorstandes
Redner: Herr Bundestagsabgeordneter Dieter Weirich, Medienexperte der CDU/CSU-Fraktion
Thema: „Neue Medien – Chancen und Gefahren"

16. 5. 1986 Mitgliederversammlung
im Rittersaal auf Schloß Burg an der Wupper.
Redner: Herr Prof. Dr. Christian Graf von Krockow, Göttingen
Thema: „Der Mut zur Unabhängigkeit und die Motivation zur Leistung"

5. 6. 1987 Mitgliederversammlung
im Rittersaal auf Schloß Burg an der Wupper.
Im Anschluß: „Ehrung des Vorsitzenden, Herrn Dr. Dietrich Fricke, aus Anlaß seines 60. Geburtstags"

20. 5. 1988 Mitgliederversammlung
in der Gemeinschaftslehrwerkstatt der Remscheider Eisen- und Metallindustrie GmbH, Wüstenhagener
Straße 26, Remscheid.
Wahl des Vorstandes
Anschließend: „Vorstellung und Besichtigung des Ausbildungszentrums der Industrie"

12. 5. 1989 Mitgliederversammlung
im Rittersaal auf Schloß Burg an der Wupper.
Redner: Herr Professor Dr.-Ing. Karl Steinbuch, Ettlingen
Thema: „Zeitgeist und Medien"

1. 6. 1990	Mitgliederversammlung
	in der Gemeinschaftslehrwerkstatt der Remscheider Eisen- und Metallindustrie GmbH, Wüstenhagener Straße 26, Remscheid.
24. 10. 1990	Matinee zur 100-Jahr-Feier des Arbeitgeber-Verbandes von Remscheid und Umgebung e. V. im Sitzungssaal des Industriehauses, Remscheid, Elberfelder Straße 77.
26. 10. 1990	100-Jahr-Feier für die Mitglieder des AGV in den Räumen von Schloß Burg an der Wupper. Festrede: Dr. Werner Stumpfe, Präsident des Gesamtverbandes der metallindustriellen Arbeitgeberverbände.

Tarifliche Entwicklung in der Metallindustrie Nordrhein-Westfalens seit 1948

Tarifpolitische Veränderungen und Zeitpunkt des Inkrafttretens	Eck-lohn*) DM	Steige-rung %	Akkord-richt-satz DM	Steige-rung %	Tarif-anstieg insges. %
1. 9. 48	1,02	–	1,17	–	–
15. 5. 49	1,10	8,0	1,27	8,0	8,0
1. 8. 50	1,18	7,5	1,36	7,5	7,5
1. 3. 51	1,32	12,0	1,52	12,0	12,0
1. 10. 51 Anhebung der Lohngruppe 5 (Hilfsarbeiter) von 78 % auf 80 %	1,38	4,5	1,59	4,5	5,0
1. 1. 53 Einführung von 6 Lohngruppen	1,48	7,5	1,70	7,5	7,5
1. 9. 54	1,56	5,5	1,79	5,5	5,5
1. 11. 55 Lineare Lohnerhöhung (Zeitlohn 0,14 DM, Akkordgrundlohn 0,11 DM)	1,70	9,0	1,92	7,3	8,2
1. 10. 56 – Arbeitszeitverkürzung von 48 auf 45 Stunden 6,7 % Lohnausgleich	1,84	8,0	2,07	8,0	8,0
1. 1. 58 Unterschiedliche Anhebung von Zeitlohn und Akkordgrundlohn	1,95	6,0	2,17	5,0	5,5
1. 1. 59 – Arbeitszeitverkürzung von 45 auf 44 Stunden 2,3% Lohnausgleich	1,99	2,3	2,22	2,3	2,3
1. 7. 59 Lohngruppen 01 und 02 gebildet und vorgeschaltet; Zeitlöhner erhalten nach 8wöchiger Betriebszugehörigkeit eine tarifliche Zulage von 9 % Verringerung des lohnmäßigen Unterschiedes zwischen Lohngebiet A und B von 95 auf 97 %	1,99	–	2,22	–	6,0
1. 7. 60	2,16	8,5	2,40	8,5	8,5
1. 7. 61	2,27	5,0	2,52	5,0	5,0
1. 1. 62 – Arbeitszeitverkürzung von 44 auf 42,5 Stunden 3,5 % Lohnausgleich + Urlaubsverlängerung von 3 Werktagen	2,49	9,5	2,76	9,5	11,0
1. 4. 63	2,61	5,0	2,90	5,0	5,0
1. 1. 64 – Arbeitszeitverkürzung von 42,5 auf 41,25 Stunden 3,0 % Lohnausgleich + Urlaubsverlängerung von 1 bzw. 2 Werktagen	2,69	3,0	2,99	3,0	3,6

Tarifpolitische Veränderungen und Zeitpunkt des Inkrafttretens		Eck-lohn*) DM	Steige-rung %	Akkord-richt-satz DM	Steige-rung %	Tarif-anstieg insges. %
1. 4. 64		2,74	2,0	3,05	2,0	2,0
1. 10. 64		2,90	6,0	3,23	6,0	6,0
1. 1. 65	zusätzliche Urlaubsvergütung von 30 %	–	–	–	–	2,0
1. 7. 65		2,99	3,0	3,32	3,0	3,0
1. 1. 66	Verringerung des lohnmäßigen Unter-schiedes zwischen Lohngebiet A und B von 97 auf 98,5 %	3,17	6,0	3,52	6,0	6,3
1. 1. 67	– Arbeitszeitverkürzung von 41,25 auf 40 Stunden 3,1 % Lohnausgleich Aufhebung des lohnmäßigen Unterschie-des zwischen Lohngebiet A und B (98,5 % auf 100 %) + Urlaubsverlängerung von 1 bzw. 2 Werktagen	3,33	5,0	3,69	5,0	6,0
31. 3. 68	Einführung des neuen LRA mit 10 Lohngruppen; die tarifliche Zulage von 9 % wird Bestandteil des Tariflohnes Einführung der AAB	3,79	13,8	3,86	4,5	6,5
1. 4. 68		3,94	4,0	4,01	4,0	4,0
1. 7. 68	Rationalisierungsschutzabkommen	–	–	–	–	–
1. 1. 69		4,06	3,0	4,13	3,0	3,0
1. 9. 69		4,38	8,0	4,46	8,0	8,0
1. 1. 70	neuer MTV (Spätarbeitszuschlag von 7,5 % des Ecklohnes) + Urlaubsverlängerung von 1 Arbeitstag	–	–	–	–	1,3
1. 5. 70	Leistungszulage von 13 % für Zeitlöhner im Ø der Lohngruppenbündel 1–6 und 7–10	–	–	–	–	6,5
1. 7. 70	Anhebung des Lohnschlüssels der Lohngruppe 1 (73 auf 75 %) und Lohn-gruppe 2 (75 auf 78 %) Vermögenswirksame Leistungen	–	–	–	–	0,4 0,3
1. 10. 70	Der Ecklohn wurde dem Akkordrichtsatz angeglichen (1,8 %). Der gemeinsame Ecklohn von 4,46 DM wurde auf 4,54 DM angehoben (1,8 %). 4,54 DM wurde auf 5,04 DM um 11 % erhöht.	5,04	15,1	5,04	13,0	14,0

*) Ecklohn: Bis 31. 12. 1952 Lohngruppe 2 männlich; ab 1. 1. 1953 Lohngruppe 5; ab 31. 3. 1968 Lohngruppe 7.

Tarifpolitische Veränderungen und Zeitpunkt des Inkrafttretens	Eck-lohn DM	Stei-gerung %	Tarif-anstieg insg. %
1. 1. 71 Urlaubsverlängerung von 1 Arbeitstag	–		0,6
1. 1. 72 Für die Monate Oktober, November und Dezember 1971 180 DM netto	5,42	7,5	10,0
Tarifvertrag zur Absicherung von Teilen eines 13. Monatseinkommens Urlaubsverlängerung von 1 bzw. 2 Arbeitstagen			
1. 1. 73	5,88	8,5	8,5
1. 7. 73 Abschaffung der Lohngruppe 1; Anhebung des Lohn-gruppenschlüssels der Lohngruppe 2 von 78 % auf 80 %	–	–	0,5
1. 1. 74 Tarifvertrag zur Absicherung von Teilen eines 13. Monatseinkommens (Aufstockung der Leistung von 30 % auf 40 %)	–	–	0,3–0,7
Anhebung der Tariflöhne einschließlich Lohngruppen-schlüsselveränderung	6,53	11,0	11,5–12
Urlaubskomplex (Urlaubsverlängerung und Anhebung der zusätzlichen Urlaubsvergütung von 30 auf 50 %)	–	–	3,3
1. 11. 74 Anhebung der Tariflöhne	6,64	1,8	1,8
1. 1. 75 Anhebung der Tariflöhne	7,09	6,8	6,8
1. 4. 75 Manteltarifvertrag für die Arbeitnehmer	–	–	0,9
1. 1. 76 Anhebung der Leistungszulage für Zeitlöhner von 13 % auf 14 %	–	–	0,6
Anhebung des Lohngruppenschlüssels der Lohn-gruppe 2 von 80 % auf 82 %	–	–	0,2
Anhebung der Tariflöhne	7,47	5,4	5,4
Urlaubsverlängerung von 1 Arbeitstag	–	–	0,7
1. 7. 76 MTV An Erhöhung der Zuschläge für Spät- und Nachtarbeit	–	–	0,4
Anhebung der vermögenswirksamen Leistungen von 26 auf 39 DM	–	–	0,6
1. 1. 77 Tarifvertrag zur Absicherung von Teilen eines 13. Monatseinkommens (Aufstockung der Leistung von 40 % auf 50 %)	–	–	0,8
Anhebung der Leistungszulage für Zeitlöhner von 14 % auf 15 %	–	–	0,6
Anhebung der Tariflöhne	7,99	6,9	6,9

Tarifpolitische Veränderungen und Zeitpunkt des Inkrafttretens	Eck-lohn DM	Stei-gerung %	Tarif-anstieg insg. %
1. 1. 78 Anhebung der Leistungszulage für Zeitlöhner von 15 % auf 16 %	–	–	0,6
Anhebung der Tariflöhne (für die Monate Januar, Februar, März, April Pauschale von 4 × 110 DM brutto)	8,39	5,0	5,0
1. 1. 79 Anhebung der Tariflöhne	8,75	4,3	4,3
Urlaubsverlängerung von maximal 3 Arbeitstagen (durchschnittlich 1,4 Tage; 1 Tag = 0,7 %)	–	–	1,0
1. 1. 80 Urlaubsverlängerung von maximal 2 Arbeitstagen (durchschnittlich 1,3 Tage; 1 Tag = 0,7 %)	–	–	0,9
Anhebung der vermögenswirksamen Leistungen von 39 auf 52 DM	–	–	0,5
1. 2. 80 Anhebung der Tariflöhne	9,35	6,8	6,8
Sonderzahlung für die Lohngruppen 2–6 (Lohngruppe 2 = 165 DM; Lohngruppe 3 = 145 DM; Lohngruppe 4 = 106 DM; Lohngruppe 5 = 67 DM; Lohngruppe 6 = 30 DM)	–	–	0,15
1. 5. 80 neuer BMTV (Erhöhung der Zuschläge für Montage-stammarbeiter von 12 auf 13 % und für Montagezeit-arbeiter von 10 auf 12 %)	–	–	–
1. 1. 81 Urlaubsverlängerung von maximal 2 Arbeitstagen (durchschnittlich 1,3 Tage; 1 Tag = 0,7%)	–	–	0,9
1. 2. 81 Anhebung der Tariflöhne (für die Monate Februar und März Pauschale von je 160 DM brutto = 0,5 % Zusatzbelastung)	9,81	4,9	5,4
1. 1. 82 Urlaubsverlängerung von 2 AT bei Arbeitnehmern unter 25 Jahren (durchschnittlich 0,3 Tage; 1 Tag = 0,7 %)	–	–	0,2
1. 2. 82 Anhebung der Tariflöhne (für den Monat Februar Pauschale von 120 DM = Zusatzbelastung von 0,1 %)	10,22	4,2	4,3
1. 1. 83 Urlaubsverlängerung von 2 AT bei Arbeitnehmern bis zum vollendeten 18. Lebensjahr (durchschnittlich 0,03 Tage; 1 Tag = 0,7 %)	–	–	0,02
1. 2. 83 Anhebung der Tariflöhne	10,55	3,2	3,2
1. 7. 84 Anhebung der Tariflöhne (für die Monate April bis Juni Ausgleichszahlung von 250 DM brutto = 0,8 %)	10,90	3,3	Ø 84: = 2,7
1. 4. 85 Arbeitszeitverkürzung von 40 Stunden auf 38,5 Stun-den im Betriebsdurchschnitt (3,9 % Lohnausgleich)	11,33	3,9	Ø 85: = 5,3

Tarifpolitische Veränderungen und Zeitpunkt des Inkrafttretens	Eck-lohn DM	Stei-gerung %	Tarif-anstieg insg. %
Anhebung der Tariflöhne	11,56	2,0	–
1. 4. 86 Anhebung der Tariflöhne (für April 1986 Festbetrag von 230 DM = 0,2 % Zusatzbelastung)	12,07	4,4	4,6
1. 4. 87 Anhebung der Tariflöhne	12,52	3,7	3,7
1. 4. 88 Anhebung der Tariflöhne um 2,0 %;	12,77	2,0	2,0
Arbeitszeitverkürzung von 38,5 auf 37,5 Wochenstunden (2,7 % Lohnausgleich)	13,11	2,7	2,7
1. 4. 89 Anhebung der Tariflöhne um 2,5 %;	13,44	2,5	2,5
Arbeitszeitverkürzung von 37,5 auf 37 Wochenstunden (1,4 % Lohnausgleich)	13,63	1,4	1,4
1. 4. 90 Anhebung der Tariflöhne um 6 %, Festbetrag von je 215 DM brutto für April und Mai 1990	14,45	6,0	6,1

Index der Tariflohn- und Gehaltsentwicklung
(1980 = 100)

Jahr	Index	± %	Bemerkungen
1980	100,0		
1981	106,1	+ 6,1	**1981:** Urlaubsverlängerung um ∅ 1,3 Tage = Belastung von 0,9 %; Tarifrunde 1981: 5,2 %
1982	110,9	+ 4,5	**1982:** Urlaubsverlängerung ab 1. 1. um ∅ 0,3 Tage = Belastung von 0,2 %; Tarifrunde 1982: 4,3 %
1983	114,4	+ 3,22	**1983:** Urlaubsverlängerung ab 1. 1. um ∅ 0,03 Tage = Belastung von 0,02 %; Tarifrunde 1983: 3,2 %
1984	117,5	+ 2,7	**1984:** Tariferhöhung von 3,3 % ab 1. 7. 1984 und Ausgleichszahlung von 250 DM für April bis Juni (0,8 %)
1985	123,7	+ 5,3	**1985:** Lohnausgleich von 3,9 % für Arbeitszeitverkürzung und Tarif-erhöhung von 2,0 % ab 1. 4. 1985
1986	129,9	+ 5,0	**1986:** Januar–März + 6,1 %; April–Dezember + 4,4 %, Zusatzbelastung aus April-Pauschale + 0,2 %
1987	134,7	+ 3,7	**1987:** 1. Quartal + 4,4 %; 2.–4. Quartal + 3,7 %; Wegfall der Zusatzbelastung von 0,2 %
1988	140,8	+ 4,5	**1988:** 1. Quartal + 3,7 %; 2.–4. Quartal + 4,7 %
1989	146,7	+ 4,2	**1989:** 1. Quartal + 4,7 %; 2.–4. Quartal + 4,0 %
1990	154,9	+ 5,6	**1990:** 1. Quartal + 4,0 %; 2.–4. Quartal + 6,1 %

Tariflöhne (Ecklöhne und Akkordrichtsätze) seit 1948

gültig ab	Ecklohn (bis 30. 3. 1968)	Ecklohn + 9 % Zulage bis 30. 3. 1968 ab 31. 3. 1968 Ecklohn	Steigerung jeweils gegenüber vorherigem Abschluß	Akkord-richtsatz	Steigerung jeweils gegenüber vorherigem Abschluß
1. 9. 1948	1,02		–	1,17	–
15. 5. 1949	1,10		8,0	1,27	8,0
1. 8. 1950	1,18		7,5	1,36	7,5
1. 3. 1951	1,32		12,0	1,52	12,0
1. 10. 1951	1,38		4,5	1,59	4,5
1. 1. 1953	1,48		7,5	1,70	7,5
1. 9. 1954	1,56		5,5	1,79	5,5
1. 11. 1955	1,70		9,0	1,92	7,3
1. 10. 1956	1,84		8,0	2,07	8,0
1. 1. 1958	1,95		6,0	2,17	5,0
1. 1. 1959	1,99		2,3	2,22	2,3
1. 7. 1959	1,99	2,17	–	–	–
1. 7. 1960	2,16	2,35	8,5	2,40	8,5
1. 7. 1961	2,27	2,47	5,0	2,52	5,0
1. 1. 1962	2,49	2,71	9,5	2,76	9,5
1. 4. 1963	2,61	2,84	5,0	2,90	5,0
1. 1. 1964	2,69	2,93	3,0	2,99	3,0
1. 4. 1964	2,74	2,99	2,0	3,05	2,0
1. 10. 1964	2,90	3,16	6,0	3,23	6,0
1. 7. 1965	2,99	3,26	3,0	3,32	3,0
1. 1. 1966	3,17	3,46	6,0	3,52	6,0
1. 1. 1967	3,33	3,63	5,0	3,69	5,0
31. 3. 1968	(3,48)	3,79	4,5	3,86	4,5
1. 4. 1968		3,94	4,0	4,01	4,0
1. 1. 1969		4,06	3,0	4,13	3,0
1. 9. 1969		4,38	8,0	4,46	8,0
1. 10. 1970		5,04	15,1		
1. 1. 1972		5,42	7,5		
1. 1. 1973		5,88	8,5		
1. 1. 1974		6,53	11,0		
1. 11. 1974		6,64	1,8		
1. 1. 1975		7,09	6,8		
1. 1. 1976		7,47	5,4		
1. 1. 1977		7,99	6,9		
1. 1. 1978		8,39	5,0		
1. 1. 1979		8,75	4,3		
1. 2. 1980		9,35	6,8		
1. 2. 1981		9,81	4,9		
1. 2. 1982		10,22	4,2		
1. 2. 1983		10,55	3,2		
1. 7. 1984		10,90	3,3		
1. 4. 1985		11,56	6,1		
1. 4. 1986		12,07	4,4		
1. 4. 1987		12,52	3,7		
1. 4. 1988		13,11	4,7		
1. 4. 1989		13,63	4,0		
1. 4. 1990		14,45	6,0		

Erläuterungen zu dieser Tabelle auf der nächsten Seite

Erläuterungen zu Tabelle Tariflöhne von Seite 221

Ab 1. 11. 1955 wurde der Zeitlohn um 0,14 DM und der Akkordgrundlohn um 0,11 DM linear erhöht.

Ab 1. 1. 1958 wurde der Zeitlohn um 6 % und der Akkordgrundlohn um 5 % erhöht.

Ab 1. 7. 1959 erhielten Arbeitnehmer im Zeitlohn nach 8wöchiger Betriebszugehörigkeit eine tarifliche Zulage von 9 %.

Ab 31. 3. 1968 entfiel die tarifliche Zulage von 9 %; sie wurde Bestandteil des Tariflohns.

Ab 1. 10. 1970 wurde der Ecklohn im Rahmen einer Vorweganhebung dem Akkordrichtsatz angeglichen (Erhöhung 1,8 %). Dieser gemeinsame Ecklohn von 4,46 DM wurde in einer weiteren Vorweganhebung auf 4,54 DM angehoben (1,8 %) und dann auf 5,04 DM erhöht (11 %).

Arbeitszeitverkürzung

ab 1. 10. 1956	von 48	auf 45	Std.	6,7 % Lohnausgleich
ab 1. 1. 1959	von 45	auf 44	Std.	2,3 % Lohnausgleich
ab 1. 1. 1962	von 44	auf 42,5	Std.	3,5 % Lohnausgleich
ab 1. 1. 1964	von 42,5	auf 41,25	Std.	3,0 % Lohnausgleich
ab 1. 1. 1967	von 41,25	auf 40	Std.	3,1 % Lohnausgleich
ab 1. 4. 1985	von 40	auf 38,5	Std.	3,9 % Lohnausgleich (im Betriebsdurchschnitt)
ab 1. 4. 1988	von 38,5	auf 37,5	Std.	2,7 % Lohnausgleich (im Betriebsdurchschnitt)
ab 1. 4. 1989	von 37,5	auf 37	Std.	1,4 % Lohnausgleich (im Betriebsdurchschnitt)
ab 1. 4. 1993	von 37	auf 36	Std.	} gegebenenfalls abweichende Regelung gem.
ab 1. 10. 1995	von 36	auf 35	Std.	} Protokollnotiz 1 zu § 3 Nr. 1 MTV

Tarifgehaltsentwicklung (Eckgehalt[1]) in der Metallindustrie NRW seit 1948

Tarifvertrag gültig ab:	Tarifgehalt in DM	Steigerung gegenüber vorherigem Abschluß in %	Bemerkungen
1. 9. 1948	180		
1. 5. 1949	195	8,0	
1. 9. 1950	224	15,0	
1. 3. 1951	251	12,0	
1. 10. 1951	264	5,0	
1. 1. 1953	284	7,5	
1. 9. 1954	304	7,0	
1. 11. 1955	334	10,0	Änderung der Gehaltsstruktur
			Juli, August, September 1956: einmalige Zuwendung von 12 % des Tarifgehaltes
1. 10. 1956	339	1,5	
1. 1. 1958	359	6,0	
1. 7. 1959	400	11,4	Einführung von 6 Gehaltsgruppen
1. 7. 1960	434	8,5	
1. 7. 1961	456	5,0	
1. 1. 1962	483	6,0	
1. 4. 1963	507	5,0	
1. 4. 1964	517	2,0	
1. 10. 1964	548	6,0	
1. 7. 1965	564	3,0	
1. 1. 1966	598	6,0	
1. 1. 1967	610	2,0	
1. 4. 1968	634	4,0	
1. 1. 1969	653	3,0	
1. 9. 1969	705	8,0	
1. 10. 1970	763	8,2	Neue Gehaltsstruktur
1. 10. 1970	771	1,0	Vorweganhebung
1. 10. 1970	856	11,0	
1. 1. 1972	920	7,5	Für die Monate Oktober, November und Dezember 1971 180 DM netto
1. 1. 1973	998	8,5	
1. 1. 1974	1 108	11,0	
1. 11. 1974[2]	1 128	1,8	
1. 1. 1975	1 205	6,8	
1. 1. 1976	1 270	5,4	Einführung der Leistungszulage für Ang: Ø 4 % Lz ergeben eine tarifliche Belastung von 1,6 % der Lohn- und Gehaltssumme
			Einführung einer 4. Stufe in K/T 6 tarifliche Belastung: 1,1 % der tariflichen G; 0,4 % der tariflichen L + G
1. 1. 1977	1 358	6,9	
1. 1. 1978	1 426	5,0	
1. 1. 1979	1 487	4,3	
1. 2. 1980	1 588	6,8	Sonderzahlung von 165 DM für die Gruppen K 1 und T 1
1. 2. 1981	1 666	4,9	Für die Monate Februar und März Pauschale von je 160 DM brutto
1. 2. 1982	1 736	4,2	Für den Monat Februar Pauschale von 120 DM brutto
1. 2. 1983	1 792	3,2	
1. 7. 1984	1 851	3,3	Ausgleichszahlung von 250 DM brutto für die Monate April bis Juni
1. 4. 1985	1 888	2,0	
1. 4. 1986	1 971	4,4	Festbetrag von 230 DM brutto für April 1986
1. 4. 1987	2 044	3,7	
1. 4. 1988	2 085	2,0	
1. 4. 1989	2 137	2,5	
1. 4. 1990	2 265	6,0	Festbetrag von je 215 DM brutto für April und Mai 1990

[1] Bis zum 30. 6. 1959 K/T 2 nach dem vollendeten 21. Lebensjahr;
   ab 1. 7. 1959 K/T 3 nach dem vollendeten 21. Lebensjahr im 1. Beschäftigungsjahr.
[2] 2. Stufe des Abkommens vom 27. 2. 1974.

Entwicklung des Urlaubsanspruchs der gewerblichen Arbeitnehmer und Angestellten

Urlaubsjahr 1948 (Arbeiter)

bis zum vollendeten 18. Lebensjahr = 15 Werktage
bis zum vollendeten 30. Lebensjahr = 12 Werktage
nach dem vollendeten 30. Lebensjahr = 15 Werktage

Der Urlaub erhöht sich:

nach 10-jähriger Betriebszugehörigkeit um 1 Werktag
nach 15-jähriger Betriebszugehörigkeit um 2 Werktage
nach 20-jähriger Betriebszugehörigkeit um 3 Werktage

Urlaubsjahr 1949 (Angestellte)

bis zum vollendeten 25. Lebensjahr = 12 Werktage
bis zum vollendeten 30. Lebensjahr = 15 Werktage
nach dem vollendeten 30. Lebensjahr = 18 Werktage

Diese Urlaubsregelung gilt **ab dem Urlaubsjahr 1959 auch für Arbeiter.**

Urlaubsjahr 1962 (Arbeiter und Angestellte)

bis zum vollendeten 25. Lebensjahr von 12 auf 15 Werktage + 3 Tage
bis zum vollendeten 30. Lebensjahr von 15 auf 18 Werktage + 3 Tage
nach dem vollendeten 30. Lebensjahr von 18 auf 21 Werktage + 3 Tage

Urlaubsjahr 1964 (Arbeiter und Angestellte)

bis zum vollendeten 25. Lebensjahr von 15 auf 17 Werktage + 2 Tage
bis zum vollendeten 30. Lebensjahr von 18 auf 19 Werktage + 1 Tag
nach dem vollendeten 30. Lebensjahr von 21 auf 22 Werktage + 1 Tag

Urlaubsjahr 1965 (Arbeiter und Angestellte)

Ab 1. 1. 1965 erhalten die Arbeitnehmer eine zusätzliche Urlaubsvergütung von 30 %.

Urlaubsjahr 1967 (Arbeiter und Angestellte)

bis zum vollendeten 25. Lebensjahr von 17 auf 18 Werktage + 1 Tag
bis zum vollendeten 30. Lebensjahr von 19 auf 21 Werktage + 2 Tage
nach dem vollendeten 30. Lebensjahr von 22 auf 24 Werktage + 2 Tage

Urlaubsjahr 1970 (Arbeiter und Angestellte)

vom 19. bis zum vollendeten 25. Lebensjahr 16 Arbeitstage + 1 Tag
bis zum vollendeten 30. Lebensjahr 19 Arbeitstage + 1 Tag
nach dem vollendeten 30. Lebensjahr 21 Arbeitstage + 1 Tag

Urlaubsjahr 1971 (Arbeiter und Angestellte)

vom 19. bis zum vollendeten 25. Lebensjahr von 16 auf 17 Arbeitstage + 1 Tag
bis zum vollendeten 30. Lebensjahr von 19 auf 20 Arbeitstage + 1 Tag
nach dem vollendeten 30. Lebensjahr von 21 auf 22 Arbeitstage + 1 Tag

Urlaubsjahr 1972 (Arbeiter und Angestellte)

vom 19. bis zum vollendeten 25. Lebensjahr von 17 auf 18 Arbeitstage + 1 Tag
bis zum vollendeten 30. Lebensjahr von 20 auf 21 Arbeitstage + 1 Tag
nach dem vollendeten 30. Lebensjahr von 22 auf 24 Arbeitstage + 2 Tage

Urlaubsjahr 1974 (Arbeiter und Angestellte)

vom 19. bis zum vollendeten 25. Lebensjahr von 18 auf 20 Arbeitstage + 2 Tage
bis zum vollendeten 30. Lebensjahr von 21 auf 23 Arbeitstage + 2 Tage
nach dem vollendeten 30. Lebensjahr von 24 auf 26 Arbeitstage + 2 Tage

Ab 1. 1. 1974 erhalten die Arbeitnehmer eine zusätzliche Urlaubsvergütung von 50 %.

Urlaubsjahr 1976 (Arbeiter und Angestellte)

[1] bis zum vollendeten   18. Lebensjahr von 22 auf 23 Arbeitstage + 1 Tag
vom 19. bis zum vollendeten 25. Lebensjahr von 20 auf 21 Arbeitstage + 1 Tag
bis zum vollendeten   30. Lebensjahr von 23 auf 24 Arbeitstage + 1 Tag
nach dem vollendeten   30. Lebensjahr von 26 auf 27 Arbeitstage + 1 Tag

Urlaubsjahr 1979 (Arbeiter und Angestellte)

bis zum vollendeten   18. Lebensjahr von 23 auf 24 Arbeitstage   –
vom 19. bis zum vollendeten 25. Lebensjahr von 21 auf 24 Arbeitstage + 3 Tage
bis zum vollendeten   30. Lebensjahr von 24 auf 26 Arbeitstage + 2 Tage
nach dem vollendeten   30. Lebensjahr von 27 auf 28 Arbeitstage + 1 Tag

Urlaubsjahr 1980 (Arbeiter und Angestellte)

bis zum vollendeten   18. Lebensjahr von 23 auf 24 Arbeitstage + 1 Tag
vom 19. bis zum vollendeten 25. Lebensjahr von 24 auf 26 Arbeitstage + 2 Tage
bis zum vollendeten   30. Lebensjahr von 26 auf 28 Arbeitstage + 2 Tage
nach dem vollendeten   30. Lebensjahr von 28 auf 29 Arbeitstage + 1 Tag

Urlaubsjahr 1981 (Arbeiter und Angestellte)

bis zum vollendeten   18. Lebensjahr von 24 auf 26 Arbeitstage + 2 Tage
vom 19. bis zum vollendeten 25. Lebensjahr von 26 auf 28 Arbeitstage + 2 Tage
bis zum vollendeten   30. Lebensjahr von 28 auf 30 Arbeitstage + 2 Tage
nach dem vollendeten   30. Lebensjahr von 29 auf 30 Arbeitstage + 1 Tag

Urlaubsjahr 1982 (Arbeiter und Angestellte)

bis zum vollendeten   18. Lebensjahr von 26 auf 28 Arbeitstage + 2 Tage
vom 19. bis zum vollendeten 25. Lebensjahr von 28 auf 30 Arbeitstage + 2 Tage
bis zum vollendeten   30. Lebensjahr   30 Arbeitstage   –
nach dem vollendeten   30. Lebensjahr   30 Arbeitstage   –

Urlaubsjahr 1983 (Arbeiter und Angestellte)

bis zum vollendeten   18. Lebensjahr von 28 auf 30 Arbeitstage + 2 Tage
vom 19. bis zum vollendeten 25. Lebensjahr   30 Arbeitstage   –
bis zum vollendeten   30. Lebensjahr   30 Arbeitstage   –
nach dem vollendeten   30. Lebensjahr   30 Arbeitstage   –

[1] ab 1. 1. 1975

Entwicklung des Lohnschlüssels in der Metallindustrie Nordrhein-Westfalens seit 1948

1. Lohnabkommen vom 10. September 1948 (gültig ab 1. September 1948)

Der Lohn des Facharbeiters des Lohngebietes A wird als Ecklohn = 100 bezeichnet.

Von dem Ecklohn erhält:

die Lohngruppe 1 (qualifizierte Facharbeiter)	110 Prozent
die Lohngruppe 2 (Facharbeiter)	100 Prozent
die Lohngruppe 3 (Spezialarbeiter)	93 Prozent
die Lohngruppe 4 (sonstige angelernte Arbeiter)	85 Prozent
die Lohngruppe 5 (Hilfsarbeiter)	78 Prozent

2. Der § 4 wird ab 1. Oktober 1951 wie folgt geändert:

Von dem Ecklohn erhält   die Lohngruppe 5 (Hilfsarbeiter)   80 Prozent

3. Lohnbestimmungen vom 5. Dezember 1952 (gültig ab 1. Januar 1953)

Es werden folgende Lohngruppen gebildet:

Lohngruppe 1 (ungel. Arbeiter mit Arbeitsbereitschaft)	100,0 Prozent
Lohngruppe 2 (Hilfsarbeiter)	106,7 Prozent
Lohngruppe 3 (angel. Arbeiter)	113,3 Prozent
Lohngruppe 4 (Spezialarbeiter – angel. Arbeiter in anerkannten Anlernberufen)	122,7 Prozent
Lohngruppe 5 (Facharbeiter)	133,3 Prozent
Lohngruppe 5a (Spezialarbeiter in den Hüttenbetrieben)	140,0 Prozent
Lohngruppe 6 (qualifizierte Facharbeiter)	146,7 Prozent

Anmerkung: Aus optischen Gründen wurde der Lohnschlüssel auf 100 Prozent für Lohngruppe 1 aufgebaut, damit keine Lohngruppe unter 100 Prozent liegt.

4. Lineare Anhebung nach dem Lohnabkommen vom 28. August 1954

Die Tariflöhne werden für alle über 21 Jahre alten Arbeiter wie folgt erhöht: a) Zeitlohnarbeiter 14 DPf.
b) Akkordarbeiter 11 DPf.

Anmerkung: Diese lineare Lohnerhöhung veränderte natürlich den Lohnschlüssel.

5. Vereinbarung vom 3. Juni 1959

Für körperlich leichte Arbeiten sind zwei neue Lohngruppen, die Gruppen 01 und 02, gebildet und vorgeschaltet worden. Diese beiden Gruppen werden im Lohnschlüssel mit 70 bzw. 72 Prozent des Lohnes der Lohngruppe 5 bewertet.

Aufgrund der Vereinbarung vom 3. Juni 1959 ergab sich mit Wirkung vom 1. Juli 1959 folgende Lohntabelle für die Zeitlohnarbeiter über 21 Jahre:

Zeitlohn in DM gültig ab 1. Juli 1959 (Ortsklasse A)

Tariflohngruppe	01	02	1	2	3	4	5	5a	6
Tariflöhne in DM	1,39	1,43	1,52	1,63	1,73	1,85	1,99	2,09	2,18
Lohnschlüssel in Prozent	70	72	76	82	87	93	100	105	110

Anmerkung: Der in der Tabelle angegebene Lohnschlüssel ist aus den Lohnsätzen errechnet. Dieser Lohnschlüssel wurde weder vereinbart noch in der Praxis zur Berechnung der Lohnsätze angewandt. Es handelt sich um eine reine Rückrechnung des Lohnschlüssels aus den Lohnsätzen.

6. Neues Lohnrahmenabkommen, gültig ab 31. März 1968

	Tariflohngruppe LRA alt	01	02	2	2	3	4	5	6	6	6
	Tariflohngruppe LRA neu	1	2	3	4	5	6	7	8	9	10
Ab 31. 3. 68	Lohnschlüssel in Prozent	73	75	82	85	90	95	100	108	118	133
7. Ab 1. 7. 70	Lohnschlüssel in Prozent	75	78	82	85	90	95	100	108	118	133
8. Ab 1. 7. 73	Lohnschlüssel in Prozent		80	82	85	90	95	100	108	118	133
9. Ab 1. 1. 74	Lohnschlüssel in Prozent		80	84	88	92	96	100	108	118	133
10. Ab 1. 1. 76	Lohnschlüssel in Prozent		82	84	88	92	96	100	108	118	133

Entwicklung der Löhne in Remscheid seit 1948

Facharbeiter (Zeitlohn) Gruppe VII

	Tariflohn (Ecklohn) in DM	Erhöhung in Prozent	Erhebungsmonat	Effektivverdienst in DM	Erhöhung des Effektivverdienstes in Prozent
1. 9. 1948	1,02	–	–	–	–
15. 5. 1949	1,10	7,8	–	–	–
bis					
30. 9. 1956	1,77	60,9[1]	–	–	–
1. 10. 1956	1,84	4,0[2]	März 1957	2,45	6,9
1. 1. 1958	1,95	5,9	März 1958	2,65	8,2
1. 1. 1959	1,99	2,3[3]	März 1959	2,73	2,9
1. 7. 1959	1,99	–*)	Jan. 1960	2,85	4,4
1. 7. 1960	2,16	8,5	Jan. 1961	3,22	13,0
1. 7. 1961	2,27	5,0	Dez. 1961	3,45	7,1
1. 1. 1962	2,35	3,5[4]	März 1962	3,72	7,8
1. 1. 1962	2,49	6,0	Jan. 1963	3,80	2,2
1. 4. 1963	2,61	5,0	–	–	–
1. 1. 1964	2,69	3,0[5]	–	–	–
1. 4. 1964	2,74	2,0	April 1964	4,23	11,3
1. 10. 1964	2,90	6,0	–	–	–
1. 7. 1965	2,99	3,0	April 1965	4,58	8,3
1. 1. 1966	3,17	6,0	April 1966	5,00	9,2
1. 1. 1967	–	3,1[6]	–	–	–
1. 1. 1967	3,33	1,9	Febr. 1967	5,21	4,2
31. 3. 1968	3,79	13,8**)	–	–	–
1. 4. 1968	3,94	4,0	–	–	–
1. 1. 1969	4,06	3,0	Febr. 1969	5,64	8,3
1. 9. 1969	4,38	8,0	Febr. 1970	6,20	9,9
1. 5. 1970	4,38	–***)	–	–	–
1. 10. 1970	4,54	3,7****)	–	–	–
1. 10. 1970	5,04	11,0	April 1971	7,03	13,4
1. 1. 1972	5,42	7,5	April 1972	7,59	8,0
1. 1. 1973	5,88	8,5	April 1973	8,17	7,6
1. 1. 1974	6,53	11,0	April 1974	9,06	10,9
1. 11. 1974	6,64	1,7	–	–	–
1. 1. 1975	7,09	6,8	April 1975	9,63	6,3
1. 1. 1976	7,47	5,4	Mai 1976	10,08	4,7
1. 1. 1977	7,99	6,9	April 1977	10,71	6,3
1. 1. 1978	8,39	5,0	Mai 1978	11,20	4,6
1. 1. 1979	8,75	4,3	April 1979	11,67	4,2
1. 2. 1980	9,35	6,8	April 1980	12,45	6,7
1. 2. 1981	9,81	4,9	Mai 1981	13,13	5,5
1. 2. 1982	10,22	4,2	April 1982	13,60	3,6
1. 2. 1983	10,55	3,2	Mai 1983	14,05	3,3
1. 7. 1984	10,90	3,3	–	–	–
1. 4. 1985		3,9[7]	–	–	–
1. 4. 1985	11,56	2,0	April 1985	15,20	8,2
1. 4. 1986	12,07	4,4	Juni 1986	15,65	3,0
1. 4. 1987	12,52	3,7	Mai 1987	16,23	3,7
1. 4. 1988	12,77	2,0	–	–	–
1. 4. 1988	13,11	2,7[8]	Okt. 1988	17,09	5,3
1. 4. 1989	13,44	2,5	–	–	–
1. 4. 1989	13,63	1,4[9]	April 1989	17,61	3,0
1. 4. 1990	14,45	6,0			

[1]) In dieser Zeit fanden 7 Anhebungen statt.
[2]) Arbeitszeitverkürzung von 48 auf 45 Stunden.
[3]) Arbeitszeitverkürzung von 45 auf 44 Stunden.
[4]) Arbeitszeitverkürzung von 44 auf 42½ Stunden.
[5]) Arbeitszeitverkürzung von 42½ auf 41¼ Stunden.
[6]) Arbeitszeitverkürzung von 41¼ auf 40 Stunden.
[7]) Arbeitszeitverkürzung von 40 auf 38½ Stunden.
[8]) Arbeitszeitverkürzung von 38½ auf 37½ Stunden.
[9]) Arbeitszeitverkürzung von 37½ auf 37 Stunden.

*) Seit diesem Zeitpunkt 9prozentige Zulage nach 8 Wochen.
**) Seit diesem Zeitpunkt Einbau der 9prozentigen Zulage sowie Einführung des neuen Lohnrahmenabkommens mit einer gleichzeitigen Anhebung des Ecklohnes um DM 0,15.
***) Tarifliche Absicherung einer Leistungszulage von durchschnittlich 13 Prozent.
****) Kostenneutrale Vorweganhebung.

Arbeitslosigkeit in Remscheid 1900–1989

	1900		Dezember 1950	672[6]
	bis	ohne Nachweis	Dezember 1951	876
			Dezember 1952	1 588
			Dezember 1953	1 608
	1915		Dezember 1954	980
Dezember	1916	4[1]	Dezember 1955	430
Dezember	1917	32	Dezember 1956	597
Oktober	1918	34	Dezember 1957	553
November	1919	178[2]	Dezember 1958	588
			Dezember 1959	142
Dezember	1920	507	Dezember 1960	128
Dezember	1921	73	Dezember 1961	150
Dezember	1922	44	Dezember 1962	206
August	1923	1 700	Dezember 1963	212
	1924	ohne Nachweis	Dezember 1964	93
November	1925	1 853	Dezember 1965	86
Juni	1926	6 708[3]	Dezember 1966	448
April	1927	3 028	Dezember 1967	295
	1928	ohne Nachweis	Dezember 1968	108
	1929	ohne Nachweis	Dezember 1969	95
	1930	ohne Nachweis	Dezember 1970	204
Dezember	1931	6 321[4]	Dezember 1971	443
Juli	1932	17 759[5]	Dezember 1972	417
Juli	1933	12 160	Dezember 1973	534
Juli	1934	6 307	Dezember 1974	1 150
Juli	1935	3 859	Dezember 1975	1 519
Juli	1936	2 370	Dezember 1976	1 086
Dezember	1936	161	Dezember 1977	1 293
Januar	1937	143	Dezember 1978	1 694
	1938	ohne Nachweis	Dezember 1979	1 432
	1939	ohne Nachweis		
	1940		Dezember 1980	1 992
			Dezember 1981	3 310
	bis	ohne Nachweis	Dezember 1982	4 359
			Dezember 1983	4 152
			Dezember 1984	4 102
Dezember	1945		Dezember 1985	4 066
Dezember	1946	642[6]	Dezember 1986	3 304
Dezember	1947	272	Dezember 1987	4 314
Dezember	1948	470	Dezember 1988	4 214
Dezember	1949	1 225	Dezember 1989	3 458

[1] Monatsstatistik des Arbeitsnachweises des Arbeitgeber-Verbandes Remscheid.
[2] Statistik des städtischen Arbeitsnachweises zu Remscheid.
[3] Geschäftsbericht des städtischen Arbeitsamtes Remscheid.
[4] Maschinenindustrie und Eisen- und Stahlindustrie – Arbeitssuchende –.
[5] Bergische Wirtschaft.
[6] Arbeitsamtsstatistik.

a) über die durchschnittlichen Mitgliederzahlen der Remscheider Krankenkassen 1918 und 1919,

b) über den Mitgliederbestand am 1. Januar 1919 und 1. Januar 1920.

Lfd. Nr.	Bezeichnung der Krankenkasse	A. Durchschnittliche Mitgliederzahl						B. Mitglieder- bestand am 1. Januar	
		im Jahre 1918			im Jahre 1919			1919	1920
		männl.	weibl.	Summe	männl.	weibl.	Summe		
	I. Ortskrankenkassen.								
1	Allgemeine Ortskrankenkasse . . .	10113	7972	18085	12615	6020	18635	17395	20016
	vom Hundert	55,92	44,08	100,00	67,69	32,31	100,00		
	II. Betriebskrankenkassen.								
1	Alexanderwerk, A. v. d. Nahmer A.-G.	1145	530	1675	1489	381	1870	1619	2093
2	Becker, Joh. Peter jr.	63	12	75	69	22	91	87	99
3	Bergische Stahlindustrie, G. m. b. H.	3352	218	3570	2909	129	3038	3065	2772
4	Berg. Werkzeugindustrie Walter Henzen & Co. .	151	65	216	158	38	196	216	192
5	Engels, Eduard	29	12	41	49	10	59	50	71
6	Hessenbruch & Co.	178	3	181	176	2	178	171	182
7	Krumm & Co. G. m. b. H. . . .	132	11	143	123	5	128	137	127
8	Mannesmann, A.	123	13	136	135	4	139	139	133
9	Mannesmann-Röhren-Werke . . .	910	156	1066	1001	39	1040	936	1096
10	Paß, Karl Gustav	40	7	47	24	9	33	38	—
11	Pleiß, Peter Gottfried	88	43	131	89	27	116	153	—
12	Reinoldt, Heinrich	117	33	150	129	19	148	158	142
13	Remscheider Straßenbahn . . .	151	59	210	197	33	230	216	—
14	Stahlwerke Rich. Lindenberg A.-G.	988	309	1297	974	99	1073	1254	835
	Summe	7467	1471	8938	7522	817	8339	8239	7742
	vom Hundert	83,54	16,46	100,00	90,21	9,79	100,00		
	III. Innungskrankenkassen.								
1	Für Bäcker	25	11	36	41	—	41	30	—
2	" Bauunternehmer . . .	222	8	230	445	5	450	221	430
3	" Fleischer	41	17	58	45	7	52	63	40
4	" Fuhrleute	104	91	195	174	100	274	221	287
5	" Zimmerer	9		9	24	—	24	11	—
	Summe	401	127	528	729	112	841	546	757
	vom Hundert	76,00	24,00	100,00	86,68	13,32	100,00		
	IV. Wiederholung.								
	Ortskrankenkassen	10113	7972	18085	12615	6020	18635	17395	20016
	Betriebskrankenkassen	7467	1471	8938	7522	817	8339	8239	7742
	Innungskrankenkassen	401	127	528	729	112	841	546	757
	Summe	17981	9570	27551	20866	6949	27815	26180	28515
	vom Hundert	65,26	34,74	100,00	75,00	25,00	100,00		

Anmerkung. Folgende Kassen haben sich an den näher bezeichneten Daten aufgelöst:
Betriebskrankenkasse der Firma Karl Gustav Paß am 4. 10. 1919,
„ „ „ Peter Gottfried Pleiß am 11. 8. 1919,
„ „ „ Remscheider Straßenbahn am 4. 10. 1919.
Innungskrankenkasse für Bäcker am 31. 12. 1919,
„ „ Zimmerer am 10. 8. 1919.

Allgemeine Angaben zur Beurteilung der Beiträge und Leistungen.

Der Grundlohn ist nach 10 Stufen von 1—10 Mark festgesetzt.

Als Beitrag werden 4½ vom Hundert erhoben.

Für Familienhilfe werden keine Zusatzbeiträge gezahlt.

Die Unterstützungsdauer beträgt 26 Wochen.

Das Krankengeld wird vom 4. Tage der Erwerbsunfähigkeit an gezahlt. Bei Mehrleistung 55—75 vom Hundert des Grundlohnes für 7 Tage, also für jeden Kalendertag.

Für Mehrleistungen besteht eine Wartezeit von 6 Monaten. Hat jedoch der Versicherte beim Eintritt in die Kasse schon in einer anderen Kasse Anspruch auf Mehrleistungen gehabt, fällt die Wartezeit weg.

Das Hausgeld für Angehörige bei Krankenhauspflege beträgt als Mehrleistung 35—50 vom Hundert des Grundlohnes (nach der Kinderzahl).

Hausgeld und Barunterstützung werden bei Mehrleistung für jeden Kalendertag gezahlt.

Sterbegeld in 30 fachem Betrage des Grundlohnes.

Für Familienangehörige wird zu den Kosten der Krankenhauspflege pro Tag bei Erwachsenen 2.50 Mark, bei Kindern 2.— Mark bis zu 26 Wochen gezahlt. Sterbegeld nach den in der vorstehenden Aufstellung angegebenen Sätzen. Ferner wird für dieselben freie ärztliche Behandlung, ärztliche Geburtshilfe sowie Zahnziehen gewährt. Desgleichen werden notwendige Verbandstoffe vom Kassenlager unentgeltlich abgegeben.

Für die Hilfe einer Hebamme bei der Geburt zahlt die Kasse 35 Mark und liefert die notwendigen Verbandstoffe, bei Bedarf auch Arznei.

Bei Infektionskrankheiten (Diphterie usw.) wird auch für Familienangehörige Serum zu Einspritzungen von der Kasse gewährt, damit in solchen Fällen auch beim Fehlen der Barmittel rasche Hilfe erfolgt.

Die Kasse unterhält seit dem Jahre 1898 eigenes Lager in sämtlichen Verbandstoffen und Krankenbedarfsartikeln, wodurch besonders in Friedenszeiten große Ersparnisse erzielt wurden.

Der Allgemeinen Ortskrankenkasse Remscheid gehörten aus dem Kreis unserer Mitglieder an:

1953:

Vorstand:	als:	Vertreterversammlung:	als:
Ernst Gruner	Mitglied	Fritz Hold	Mitglied
Hans Carl Möhle	Mitglied	Günter Schumacher	Mitglied
Hermann Hollmann	Mitglied	Ernst Berg	Mitglied
Hans Werner Mühlhoff	1. Stellvertreter	Fritz Rösler	Mitglied
Hans Berlet	1. Stellvertreter	Hans Nanzig	1. Stellvertreter
Richard Felde jr.	2. Stellvertreter	Dipl.-Kfm. Alfred Arnz	1. Stellvertreter
Kurt Pipersberg	2. Stellvertreter	Heinz Engels	1. Stellvertreter
		Ernst Albert Schmitt	1. Stellvertreter
		Erich Engels	2. Stellvertreter
		Dr. Hans Bötzow jr.	2. Stellvertreter
		Joh. Peter Arns jr.	2. Stellvertreter
		Werner Arntz	2. Stellvertreter

1958:

Vorstand:	als:	Vertreterversammlung:	als:
Ernst Gruner	Mitglied	Fritz Hold	Mitglied
Hans Carl Möhle	Mitglied	Günter Schumacher	Mitglied
Hans Berlet	1. Stellvertreter	Dr. Heinrich Schmitz	Mitglied
Hans Werner Mühlhoff	1. Stellvertreter	(bis 1. 10. 1958)	
Richard Felde jr.	2. Stellvertreter	Fritz Rösler	Mitglied
Kurt Pipersberg	2. Stellvertreter	Hans Nanzig	1. Stellvertreter
		Dipl.-Kfm. Alfred Arnz	1. Stellvertreter
		Joh. Peter Arns jr.	1. Stellvertreter
		Ernst Albert Schmitt	1. Stellvertreter
		Dr. Hans Bötzow	2. Stellvertreter
		Heinz Engels	2. Stellvertreter
		Werner Arntz	2. Stellvertreter

In ihrer 1. Sitzung wählte die Vertreterversammlung
Herrn *Heinz Heinrichs* zu ihrem Vorsitzenden (Versichertenvertreter),
Herrn *Fritz Rösler* zu dessen Stellvertreter (Arbeitgebervertreter).

In der 1. Sitzung wählte der Vorstand
Herrn *Karl Labonte* zum Vorsitzenden des Vorstandes (Versichertenvertreter)
und Herrn *Ernst Gruner* zum stellvertretenden Vorsitzenden des Vorstandes (Arbeitgebervertreter).

1962:

Vorstand:	als:	Vertreterversammlung:	als:
Ass. Ehrenfried Schulze	Mitglied	Fritz Rösler	Mitglied
Hans Carl Möhle	Mitglied	Günter Schumacher	Mitglied
Ass. Bertram Gentges	1. Stellvertreter	Dipl.-Ing. Hermann Becker	Mitglied
Hans Werner Mühlhoff	1. Stellvertreter	Hans Alfred Sieper	Mitglied
Richard Felde jr.	2. Stellvertreter	Ernst Albert Schmitt	1. Stellvertreter
Kurt Pipersberg	2. Stellvertreter	Dr. Hans Bötzow	1. Stellvertreter
		Friedr. Wilh. Putsch	1. Stellvertreter
		Hans Nanzig	1. Stellvertreter
		Werner Arntz	2. Stellvertreter
		Dipl.-Kfm. Alfred Arnz	2. Stellvertreter
		Carl Wilhelm Haas	2. Stellvertreter

In ihrer 1. Sitzung am 24. 7. 1962 wählte die Vertreterversammlung
Herrn *Egon Radeck* zu ihrem Vorsitzenden (Versichertenvertreter),
Herrn *Fritz Rösler* zu dessen Stellvertreter (Arbeitgebervertreter).

1968:

Vorstand:	als:	Vertreterversammlung:	als:
Ass. Ehrenfried Schulze	Mitglied	Hans Alfred Sieper	Mitglied
Fritz Rösler	Mitglied	Dipl.-Ing. Hermann Becker	Mitglied
Ass. Bertram Gentges	Stellvertreter	Dr. Hans Bötzow	Mitglied
Heinz Krocker	Stellvertreter	Carl Wilhelm Haas	Mitglied
		Hans Dieter Lemp	Mitglied
		Hans Werner Mühlhoff	Mitglied
		Johann Peter Arns	Stellvertreter
		Egon Kretzer	Stellvertreter
		Ernst Albert Schmitt	Stellvertreter
		Albert Strasmann	Stellvertreter
		Dipl.-Ing. Hermann Wegerhoff	Stellvertreter

1974:

Vorstand:	als:	Vertreterversammlung:	als:
Ass. Bertram Gentges	Mitglied	Hans Alfred Sieper	Mitglied
Fritz Rösler	Mitglied	Dipl.-Ing. Hermann Wegerhoff	Mitglied
Dipl.-Wirtsch.-Ing. Wilhelm Arntz	Mitglied	Albert Strasmann	Mitglied
Ass. Gernot Tödt	Stellvertreter	Carl Wilhelm Haas	Mitglied
Dipl.-Ing. Ek. Piwowarsky	Stellvertreter	Dipl.-Ing. Peter Ibach	Mitglied
Heinz Krocker	Stellvertreter	Dipl.-Ing. Hermann Becker	Mitglied
		Hans Dieter Lemp	Mitglied
		Peter Fath	Stellvertreter
		Klaus Börsch	Stellvertreter
		Egon Trant	Stellvertreter
		Karl Kühn	Stellvertreter
		Ernst Albert Schmitt	Stellvertreter
		Karl Grünrock	Stellvertreter
		Gregor Engels	Stellvertreter
		Otto Neuroth jun.	Stellvertreter

In ihrer 1. Sitzung am 15. 10. 1974 wählte die Vertreterversammlung
Herrn *Hans Federer* zu ihrem Vorsitzenden (Versichertenvertreter),
Herrn *Hans Alfred Sieper* zu dessen Stellvertreter (Arbeitgebervertreter).

In der Sitzung am 15. 10. 1974 wählte der Vorstand
Herrn Ass. *Bertram Gentges* zum Vorsitzenden des Vorstandes (Arbeitgebervertreter)
und Frau *Rosalie Kasiske* zur stellvertretenden Vorsitzenden des Vorstandes (Versichertenvertreterin).

1980:

Vorstand:	als:	Vertreterversammlung:	als:
Ass. Bertram Gentges	Mitglied	Hans Alfred Sieper	Mitglied
Fritz Rösler	Mitglied	Dipl.-Ing. Hermann Wegerhoff	Mitglied
Dipl.-Wirtsch.-Ing. Wilhelm Arntz	Mitglied	Albert Strasmann	Mitglied
Ass. Gernot Tödt	Stellvertreter	Carl Wilhelm Haas	Mitglied
Heinz Krocker	Stellvertreter	Dipl.-Ing. Peter Ibach	Mitglied
Karl-Heinz Maas	Stellvertreter	Dipl.-Ing. Hermann Becker	Mitglied
		Hans Dieter Lemp	Mitglied
		Klaus Börsch	Mitglied
		Egon Trant	Mitglied
		Dr. Manfred Diederichs	Stellvertreter
		Ernst Albert Schmitt	Stellvertreter
		Gregor Engels	Stellvertreter
		Karl Grünrock	Stellvertreter
		Joachim Ohler	Stellvertreter
		Heinz Günter Schmitz	Stellvertreter
		Klaus Knierim	Stellvertreter

In ihrer 1. Sitzung am 2. 10. 1980 wählte die Vertreterversammlung
Herrn *Gerd Diedrichs* zu ihrem Vorsitzenden (Versichertenvertreter),
Herrn *Hans Alfred Sieper* zu dessen Stellvertreter (Arbeitgebervertreter).

1986:

Vorstand:	als:	Vertreterversammlung:	als:
Ass. Bertram Gentges	Mitglied	*Hans Alfred Sieper*	Mitglied
Fritz Rösler	Mitglied	*Albert Strasmann*	Mitglied
Dipl.-Wirtsch.-Ing. Wilhelm Arntz	Mitglied	*Carl Wilhelm Haas*	Mitglied
		Dipl.-Ing. Peter Ibach	Mitglied
Karl-Heinz Maas	Mitglied	*Hans Dieter Lemp*	Mitglied
Ass. Gernot Tödt	Stellvertreter	*Klaus Börsch*	Mitglied
Volker Meissner	Stellvertreter	*Egon Trant*	Mitglied
Karl Grünrock	Stellvertreter	*Dr. Manfred Diederichs*	Mitglied
		Joachim Ohler	Mitglied
		Klaus Knierim	Mitglied
		Heinz Günter Schmitz	Stellvertreter
		Ernst Albert Schmitt	Stellvertreter
		Alfred G. Hartmann	Stellvertreter
		Christel Luig	Stellvertreterin
		Dipl.-Kfm. Peter Buchholz	Stellvertreter
		Gerhard Richter	Stellvertreter
		Jean Spürck	Stellvertreter
		Rosemarie Stillger	Stellvertreterin
		Cornelia Grimm	Stellvertreterin

In ihrer Sitzung am 8. 10. 1986 wählte die Vertreterversammlung
Herrn *Gerd Diedrichs* zu ihrem Vorsitzenden (Versichertenvertreter),
Herrn *Hans Alfred Sieper* zu dessen Stellvertreter (Arbeitgebervertreter).

In der Sitzung am 8. 10. 1986 wählte der Vorstand
Herrn Ass. *Bertram Gentges* zum Vorsitzenden des Vorstandes (Arbeitgebervertreter)
und Frau *Rosalie Kasiske* zur stellvertretenden Vorsitzenden des Vorstandes (Versichertenvertreterin).

Daten zur Gemeinschaftslehrwerkstatt/ Ausbildungszentrum der Industrie

Geschäftsstelle:

seit 19. 4. 1952   5630 Remscheid, Elberfelder Straße 77

Lehrwerkstatt:

1. 4. 1953 bis 30. 11. 1967   5630 Remscheid, Ronsdorfer Straße 29–39

seit 1. 12. 1967   5630 Remscheid, Wüstenhagener Straße 26

Trägergesellschafter:

Bergische Industrie- und Handelskammer zu Remscheid,
heute Industrie- und Handelskammer Wuppertal-Solingen-Remscheid
und
Arbeitgeber-Verband von Remscheid und Umgebung e. V.
(zu je 50 Prozent)

Vertreter des Gesellschafters IHK:

13. 3. 1952 bis 31. 3. 1963	Hauptgeschäftsführer Dr. Hermann Ringel
23. 6. 1953 bis 15. 5. 1962	Präsident Christoph Heinrich Wolf Firma Wolf & Bangert
24. 1. 1964 bis 15. 11. 1971	Hauptgeschäftsführer Assessor Hans Duda
24. 1. 1964 bis 27. 6. 1978	Dr. Wolfgang Busch Firma Bergische Stahl-Industrie KG
27. 6. 1978 bis 1. 3. 1988	Dr. Hans Bötzow DAKO Werkzeugfabriken David Kotthaus GmbH & Co. KG
seit 1. 3. 1988	Dipl.-Ing. Wolf Grimm Firma Gustav Grimm, Edelstahlwerk GmbH

Vertreter des Gesellschafters AGV:

20. 5. 1952 bis 23. 6. 1953	Hauptgeschäftsführer Dr. Hermann Ringel – treuhänderisch –
23. 6. 1953 bis 22. 12. 1964	Vorsitzender Albert Honsberg Firma Gebrüder Honsberg
22. 12. 1964 bis 10. 6. 1981	Vorsitzender Dipl.-Kfm. Alfred Arnz Firma Friedr. Aug. Arnz, FLOTT
seit 23. 7. 1981	Vorsitzender Dr. Dietrich Fricke Firma TENTE-ROLLEN GmbH & Co.

Aufsichtsratsvorsitzender:

20. 5. 1952 bis 10. 2. 1967	Gustav Albert Urbahn Firma Alb. Urbahn & Comp.
10. 2. 1967 bis 6. 7. 1987	Hans Alfred Sieper Firma POLAR-WERKE GmbH
seit 6. 7. 1987	Dipl.-Kfm. Heinz Giersiepen Firma PSW Giersiepen KG

Stellvertretender Aufsichtsratsvorsitzender:

20. 5. 1952 bis 10. 2. 1967	Alfred Peiseler Firma J. Gottlieb Peiseler
10. 2. 1967 bis 23. 7. 1981	Dr. Dietrich Fricke Firma TENTE-ROLLEN GmbH & Co.
seit 1. 3. 1988	Dr. Hans Bötzow DAKO Werkzeugfabriken David Kotthaus GmbH & Co. KG

Ehrenmitglieder des Aufsichtsrats:

23. 8. 1972 bis 22. 6. 1984	Assessor Ehrenfried Schulze AGV
28. 6. 1977	Friedrich Wilhelm Daum Firma Friedr. Wilh. Daum
27. 6. 1978 bis 17. 2. 1979	Dr. Wolfgang Busch Firma Bergische Stahl-Industrie KG
seit 6. 7. 1987	Hans Alfred Sieper Firma POLAR-WERKE GmbH

Aufsichtsratsmitglieder:

20. 5. 1952 bis 28. 6. 1977	Friedrich Wilhelm Daum Firma Friedr. Wilh. Daum
20. 5. 1952 bis 7. 11. 1958	Hermann Haas jr. Maschinenfabrik Friedr. Haas GmbH
20. 5. 1952 bis 22. 2. 1960	Siegfried Klemp Firma Joh. Vaillant KG
20. 5. 1952 bis 24. 1. 1964	Hermann Mühlhoff Firma Peter Friedr. Mühlhoff
20. 5. 1952 bis 6. 6. 1973	Otto Neuroth Firma Jacob Neuroth Söhne
20. 5. 1952 bis 10. 2. 1967	Hans Alfred Sieper Firma POLAR-WERKE, Engels & Sieper
23. 6. 1953 bis 16. 8. 1968	Johann Kachelmeier Ausbildungsleiter der Bergischen Stahl-Industrie
24. 1. 1964 bis 9. 4. 1974	Dr. Wolfgang Busch Firma Bergische Stahl-Industrie KG
24. 1. 1964 bis 10. 2. 1967	Dr. Dietrich Fricke Firma TENTE-ROLLEN GmbH & Co.
22. 12. 1964 bis 25. 12. 1973	Albert Honsberg Firma Gebrüder Honsberg
10. 2. 1967 bis 24. 8. 1972	Alfred Peiseler Firma J. Gottlieb Peiseler
seit 24. 6. 1975	Erhard Krumm Firma Krumm & Co.
24. 6. 1975 bis 6. 8. 1987	Dr.-Ing. Eberhard Werth Rheinisch-Westfälisches Elektrizitätswerk AG
28. 6. 1977 bis 1. 3. 1988	Dipl.-Kfm. Heinz Giersiepen Firma PSW Giersiepen KG
28. 6. 1977 bis 1. 3. 1988	Dipl.-Ing. Wolf Grimm Firma Gustav Grimm, Edelstahlwerk GmbH
seit 1. 3. 1988	Dr. Hans Bötzow DAKO Werkzeugfabriken David Kotthaus GmbH & Co. KG
seit 1. 3. 1988	Dipl.-Ing. Rolf Müller RWE Energie Aktiengesellschaft
seit 1. 3. 1988	Joachim Ohler Firma Joh. Friedr. Ohler GmbH & Co.

Geschäftsführer für die IHK:

20. 5. 1952 bis 5. 3. 1962	Obering. Martin Gebhardt Technischer Geschäftsführer
24. 1. 1964 bis 18. 6. 1984	Gerhard Müller Technischer Geschäftsführer
seit 18. 6. 1984	Klaus Strackbein Technischer Geschäftsführer

Geschäftsführer für den AGV:

20. 5. 1952 bis 11. 4. 1962	Ernst Gruner Kaufmännischer Geschäftsführer
11. 4. 1962 bis 23. 8. 1972	Assessor Ehrenfried Schulze Kaufmännischer Geschäftsführer
seit 23. 8. 1972	Assessor Bertram Gentges Kaufmännischer Geschäftsführer

Leiter:

1. 1. 1953 bis 31. 12. 1969	Josef Hall
1. 7. 1969 bis 31. 1. 1985	Heinz Dahmen
1. 1. 1985 bis 30. 6. 1988	Udo Engels
seit 1. 7. 1988	Winfried Leimgardt

Daten zum Betriebsarztzentrum

Personalentwicklung

Stichtag	Ärzte	medizinisches Hilfspersonal	Büroangestellte
1. 7. 1975	1	–	–
1. 7. 1976	1	3	2
1. 7. 1978	3	3	2
1. 7. 1980	3	3	1
1. 7. 1985	3	3	1
1. 7. 1990	4	4	1

Die derzeitigen Ärzte des Betriebsarztzentrums:

Herr Dr. med. Stefan Günther	Leitender Betriebsarzt	seit 1978
Herr Rudolf Altmann	Betriebsarzt	seit 1977
Herr Dr. med. Wilfried Chamrad	Betriebsarzt	seit 1979
Herr Gerhard Hermanns	Betriebsarzt	seit 1989

Entwicklung im BAZ

Gründung am 6. Mai 1974

27 Firmen mit 9 208 zu betreuenden Beschäftigten

am 1. April 1976 Eröffnung des Zentrums und Inbetriebnahme

42 Firmen mit 10 809 zu betreuenden Beschäftigten
am 1. 1. 1981   61 Firmen mit 14 883 zu betreuenden Beschäftigten

Erweiterung – Neubau:

Eröffnung am 14. Dezember 1983 (Stand 1. 1. 1984: 78 Firmen = 14 604 Beschäftigte)

am 1. 1. 1986   82 Firmen mit 15 458 zu betreuenden Beschäftigten
am 1. 1. 1990   95 Firmen mit 18 397 zu betreuenden Beschäftigten

Überblick über die Lehrlings- und Jungarbeiterwohnheime

Die große Wohnungsnot infolge der Zerstörung der Stadt Remscheid in den Kriegsjahren 1943 bis 1945 erforderte die Errichtung von Jungarbeiterwohnheimen, um ledige Mitarbeiter, die in Remscheid einen Arbeitsplatz gefunden hatten, ordentlich unterzubringen und zu versorgen.

Ferner war es erforderlich, geeignete Wohnmöglichkeiten für Lehrlinge, die im überbezirklichen Ausgleich der Arbeitsämter aus fast allen Ländern der Bundesrepublik angeworben worden waren, unterzubringen.

Hierfür bildeten sich Trägervereine, die die Gebäude errichteten und verwalteten.

Evangelisch geführte Heime waren:
- „Evangelisches Lehrlingsheim e. V.", Remscheid, Steinstraße 21
- „Jugendwohnheim des CVJM e. V.", Remscheid-Lüttringhausen, Feldstraße 31
- Evangelisches Jugendwohnheim Wiedenhof e. V., Remscheid-Lüttringhausen, Wiedenhof 4
- Ledigenwohnheim „Lindenhof", Remscheider Heimstätten-Gemeinschaft e. V., Remscheid, Lindenhofstraße 13.

Katholisch geführte Heime waren:
- Jungarbeiterwohnheim „Wilhelm-Schuy-Haus", Heimstatt Remscheid-Süd e. V., Remscheid, Ewaldstraße 21
- Lehrlingsheim Heimstatt „Roemryke Berge e. V.", Remscheid, Strucker Straße 59
- Heimstatt Wermelskirchen e. V., Wermelskirchen, Am Vogelsang 16 (heute Wohnheim für Behinderte).

Ferner gab es:
- das firmengetragene Lehrlingsheim der Bergischen Stahl-Industrie, Remscheid
- das Jugendwohnheim der Stadtverwaltung Remscheid, Remscheid-Reinshagen, Voßnackstraße 11–13

und es gibt noch:
- das Haus der Kolping-Familie, nämlich das Jungarbeiterwohnheim „Kolpinghaus", Remscheid, Palmstraße 10.

Hierzu im einzelnen:

1952: „Jahresbericht 1951"

Das Arbeitsamt hat Landesmittel für den Bau folgender Lehrlingsheime zur Verfügung gestellt, die alle noch im Jahre 1952 bezugsfertig werden:

Lehrlingsheim Wermelskirchen (Eifgen) = 70 Plätze

(Heimstatt Wermelskirchen e. V., Wermelskirchen, Am Vogelsang 16 – heute Wohnheim für Behinderte)

(im April 1952 haben bereits 30 Lehrlinge dieses Heim bezogen),

CVJM-Lehrlingsheim Remscheid-Lüttringhausen = 50 Plätze

(Jugendwohnheim des CVJM, Remscheid-Lüttringhausen, Feldstraße 31)

Bezugsfertig: 1. Juni 1952.

„Evangelisches Lehrlingsheim e. V.", Remscheid, Steinstraße 21, = 50 Plätze

(Die Fertigstellung war nach Errichtung des Rohbaus aus finanziellen Gründen in Frage gestellt. Durch starkes Engagement des Verbandes wurde daraufhin das „Evangelische Jugendwerk" gegründet, unter Mitwirkung der Herren Ass. E. Schulze und Gustav Albert Urbahn.)

Bezugsfertig: etwa Juni 1952.

Grund und Gebäude sind nach Schließung des Heimes am 7. April (Auflassung) bzw. 15. September 1977 (Eintragung) satzungsgemäß auf den Landschaftsverband Rheinland übergegangen, der das Haus als „Rheinisches Landesjugendheim für Mädchen" bis heute weiterführt.

Der Verein wurde am 6. Juni 1983 aufgelöst.

Lehrlingsheim, später Jungarbeiterwohnheim „Wilhelm-Schuy-Haus" Heimstatt Remscheid-Süd e. V., Ewaldstraße 21, = 50 Plätze, später 70 Plätze

Bezugsfertig: 1. Januar 1953.

Schließung des Heimes Anfang 1973 wegen mangelnder Belegung.

1974, nach Einstellung des Heimbetriebs, satzungsgemäße Übertragung auf die „Katholische Jugendsozialarbeit im Lande Nordrhein-Westfalen e. V., Köln". 1986 standen Verhandlungen über den Verkauf von Grund und Gebäuden bzw. über eine andere Nutzung an.

Auflösung des Vereins: 2. Februar 1987.

Übertragung des Restvermögens satzungsgemäß zweckgebunden zur Jugendförderung auf die Kirchengemeinde St. Joseph, Remscheid.

Jungarbeiterwohnheim „Heimstatt Roemryke Berge e. V.", Remscheid, Strucker Straße 59, = 70 Plätze

Bezugsfertig: 1955.

1974, nach Einstellung des Heimbetriebs, satzungsgemäße Übertragung auf die „Katholische Jugendsozialarbeit im Lande Nordrhein-Westfalen e. V., Köln". Die Gebäude wurden abgerissen, das Grundstück verkauft, auf dem der Erwerber Eigentumswohnungen errichtete.

Auflösung des Vereins: 2. Februar 1987.

Übertragung des Restvermögens satzungsgemäß zweckgebunden zur Jugendförderung auf die Kirchengemeinde St. Joseph, Remscheid.

Außerdem hat ebenfalls 1952 die Bergische Stahl-Industrie mit dem Bau eines eigenen Lehrlingsheims mit 30 Plätzen begonnen.

Das Arbeitsamt stellte im gleichen Zeitraum zusätzlich Mittel zur Errichtung eines **Ledigenwohnheims mit 70 Plätzen (30 Doppelzimmer und 10 Einzelzimmer)** zur Verfügung. Den Bau wird die GEWAG Gemeinnützige Wohnungs-Aktiengesellschaft errichten. Es wird geplant, zunächst ein Grundstück in der **Honsberger Straße/Ecke Lindenhofstraße** (frühere Stachelhauser Schule) zu bebauen, da die Stadt aber die dortigen Baracken noch nicht freimachen kann, entscheidet man sich dann schließlich für ein Grundstück in der Lindenhofstraße 13. Die Verwaltung übernimmt der hierzu gegründete Verein **„Remscheider Heimstätten-Gemeinschaft Ledigenwohnheim ‚Lindenhof' e. V.".**

Eröffnung: 1. August 1954. Die Firmen zahlen für einen Platz in einem eingerichteten Zimmer einen Zuschuß von 1500 DM für ein Belegungsrecht von 12 Jahren. Die Plätze unterliegen nicht der Wohnraumbewirtschaftung. Die Firmen können frei gewordene Plätze wieder selbst mit ledigen Arbeitnehmern ohne Altersbegrenzung belegen.

Der Mietpreis je Platz einschließlich Reinigung der Bettwäsche, Heizung etc. liegt bei 32,–/34,– DM monatlich.

Schließung des Heimes: Anfang 1973 wegen mangelnder Belegung.

November 1973: Grund und Gebäude werden zum Kauf oder zur Miete angeboten. Sie werden später von der Stadt Remscheid erworben und genutzt. Grundstücksgröße ca. 3300 qm, Gebäudenutzfläche circa 1600 qm. Am 18. August 1978 wurde die Auflösung des Vereins beschlossen.

1953: „Jahresbericht 1952"

Weitere Heime, die durch das Arbeitsamt in Remscheid gefördert werden: „Evangelisches Wohnheim e. V.", Remscheid, Jungarbeiterwohnheim mit 70 Plätzen.

„Kolping-Familie", Remscheid, Jungarbeiterwohnheim mit 70 Plätzen („Kolpinghaus", Remscheid, Palmstraße 10).
Bezugsfertig: Anfang 1955.

„Stadtverwaltung Remscheid", Jungarbeiterwohnheim, Remscheid-Reinshagen, Voßnackstraße 11–13, mit 70 Plätzen.
Bezugsfertig: Spätherbst 1956.
Das Heim besteht noch 1966 mit 70 Plätzen, hat aber Belegungsschwierigkeiten, daher Werbung zur Belegung durch den AGV.

Weitere Heime in Remscheid, Lennep (Jungarbeiterwohnheim der Bundesbahnverwaltung = 50–60 Plätze) und Radevormwald in der Planung.

1953: „Protokoll Mitgliederversammlung AGV Radevormwald vom 17. 10. 1953" Grundsteinlegung für ein Lehrlingsheim in Radevormwald ist erfolgt.

„Lehrlingswohnheim der Evgl.-luth.-Gemeinde" Radevormwald = 60 Plätze in 3-Bett-Zimmern.

Bezugsfertig: Sommer 1954.

1959: „Jahresbericht 1958"

Für die Lehrlingsheime zeichnen sich erstmalig durch die geburtenarmen Jahrgänge Belegungsschwierigkeiten ab. Aber noch können alle Heime – Dank der Bemühungen des Verbandes – voll belegt werden.

Gesamtkapazität: 350 Plätze für Lehrlinge in den vom AGV betreuten Lehrlingsheimen.

Jugendwohnheim „Wiedenhof", Remscheid-Lüttringhausen

(Evangelisches Jugendwohnheim „Wiedenhof" e. V., Remscheid-Lüttringhausen, Wiedenhof 4)

Eröffnet 1959.

„Mit Sicherheit kann aber gesagt werden, daß mit der Schaffung dieses Heims die Bauperiode von Jugendwohnheimen im Remscheider Raum vorerst abgeschlossen ist." (Zitat: Jahresbericht 1958)

1961: „Jahresbericht 1960"

Ein erstes Lehrlingsheim erfährt eine Umwandlung in ein Jungarbeiterwohnheim.

Das **Ledigenwohnheim „Lindenhof"** nimmt erstmals auch ausländische Arbeitnehmer auf. Dies führt zu Spannungen unter den Arbeitnehmern der verschiedenen Nationalitäten.

1961:

Auch weitere Lehrlingsheime nehmen Jungarbeiter auf, um alle Plätze belegen zu können.

Es bestehen Überlegungen, die Heime anderen Zweckbestimmungen zuzuführen.

Ostern 1963:

Die Lehrlingsheime konnten wieder voll mit Lehrlingen belegt werden.

Drei Jungarbeiterwohnheime konnten ebenfalls alle Plätze belegen. Zwei Heime für ledige Arbeitnehmer, die bereits Ausländer aufgenommen hatten, hatten Belegungsschwierigkeiten.

Ostern 1964:

4 bestehende Lehrlingsheime konnten voll mit Lehrlingen belegt werden. 1 Jungarbeiterwohnheim konnte wieder in ein Lehrlingsheim umgewandelt und voll belegt werden.

Kapazität der 5 Lehrlingsheime: 330 Plätze.

3 Jungarbeiterwohnheime waren ebenfalls voll belegt. Kapazität: 240 Plätze.

Mitwirkung in anderen Organisationen

Stand: 31. 12. 1989

In den nachstehend aufgeführten Organisationen, Körperschaften etc. wird unser Verband von folgenden Damen und Herren vertreten:

Verband der Metallindustrie Nordrhein-Westfalens, Düsseldorf	**Dr. Dietrich Fricke** als Mitglied des Vorstandes
	Ass. B. Gentges als Vertreter im Tarifpolitischen Ausschuß
	Dipl.-Ing. Heribert Oberhoff als Mitglied der Gießerei-Kommission
	Klaus Fassbender als NRW-Vertreter in der Arbeitsgruppe „Heimarbeit" von Gesamtmetall
Landesvereinigung der Arbeitgeberverbände Nordrhein-Westfalens, Düsseldorf	**Dr. Dietrich Fricke** als Mitglied des Vorstandes
	Ass. B. Gentges als Mitglied des Arbeitsrechtsausschusses, des Gesprächskreises Berufsbildung, des Arbeitskreises „Privater Lokalfunk in NRW" sowie des Arbeitskreises Werksarztzentren
	Heinz Krocker im Arbeitskreis Wirtschaft/Bundeswehr
Arbeitsamt Solingen	**Ass. B. Gentges** als Vorsitzender des Verwaltungsausschusses und des Ausschusses zur „individuellen Förderung der beruflichen Fortbildung und Umschulung" und als Mitglied im Ausschuß für allgemeine Fragen und Personalangelegenheiten des Verwaltungsausschusses, im Ausschuß für AB-Maßnahmen und im Ausschuß für anzeigepflichtige Entlassungen nach dem Kündigungsschutzgesetz
	Ass. G. Tödt als Mitglied des Verwaltungsausschusses und als stellvertretendes Mitglied des Ausschusses zur „individuellen Förderung der beruflichen Fortbildung und Umschulung" und im Ausschuß für anzeigepflichtige Entlassungen nach dem Kündigungsschutzgesetz
	Dipl.-Wirtsch.-Ing. Wilhelm Arntz, Dipl.-Volksw. Kurt Wehnert und **Ass. U. Werner** als Stellvertreter im Verwaltungsausschuß
Arbeitsamt Bergisch Gladbach	**Ass. B. Gentges** als Mitglied des Verwaltungsausschusses und als stellvertretendes Mitglied im Ausschuß für anzeigepflichtige Entlassungen nach dem Kündigungsschutzgesetz

Allgemeine Ortskrankenkasse, Remscheid	**Ass. B. Gentges** als Vorsitzender des Vorstandes

Dipl.-Wirtsch.-Ing. Wilhelm Arntz, Karl-Heinz Maas und **Fritz Rösler** als Mitglieder des Vorstandes

Karl Grünrock, Volker Meissner und **Ass. G. Tödt** als Stellvertreter im Vorstand

Klaus Börsch, Dr. Manfred Diederichs, Carl-Wilhelm Haas, Dipl.-Ing. Peter Ibach, Klaus Knierim, Hans-Dieter Lemp, Joachim Ohler, Hans Alfred Sieper, Albert Strasmann und **Egon Trant** als Mitglieder in der Vertreterversammlung

Dipl.-Kfm. Peter Buchholz, Dipl.-Betriebsw. Alfred G. Hartmann, Christel Luig, Gerhard Richter, Ernst-Albert Schmitt, Heinz Günter Schmitz, Jean Spürck und **Rosemarie Stillger** als Stellvertreter in der Vertreterversammlung

Ass. B. Gentges als Mitglied im Personal- und Arbeitsausschuß

Fritz Rösler als Stellvertreter im Personal- und Arbeitsausschuß

Dipl.-Wirtsch.-Ing. Wilhelm Arntz, Carl-Wilhelm Haas, Klaus Knierim und **Joachim Ohler** als Mitglieder in den Prüfungsausschüssen

Klaus Knierim, Hans Dieter Lemp und **Karl-Heinz Maas** als stellvertretende Mitglieder in den Prüfungsausschüssen

Hans Alfred Sieper als Mitglied der Widerspruchs- und Einspruchsstelle

Joachim Ohler als stellvertretendes Mitglied der Widerspruchs- und Einspruchsstelle

Hans-Dieter Lemp und **Hans Alfred Sieper** als Mitglieder der Widerspruchs- und Einspruchsstelle – Ausgleichskasse

Allgemeine Ortskrankenkasse Gummersbach (mit dem Bereich Hückeswagen und Radevormwald)	**Dipl.-Kfm. Heinz Giersiepen** als Mitglied im Vorstand

Helmut Paulig als Mitglied in der Vertreterversammlung

Allgemeine Ortskrankenkasse Bergisch-Gladbach (mit dem Bereich Wermelskirchen)	**Dipl.-Ökonom Udo Schmidt** als Mitglied im Vorstand, als Stellvertreter im Personalausschuß des Vorstandes sowie als Mitglied im Verwaltungsausschuß des Vorstandes und als Mitglied im Verwaltungsausschuß in Ausgleichsangelegenheiten und ferner als stellvertretender Schriftführer im Vorstand

Dr. Dietrich Fricke
als Mitglied der Vertreterversammlung,
als Stellvertreter im Rechnungsausschuß und im Rechnungsausschuß für Ausgleichsangelegenheiten,
als Stellvertreter im Haushaltsausschuß der Vertreterversammlung
und im Haushaltsausschuß für Ausgleichsangelegenheiten
sowie
als Stellvertreter im Satzungsausschuß

Jürgen Lemp
als Mitglied der Vertreterversammlung
und als Stellvertreter im Haushaltsausschuß der Vertreterversammlung
und im Haushaltsausschuß für Ausgleichsangelegenheiten

Ass. U. Werner
als Mitglied der Vertreterversammlung sowie
als Mitglied im Satzungsausschuß der Vertreterversammlung,
als Mitglied im Widerspruchsausschuß und
als Mitglied im Widerspruchsausschuß in Ausgleichsangelegenheiten

AOK-Landesverband Rheinland, Düsseldorf	**Karl-Heinz Maas** als stellvertretendes Mitglied des Vorstandes

Ass. B. Gentges
als Mitglied der Vertreterversammlung,
als Schriftführer und
als Revisor

Dipl.-Ökonom Udo Schmidt und
Dipl.-Wirtsch.-Ing. Wilhelm Arntz
als Stellvertreter in der Vertreterversammlung

Krankenkassenverband
Rechenzentrum Bergisch Land,
Wuppertal

Ass. B. Gentges
als Mitglied des Vorstandes und Schriftführer,
als Mitglied des Ausschusses zur Prüfung der Jahresrechnung
sowie
als Mitglied der Widerspruchsstelle

Dipl.-Wirtsch.-Ing. Wilhelm Arntz
als 1. Stellvertreter im Vorstand

Fritz Rösler
als 2. Stellvertreter im Vorstand

Versorgungsverband deutscher
Wirtschaftsorganisationen
Mülheim/Ruhr

Ass. B. Gentges
als Rechnungsprüfer

Hauptfürsorgestelle des
Landschaftsverbandes Rheinland
Köln

Ass. B. Gentges
als stellvertretendes Mitglied in der
1. Kammer des Widerspruchsausschusses

Arbeitsgericht Solingen

Dipl.-Kfm. Jürgen Wolff
als Arbeitsrichter

Arbeitsgericht Wuppertal

**Roland Becker, Arnold Fahrenberg,
Josef Ley, Karl-Heinz Maas,
Joachim Ohler** und **Hans-Jürgen Sippel**
als Arbeitsrichter

Landesarbeitsgericht Düsseldorf

**Dipl.-Wirtsch.-Ing. Wilhelm Arntz,
Ass. B. Gentges** und
Dipl.-Volksw. Kurt Wehnert
als Landesarbeitsrichter

Sozialgericht Düsseldorf	**Karl Grünrock** und **Werner Ibach** als Sozialrichter
Sozialgericht Köln	**Heinz-Hermann Becker** und **Dipl.-Ökonom Udo Schmidt** als Sozialrichter
Landessozialgericht Essen	**Roland Becker** als Landessozialrichter
Landesversicherungsanstalt Rheinprovinz, Düsseldorf	**Ass. B. Gentges** als Mitglied der Vertreterversammlung, der Widerspruchs- stelle und des Rechnungsprüfungsausschusses sowie stellvertretendes Mitglied des Haushaltsausschusses
Bundesversicherungsanstalt für Angestellte, in der Widerspruchsstelle Düsseldorf	**Ass. B. Gentges** als Mitglied im Widerspruchsausschuß
Maschinenbau- und Kleineisen- industrie-Berufsgenossenschaft, in der Hauptverwaltung Düsseldorf	**Ass. B. Gentges** als Mitglied der Vertreterversammlung, der Einspruchs- und Widerspruchsstelle bei der Hauptver- waltung sowie als Mitglied des Gemeinsamen Ausschusses der Vertreterver- sammlung und des Vorstandes
	Alexander Gerlinghaus als Stellvertreter im Vorstand
Bezirksverwaltung Köln	**Ass. B. Gentges** als Mitglied der Widerspruchsstelle und des Rechnungsprü- fungsausschusses
Hütten- und Walzwerks- Berufsgenossenschaft, Essen	**Ass. B. Gentges** und **Dipl.-Ing. Friedrich Jakob Toussaint** als Stellvertreter in der Vertreterversammlung
Staatliches Gewerbeaufsichtsamt, Solingen	**Ass. B. Gentges** als Vorsitzender im Ausschuß für Jugendarbeitsschutz
	Dipl.-Kfm. Hartmut Otremba als Mitglied im Ausschuß für Jugendarbeitsschutz
	Ass. G. Tödt als stellvertretendes Mitglied im Ausschuß für Jugendarbeits- schutz
Wirtschaftsvereinigung Eisen und Stahl	**Horst Kemsies** als Mitglied des Fachausschusses Stahlarbeiter-Wohnungs- bau
Werkzeugindustriehilfe GmbH, Remscheid	**Günter Becker, Klaus Börsch, Dr. Dietrich Fricke, Ass. B. Gentges** und **Joachim Ohler** als Gesellschafter
	Ass. B. Gentges als Geschäftsführer
REFA-Bezirksverband, Remscheid	**Ass. B. Gentges** als stellvertretender Vorsitzender des Vorstandes

Industrie- und Handelskammer Wuppertal-Solingen-Remscheid	**Ass. G. Tödt** als Mitglied des Prüfungsausschusses
	Ass. B. Gentges als stellvertretendes Mitglied des Prüfungsausschusses
Fachschule für Technik, Remscheid	**Ass. B. Gentges** als stellvertretendes Mitglied im staatlichen Prüfungsausschuß
Gemeinschaftslehrwerkstatt der Remscheider Eisen- und Metallindustrie GmbH, Remscheid	**Dr. Dietrich Fricke** und **Dipl.-Ing. Wolf Grimm** als Gesellschafter
	Hans Alfred Sieper als Ehrenmitglied des Aufsichtsrates
	Dipl.-Kfm. Heinz Giersiepen als Vorsitzender des Aufsichtsrats
	Dr. Heinz Bötzow als stellvertretender Vorsitzender des Aufsichtsrats
	Erhard Krumm, Dipl.-Ing. Rolf Müller und **Joachim Ohler** als Mitglieder des Aufsichtsrats
	Ass. B. Gentges als Geschäftsführer
Pädagogischer Beirat für die Hinführung der Schüler zur Wirtschafts- und Arbeitswelt beim Schulamt der Stadt Remscheid	**Ass. B. Gentges** als Mitglied im Beirat
Beirat für ausländische Arbeitnehmer der Stadt Remscheid	**Ass. B. Gentges** als Mitglied
Arbeitskreis „Arbeitsmarktfragen" der Stadt Remscheid	**Ass. B. Gentges** als Mitglied
Beirat für Kriegsopferfürsorge und Schwerbehinderte der Stadt Remscheid	**Ass. B. Gentges** als Beisitzer
	Ass. G. Tödt als Stellvertreter
Kreisbeirat für Vertriebenen- und Flüchtlingsfragen der Stadt Remscheid	**Ass. B. Gentges** als Mitglied
	Ass. G. Tödt als Stellvertreter
Kinder- und Säuglingsheim „Der Waldhof", Walter-Frey-Stiftung, Remscheid	**Ass. B. Gentges** als Mitglied des Kuratoriums
	Dr.-Ing. Peter Winterhager als stellvertretender Vorsitzender des Vorstandes
Verein „Lebenshilfe für geistig Behinderte e. V." Ortsverein Remscheid	**Ass. B. Gentges** als Mitglied des Beirats

Betriebsarztzentrum von Remscheid und Umgebung e.V., Remscheid	**Dipl.-Kfm. Alois Gerlach,** als Vorsitzender des Vorstandes und Schatzmeister
	Ass. B. Gentges als stellvertretender Vorsitzender des Vorstandes und Schriftführer
	Joachim Ohler als stellvertretender Vorsitzender des Vorstandes
	Klaus Knierim als Mitglied des Vorstandes
	Rudolf Franzen als Mitglied des Vorstandes
Sozial-Ethischer Ausschuß des Kirchenkreises Lennep	**Dr. Manfred Diederichs** als Mitglied
Beirat der Justizvollzugsanstalt, Remscheid	**Dipl.-Ing. Peter Ibach** als Mitglied des Beirats
Veranstaltergemeinschaft für Lokalfunk in Remscheid und Solingen e.V.	**Ass. B. Gentges** als Vorsitzender des Vorstandes

Prozeßvertreter und vom AGV nominierte ehrenamtliche Richter 1946–1990

Prozeßvertreter:

Assessor Ehrenfried Schulze	1946 bis 1960
Assessor Bertram Gentges	1960 bis 1972
Assessor Gernot Tödt	seit 1970
Assessor Udo Werner	seit 1978

ARBEITSRICHTER
beim Arbeitsgericht Wuppertal
Friedrich-Engels-Allee 430–432
5600 Wuppertal 2 (Barmen):

Ernst Gruner Arbeitgeber-Verband	1. Erwähnung 1951 bis 1959
Dipl.-Ing. Werner Schulte Firma Weberei Schulte	1. Erwähnung 1951 bis 1956
Dr. Wolfgang Vaillant Firma Joh. Vaillant GmbH & Co.	1. Erwähnung 1951 bis 2. 6. 1958
Assessor Ehrenfried Schulze Arbeitgeber-Verband	1960 bis 1980
Johann-Peter Arns jun. Firma MATADORWERK, Joh. Peter Arns KG	1. 7. 1958 bis 30. 6. 1970
Helmut Günther Firma SUPFINA Maschinenfabrik Hentzen GmbH & Co. KG	1959 bis 1977

Horst Kubiak Firma Johann Wülfing & Sohn Kammgarnspinnerei GmbH	1963 bis 1973
Dipl.-Wirtsch.-Ing. Wilhelm Arntz Firma Joh. Wilh. Arntz	1969 bis 31.12. 1986
Ass. Bertram Gentges Arbeitgeber-Verband	1. 3. 1973 bis 2. 10. 1978
Dr. Dietrich Fricke Firma TENTE-ROLLEN GmbH & Co.	1975 bis 30. 11. 1979
Dipl.-Volksw. Kurt Wehnert Firma BARMAG Aktiengesellschaft	9. 1. 1978 bis 26. 5. 1986
Hans-Jochen Ippendorf Firma Bergische Stahl-Industrie KG	2. 2. 1979 bis 17. 2. 1982
Josef Ley Firma Joh. Vaillant GmbH & Co.	seit 13. 11. 1978
Dipl.-Ing. Hermann Wegerhoff Firma Hermann Wegerhoff, ALARM-Werkzeugfabrik GmbH & Co. KG	1. 12. 1979 bis 30. 11. 1983
Klaus Freding Firma KEIPER RECARO GmbH & Co.	19. 1. 1981 bis 31. 1. 1986
Joachim Ohler Firma Joh. Friedrich Ohler GmbH & Co., Sägenfabrik	seit 12. 3. 1982
Jürgen Tillmanns-Schmidt Firma Julius Schmidt RILOGA-WERK	1. 7. 1958 bis 12. 3. 1959
Roland Becker Firma BARMAG Aktiengesellschaft	seit 1. 11. 1983
Arnold Fahrenberg Firma Sintermetallwerk Krebsöge GmbH	seit 13. 3. 1986
Karl-Heinz Maas Firma A. Mannesmann Maschinenfabrik GmbH & Co. KG	seit 10. 6. 1986
Hans-Jürgen Sippel Firma KEIPER RECARO GmbH & Co.	seit 12. 1. 1987

beim Arbeitsgericht Solingen
Wupperstraße 1
5650 Solingen 1:

Dipl.-Kfm. Jürgen Wolff Firma TENTE-Rollen GmbH & Co.	seit 1. 10. 1989

LANDESARBEITSRICHTER
beim Landesarbeitsgericht Düsseldorf
Ludwig-Erhard-Allee 21
4000 Düsseldorf 1:

Dr. Wolfgang Vaillant Firma Joh. Vaillant GmbH & Co.	2. 6. 1958 bis 9. 4. 1974
Horst Kubiak Firma Johann Wülfing & Sohn, Kammgarnspinnerei	9. 4. 1974 bis 10. 3. 1986
Assessor Bertram Gentges Arbeitgeber-Verband	seit 1. 10. 1978
Dipl.-Volksw. Kurt Wehnert Firma BARMAG Aktiengesellschaft	seit 18. 3. 1986
Dipl.-Wirtsch.-Ing. Wilhelm Arntz Firma Joh. Wilh. Arntz	seit 1. 1. 1987

SOZIALRICHTER
beim Sozialgericht Düsseldorf
Ludwig-Erhard-Allee 21
4000 Düsseldorf 1:

(Laut Rundschreiben der Landesvereinigung der industriellen Arbeitgeberverbände Nordrhein-Westfalens vom 5. 11. 1953 sollen 5 bis 6 Sozialgerichte und 1 Landessozialgericht errichtet werden, wozu 718 Arbeitgebervertreter zu nominieren sind.)

Der erste Sitz des Sozialgerichts Düsseldorf war in der Pempelforter Straße 42 und Ehrenstraße 10 b in Düsseldorf. Am 7. 11. 1961 zog das Sozialgericht in die Grafenberger Allee 125–133 um.

Ernst Benner Firma Ernst Benner	1. 1. 1954 bis 31. 12. 1957
Willy Engels Firma Julius Engels & Sohn	1. 1. 1954 bis 31. 12. 1957
Wilhelm Hardt Firma Johann Wülfing & Sohn, Kammgarnspinnerei	1. 1. 1954 bis 31. 12. 1957
Curt Niggeloh Firma Kürbi & Niggeloh BILORA GmbH	1. 1. 1954 bis 31. 12. 1957
Wilhelm Pass Firma Gebrüder Pass Feilenfabrik	1. 1. 1954 bis 31. 12. 1957
Fritz Dominicus Firma David Dominicus & Co. GmbH	1. 8. 1956 bis 30. 9. 1964
Assessor Ehrenfried Schulze Arbeitgeber-Verband	1. 1. 1958 bis 31. 12. 1965
Jürgen Tillmanns-Schmidt Firma Julius Schmidt RILOGA-WERK	1. 1. 1958 bis 31. 12. 1961
Heinrich Bohl Arbeitgeber-Verband, Nebenstelle Radevormwald	1. 1. 1962 bis 31. 12. 1973
Dipl.-Ing. Otto Brand Firma Brand Metall- u. Kunststoffverarbeitung GmbH	1. 1. 1962 bis 31. 12. 1965
Dr. Dietrich Fricke Firma TENTE-ROLLEN GmbH & Co.	1. 6. 1962 bis 31. 5. 1966
Dipl.-Ing. Hermann Becker jun. Firma Herm. Becker	1. 1. 1966 bis 1978
Heinz Engels Firma POLAR-WERKE GmbH	1. 1. 1966 bis 1978
Dipl.-Ing. Hermann Wegerhoff Firma Hermann Wegerhoff, ALARM-Werkzeugfabrik GmbH & Co. KG	1. 1. 1971 bis 31. 12. 1978
Dipl.-Ing. Röttger Jansen-Herfeld Firma Richard Jansen GmbH	1971 bis 1974
Werner Ibach Firma Remscheider Werkzeugfabrik A. Ibach & Co.	seit 1. 1. 1976
Klaus Freding Firma KEIPER RECARO GmbH & Co.	1979 bis 31. 1. 1986
Karl Grünrock Firma HAZET-WERK, Hermann Zerver GmbH & Co. KG	seit 1. 1. 1987

beim Sozialgericht Köln
An den Dominikanern 2
5000 Köln:

Heinz-Hermann Becker Firma Heinr. Betz Söhne GmbH & Co. KG	seit 1. 1. 1990
Dipl.-Ökonom Udo Schmidt Firma Albert Schulte Söhne GmbH & Co.	seit 1. 1. 1990

246

LANDESSOZIALRICHTER/IN
beim Landessozialgericht Essen
Zweigertstraße 34
4300 Essen:

Frau Inge Arntz-Wider   1965 bis 1970
Firma Greb & Co.

Werner Coldewey   1. 1. 1974 bis 31. 12. 1977
Firma Carl Urbach & Co. Stahlwerk KG

Eberhard Gentzsch   1. 1. 1974 bis 21. 8. 1985
Firma Deutsche Spiralbohrer- und Werkzeugfabriken GmbH

Karl-Heinz Maas   1. 1. 1974 bis 31. 12. 1989
Firma A. Mannesmann Maschinenfabrik GmbH & Co. KG

Assessor Ehrenfried Schulze   1. 1. 1974 bis 31. 12. 1981
Arbeitgeber-Verband

Roland Becker   seit 1. 1. 1982
Firma BARMAG Aktiengesellschaft

Verbände und andere Organisationen im Industriehaus

Bergischer Fabrikanten-Verein
27. 6. 1890 – mindestens bis Ende 1934

Sektion V der Maschinenbau- und Kleineisenindustrie-Berufsgenossenschaft
1890 – mindestens bis 1915

Arbeitgeberverband von Remscheid und Umgegend
(Gründung 27. 8. 1903)
Sitz Elberfelder Straße 77 noch 1990.

Verein von Fabrikanten und Exporteuren für den Handel mit Rußland
(noch 1916)

Verband Deutscher Fabrikanten von Eisen- und Metallwaren, Werkzeugen, Haus- und Küchengeräten, Kunst- und Luxuswaren
(noch 1915)

Deutscher Feilenbund
(Erster Zusammenschluß 1872/73, Gründung nach dem 1. Weltkrieg)
Sitz Elberfelder Straße 77 noch 1990.

Deutscher Sägen- und Maschinenmesserbund
(Gründung nach dem 1. Weltkrieg)
Sitz Elberfelder Straße 77 noch 1990.

Messer- und Scheibenkonvention
(Gegründet 1898)

Gesamtverband der Deutschen Werkzeugindustrie
(Gründung Ende 1920)
(Auflösung erfolgte kurz nach 1933 im Rahmen des Aufbaues und der Neuordnung der gewerblichen Wirtschaft. Der Werkzeugverband gehörte als Untergruppe zur Wirtschaftsgruppe Eisen-, Blech-, Metallwarenindustrie.)

Fachgruppe Werkzeugindustrie
(Nachfolgeverband des Gesamtverbandes der deutschen Werkzeugindustrie)
(Nach 1933 bis 1945)

Fachverband Werkzeugindustrie e. V.
(Nachfolgeverband der Fachgruppe Werkzeugindustrie)
(Nach 1945)
Sitz Elberfelder Straße 77 noch 1990.

WUMBA – Werkzeug- und Maschinen-Beschaffungs-Amt
(Einrichtung nach 1933)

Arbeitsnachweis-Stelle
3. 10. 1910 bis Kriegsende 1918 (danach in städtischer Verwaltung)

Bergische Grundbesitzverwertungs-Gesellschaft mbH
1934 bis 1945

Werkzeugindustriehilfe GmbH
seit 1945

Evangelisches Lehrlingsheim e. V.
bis 1984

Remscheider Heimstättengemeinschaft Ledigenwohnheim „Lindenhof"
bis 1978

Heimstatt Roemryke Berge e. V.
bis 1963

Heimstatt Remscheid-Süd e. V.
bis 1963

Gemeinschaftslehrwerkstatt der Remscheider Eisen- und Metallindustrie GmbH / Ausbildungszentrum der Industrie
seit 1952

Betriebsarztzentrum von Remscheid und Umgebung e. V.
seit 1973

Veranstaltergemeinschaft für Lokalfunk in Remscheid und Solingen e. V.
seit 1989

Zeichengemeinschaft deutscher Hersteller von Werkzeugen
(Gründung 13. 2. 1931)
Sitz Elberfelder Straße 77 noch 1990.

CEO Europäisches Werkzeugkomitee
(Gründung 3. 7. 1959)
Sitz Elberfelder Straße 77 noch 1990.

FGW Forschungsgemeinschaft Werkzeuge und Werkstoffe e. V.,
Träger des Instituts für Werkzeugforschung und Werkstoffe (IFW) und der Versuchs- und Prüfanstalt Remscheid (VPA)
Sitz Elberfelder Straße 77 noch 1990.

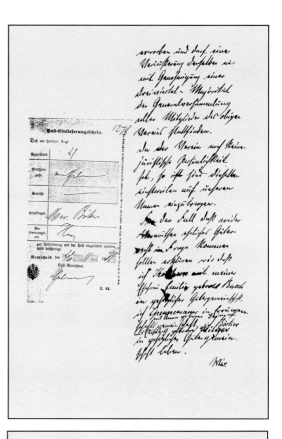

Reinhard Kotthaus, Emil Spennemann und Moritz Böker erklären, das Grundstück des Industriehauses treuhänderisch für den Bergischen Fabrikanten-Verein zu verwalten und geben dies zu Protokoll beim königlichen Amtsgericht zu Remscheid am 18. November 1891.

Unter- u. Kellergeschoss.

1. Eingang zum Versammlungsraum
2. Vorhalle
3. Küche
4., 5. Kleiderablage für Frauen
6. Abort für Frauen
7. Vorraum zum Arbeitsnachweis
8., 9. Arbeitgeberverband
10. Abort
11. Treppenflur
12. Wirtschaftskeller
13. Aborte
14. Heizkeller.

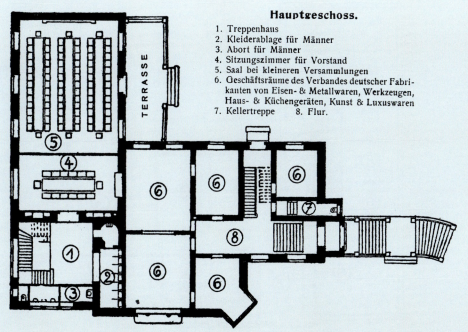

Hauptgeschoss.

1. Treppenhaus
2. Kleiderablage für Männer
3. Abort für Männer
4. Sitzungszimmer für Vorstand
5. Saal bei kleineren Versammlungen
6. Geschäftsräume des Verbandes deutscher Fabrikanten von Eisen- & Metallwaren, Werkzeugen, Haus- & Küchengeräten, Kunst & Luxuswaren
7. Kellertreppe   8. Flur.

251

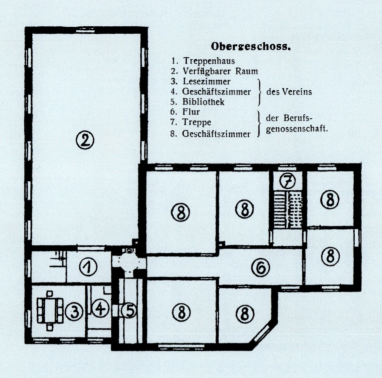

Obergeschoss.

1. Treppenhaus
2. Verfügbarer Raum
3. Lesezimmer
4. Geschäftszimmer } des Vereins
5. Bibliothek
6. Flur
7. Treppe } der Berufs-
8. Geschäftszimmer } genossenschaft.

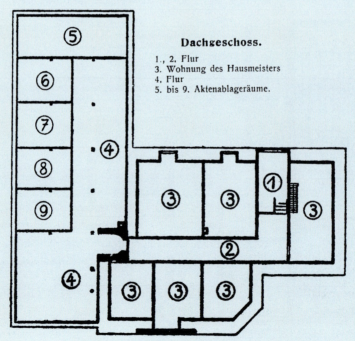

Dachgeschoss.

1., 2. Flur
3. Wohnung des Hausmeisters
4. Flur
5. bis 9. Aktenablageräume.

Personenregister

Firmenzugehörigkeit, soweit bekannt, in Klammern.

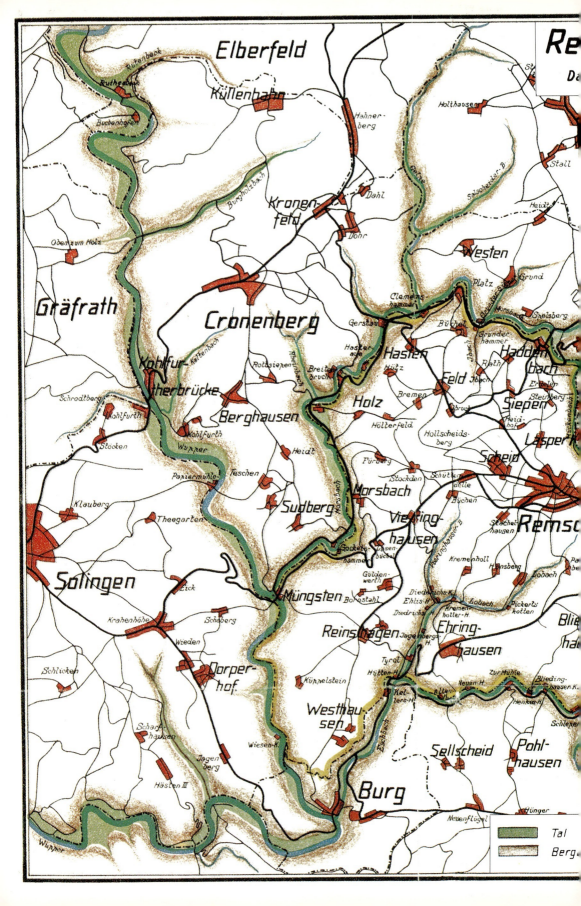